DANBAOZHIDUJIBEN
YUAN LI

担保制度基本原理

史志磊 著

中国政法大学出版社

2025·北京

图书在版编目（ＣＩＰ）数据

担保制度基本原理 / 史志磊著. -- 北京 ：中国政法大学出版社，2025. 1. -- ISBN 978-7-5764-1963-4

Ⅰ. D923.24

中国国家版本馆CIP 数据核字第 2025TA6108 号

出 版 者　　中国政法大学出版社

地　　址　　北京市海淀区西土城路 25 号

邮寄地址　　北京 100088 信箱 8034 分箱　邮编 100088

网　　址　　http://www.cuplpress.com (网络实名：中国政法大学出版社)

电　　话　　010-58908586(编辑部) 58908334(邮购部)

编辑邮箱　　zhengfadch@126.com

承　　印　　固安华明印业有限公司

开　　本　　720mm×960mm　　1/16

印　　张　　13.25

字　　数　　230 千字

版　　次　　2025 年 1 月第 1 版

印　　次　　2025 年 1 月第 1 次印刷

定　　价　　59.00 元

目　录

导　言

　　给付意义上债权的实现端赖债务人履行债务，债权的效力表现为请求力，不及于债务人的责任财产和债务人的人格，这种设计确保了债务人的行为自由，由此付出的代价是，法律对债权实现的保障较弱，即便债权人救助于强制执行制度，因债权成立后债务人可自由处分其责任财产，债权人的债权仍有可能"竹篮打水一场空"。为实现利益平衡，法律必须在债权基本构造之外创设保障债权实现的制度，降低债权不能实现的风险，否则债权制度将无法发挥其作为调整社会关系法律工具的价值。这些保障债权实现的制度均可称为担保制度。

　　从历史的角度看，债的担保制度与债权制度的发展如影随形。在早期罗马法中存在债务奴隶制度，如果债务人不履行其债务，则其将成为债权人的债务奴隶，为债权人劳动，遭受债权人的责打，换言之，债务奴隶是一种对债务人的人格予以强制执行的制度。虽然该制度能够有效确保债权的实现，但其构成了债务人的沉重负担，公元前 326 年颁布的《博埃得里亚法》（Lex Poetelia）废除了债务奴隶制度。自此以后，债务人仅以其责任财产对其债务负责，罗马法中债的担保制度相应地发展了起来。罗马法中债的担保制度分为两种，一种是通过设立一项新债担保主债权的实现，一种是实物担保，每一种担保制度又可以分为债务人本人提供的担保和第三人提供的担保。通过设立一项新债担保主债权实现的制度具体包括定金（arrhae）、违约金（poenae）、宣誓（giuramento）、债务承认简约（constitutum debiti propri）、代位保证（expromissio）、合并性承保（intercessione cumulativa）、誓约（sponsio）、诚意允诺（fidepromissio）、保证（fideiussio）、清偿他人债务的协议（constitutum debiti alieni）、信用委任（mandatum pecuniaecredendae）等，其中前四项制度为债务人本人提供的担保，后七项制度为第三人提供的担保。实物担保包括信托担保（fiducia cum creditore）、质押（pignus）和抵押（hypotheca）等。这些担保制度的大部分被近现代民法典所继受。罗马法中的保证构成了近现代民法中保证的基础，"先诉照顾"演变成了近现代民法中的检索抗辩权，近现代民法中保证人向债务人追偿的基本制度架构亦由罗马法奠定。罗马法中的清偿他人债务的协议构成了近现代法中独立保函制度的蒿矢。对实物担保而言，源于罗马法的质押和抵押构成了近现代民法中实物担保的主体，信托担保虽然未被近现代民法典所继受，但以让与担保的形态在法官法中获得新生。

在市场经济中，市场主体须通过融资获得资金，债权融资是一种重要的融资途径。债权融资的核心问题是确保债权的实现，降低债权人的风险，而担保制度正是确保债权的实现一种法律机制。基于此，市场主体通过提供有效的担保能够降低融资成本，有效的担保制度也能够保障融资交易的效率和安全。因此，担保法制属于市场经济法制体系的重要组成部分，若无现代化的担保法律制度作为支撑，市场经济也难以发展壮大。随着市场交易活动的发展，各种新型的担保交易形态也被人们不断地创造出来，担保法也相应地不断演进，成为民商法中最活跃的部分。1952 年，美国统一法委员会和美国法学会合作制定的《美国统一商法典》第九编基于功能主义立法模式就动产抵押、动产按揭、应收账款让与、信托收据、附条件买卖、存货担保等诸多动产担保形式创设统一的规则，有效降低了动产担保交易的法律成本，引领了世界潮流。2006 年，作为法国债法改革的重要内容的《担保法改革法令》生效，并且将之作为《法国民法典》的第四卷。在人的担保中，引入了独立担保和意愿函制度。在物的担保中，以动产担保和不动产担保的区分重塑了物的担保的法律体系，并且引入了以担保名义留置或让与所有权以及以担保名义托管财产等物的担保制度。在我国《民法典》[1]的制定过程中，立法者基于功能主义立法模式改革既存的动产和权利担保制度，这一改革成为《民法典》的亮点之一。

随着经济全球化以及由此带来的资本全球流动，担保法也具有全球统一化的需求，尤其是动产担保法。2001 年至 2012 年间，国际统一私法协会先

---

〔1〕 为表述方便，本书中涉及我国法律文件直接使用简称，省去"中华人民共和国"字样，全书统一，后不赘述。

后和其他相关国际组织一起通过了《移动设备国际利益公约》及相关议定书[1]就动产设备（包括航空器、铁路车辆、空间资产等）的担保交易设置了一整套统一的实体法规则和一个国际化的权利登记系统。2007年，联合国国际贸易法委员会通过了《贸易法委员会担保交易立法指南》，其目的在于协助各国在动产担保交易领域制订现代担保交易法律，以促进提供担保信贷，同时对于各国法律的协调一致也可起到有益的作用。2016年，联合国国际贸易法委员会在《贸易法委员会担保交易立法指南》的基础上制定了《贸易法委员会担保交易示范法》。这些动产担保领域的国际性法律文件均在不同程度上采纳了功能主义立法模式，试图将一套统一的规则适用于不同的担保形式。

根据担保制度是否为一项独立的法律制度，担保制度可分为作为一项独立法律制度的担保制度和附带具有担保功能的制度。根据法律形式是否为担保制度，前者又可以分为典型担保和非典型担保。典型担保包括保证和担保物权，其法律形式和经济目的均为担保。非典型担保即权利移转型担保，其法律形式不属于担保制度，表现为财产权利的移转或保留，但当事人移转或保留财产权利的目的在于担保债权的实现。在我国法中，非典型担保存在于动产和权利担保领域，实践中常见的非典型担保为所有权保留的买卖、租赁期限届满后租赁物所有权归承租人的融资租赁、让与担保、有追索权保理等。在功能主义立法模式下，非典型担保和典型担保的规则统一，区分二者不再具有意义。[2]附带具有担保功能的制度包括连带债务、债务加入、违约定金[3]、违约金、抵销、强制执行意义上的责任、同时履行抗辩权以及不安抗辩权等。本书只讨论作为一项独立法律制度的担保制度。

---

[1]　分别是《移动设备国际利益公约关于航空器设备特定问题的议定书》《移动设备国际利益公约关于铁路车辆设备特定问题的议定书》以及《移动设备国际利益公约关于空间资产设备特定问题的议定书》。

[2]　参见李运杨：《动产担保立法中的功能主义：缘起、内涵及发展》，载《比较法研究》2023年第6期，第122~138页。

[3]　我国传统民法理论将违约定金作为典型担保的一种，实际上定金并非一项典型担保制度，而是一般违约责任制度的一种形态。定金的"担保"功能主要体现在法律以外的领域。一是在经济意义上，在定金交付方违约时，接受方的损失已提前得到填补；在接受方违约时，将要承担双倍返还定金的不利后果。二是在心理意义上，与定金约款的双方在违约时均将承担定金罚则的后果，定金数额越高，惩罚性就越强，越能保障履约。参见谢鸿飞：《定金责任的惩罚性及其合理控制》，载《法学》2023年第3期，第83~98页。

第一章

保　证

第一节　保证和保证合同

保证为债的担保方式之一，属于人的担保的范畴。保证的担保机理为通过将第三人的一般责任财产纳入债权人可强制执行的财产范围，增加债权受偿的机会。[1]保证涉及三方面的关系：其一，债权人与债务人之间的主债权债务关系。主债权债务关系可基于法律行为而发生也可非基于法律行为而发生。其二，保证人与债务人之间的关系。保证人与债务人之间的关系构成保证的内部关系，该关系构成了保证人提供保证的动机，也构成了保证人在承担保证责任后向债务人追偿的基础。保证人与债务人之间的关系一般为委托关系，但也可能是无因管理关系或赠与关系。另外，保证人与债务人之间还可能存在反担保关系。其三，保证人与债权人之间的保证合同关系。保证人与债权人之间的保证合同关系构成保证的外部关系，外部关系的形成以保证人与债权人之间缔结保证合同为前提，保证合同是债权人请求保证人承担保证责任的基础。可见保证合同属于保证担保制度的一个环节，通过保证合同将第三人的一般责任财产纳入债权人可强制执行的财产范围。具体而言，所谓保证合同，是指为保障债权的实现，保证人和债权人约定，当债务人不履行到期债务或者发生当事人约定的情形时，保证人履行债务的合同。保证人

---

〔1〕　在法律上，保证还有其他的含义。一是指行为人承诺自己将实施某行为，比如履约保证金中的保证一词的含义就是债务人承诺自己将根据合同约定履行债务。二是指他人确保某人将实施某行为或不实施某行为，比如取保候审中的保证人、解除诉前财产保全的保证人等。

基于该保证合同负担保证债务，债权人相应地享有保证债权。因此，对保证合同的讨论不宜将其从保证担保制度中隔离出来进行，否则对保证合同的讨论将是不全面和不深入的，并且也将破坏保证合同与保证担保制度中其他制度要素的有机联系。

若从保证担保制度的整体切入讨论，就不宜以保证合同为抓手建构知识体系，而应当以保证债权或者保证债务为抓手构建知识体系，而保证合同仅是作为保证债权或保证债务的产生原因而存在。因为对债权人来说，真正起到担保作用的是其享有的保证债权或者保证人负担的保证债务，而非保证合同。以保证债权或保证债务为切入点展开讨论，可以更好地与同为担保制度的担保物权相衔接，在同等对待各种担保方式的法政策下，可以收获更大的体系效应。

第二节　保证债务的概念

一、保证债务的理解

（一）保证债务与保证责任

保证人在保证担保中负担的是保证债务还是保证责任取决于观察的视角，本质上没有区别。如果从保证合同的角度观察，则保证人负担的是保证债务，该债务源自保证合同的约定。如果保证人构成义务违反，须承担相应的违约责任，包括强制执行和损害赔偿，不过该责任受到保证债务从属性的限制。如果从主债权债务的角度观察，保证人负担的是保证责任，该责任涉及的债务为主债务人负担的债务。保证责任中的责任属于强制执行意义上的责任，不包含损害赔偿意义上的责任，换言之，保证人的一般责任财产构成主债权人强制执行的标的。

（二）保证债务的内容

保证债务为就主债务的履行负担保责任的债务，换言之，保证债务属于结果债务，旨在实现主债务履行的结果。关于保证债务的内容，有两种不同观点。第一种观点认为保证债务的内容为应清偿的主债务，即主债务人不履行时，保证人负有履行其债务的义务。《法国民法典》第 2288 条、《日本民法典》第 446 条采此观点。第二种观点认为保证债务为担保他人债务履行的债务，即保证人对于债权人担保主债务人的履行或不因主债务人的不履行而受损害。《德国民法典》第 765 条、《瑞士债务法》第 492 条采此观点。我国《民法典》第 681 条规定"保证人履行债务或者承担责任"，用语与法、日、德、瑞均不相同，语义的射程较之四国民法典的用语远得多，因此不得认为《民法典》采纳的是《法国民法典》和《日本民法典》的立场，在解释论上应采第二种观点。

二、与保证债务类似的债务

（一）损害担保合同

损害担保合同，是指当事人约定对于一方当事人因一定危险所受积极或消极损害独立无偿地负填补责任的合同，如保息、盈余分配担保等。损害担保合同为独立合同，无从属性，在订立其他合同（例如雇佣合同、承揽合同）时承受损害担保的附带约束，不属于这里所讨论的损害担保合同，应适用关于各自合同的规定。在损害担保合同中，债务人对于债权人所受损害或一定收益或其他结果，自己负赔偿或担保责任，而非就他人的债务负责。此乃与保证合同的不同。

（二）并存的债务承担

并存的债务承担，又称债务加入，是指第三人根据并存的债务承担合同在约定范围内负担与债务人的既存债务具有同一内容的债务。因承担人与债务人在债务承担的范围内构成连带债务关系，对债权人而言，并存的债务承担也具有担保的功能，与保证相同。但并存的债务承担与保证债务在法律构成上并不相同，主要有如下四点：其一，并存的债务承担在其成立时以被承担债务的存在为前提，即在成立方面具有从属性，但在其他方面并无从属性。其二，保证债务并非加入他人的债务，而是为确保他人债务的履行而履行自己的债务，而并存的债务承担则为他人债务本身的加入，承担人的债务在承担的范围内与原债务具有同一内容，构成连带债务关系。其三，保证债务所保证的范围及于主债务的利息、违约金、损害赔偿金及其他从属于主债务的负担，而在并存的债务承担，承担人所承担的债务的范围根据约定确定，若无约定，与承担时的原债务同其范围，不当然包含承担后原债务的利息、违约金、损害赔偿等债务。其四，并存的债务承担无补充性，而保证债务具有补充性。

因并存的债务承担合同可由债权人与承担人缔结，所以当事人之间缔结的合同究竟为并存的债务承担合同还是保证合同，在实务中存在解释的困难。我国司法实务经常采用利益标准区分并存的债务承担与保证，即第三人自身如果对债务之履行具有直接和实际的经济利益，则成立并存的债务承担，否则构成保证。不过利益标准并非完全合理，生活经验表明，债务加入人并不必然意在追求自身的经济利益，而保证人也有可能是为了自身的经济利益才提供保证。因此，最高人民法院《关于适用〈中华人民共和国民法典〉有关担保制度的解释》（以下简称《民法典有关担保制度的解释》）第36条未采纳利益区分标准，而是采纳意思标准，即当事人具有提供担保的意思表示的，认定为保证，当事人具有加入债务或者与债务人共同承担债务等意思表示的，认定为债务加入，并且该条文还规定，当事人的意思难以确定的，认定为保证。[1]缺省规则的设计有利于以保证的从属性法律规范保护第三人，同时也有助于避免保证法律规范被规避。

（三）清偿他人债务的协议

根据清偿他人债务的协议，债务人负担独立地清偿他人债务的债务。在古典罗马法中，即承认有此种协议。在固有债务人之外，增加应清偿其债务的债务人，与保证颇为相似。但此债务，较保证债务为重，因为在保证债务中，只就主债务的履行承担担保责任，保证人负担他人的债务，但在清偿他人债务的协议中债务人负担自己的债务，其债务标的的范围，可以与他人债务不同，不因他人债务的变更而受影响，亦不得援用他人债务中的抗辩。

商事交易中的独立保函（证）是清偿他人债务协议的现代形式。根据最高人民法院《关于审理独立保函纠纷案件若干问题的规定》第1条的规定，独立保函，是指银行或非银行金融机构作为开立人，以书面形式向受益人出具的，同意在受益人请求付款并提交符合保函要求的单据时，向其支付特定

---

[1]　学说上对债务加入和保证识别的讨论，参见夏昊晗：《债务加入与保证之识别——基于裁判分歧的分析和展开》，载《法学家》2019年第6期，第102～113、194页；王利明：《论"存疑推定为保证"——以债务加入与保证的区分为中心》，载《华东政法大学学报》2021年第3期，第6～17页。

款项或在保函最高金额内付款的承诺。所谓单据，是指独立保函载明的受益人应提交的付款请求书、违约声明、第三方签发的文件、法院判决、仲裁裁决、汇票、发票等表明发生付款到期时间的书面文件。在我国法律实践中，有关保证的规定不能适用于独立保函，关于独立保函的纠纷适用最高人民法院《关于审理独立保函纠纷案件若干问题的规定》。

第三节　保证债务的性质

一、补充性

保证债务具有补充性，即债权人应先就主债务人的责任财产满足债权，不能满足时保证人才应负履行之责。保证债务的补充性有强弱之别。一般保证人的补充性最强，表现在一般保证人享有检索抗辩权，连带责任保证人无检索抗辩权，所以连带责任保证的补充性较弱。[1]虽然补充性较弱，但也不意味着无补充性，比如若债权人对债务人享有抵销权，连带责任保证人可就债权人的履行请求权主张先抵销抗辩权，该抗辩权体现的是保证债务的补充性。

保证债务的补充性不意味着保证债务是以债务人不履行到期债务或当事人约定情形的发生为停止条件的债务，因为保证债务已与保证合同同时成立，只是其债务内容的具体化以债务人不履行到期债务或当事人约定情形的发生为条件。

二、从属性

保证债务的从属性，在我国《民法典》第682条中被表述为保证合同的从属性，保证合同是主债权债务合同的从合同，这种表述虽然在具体效果上不存在问题，但并不合理。[2]合理的表述应当是，保证债务是主债务的从债

---

[1]　有观点否认连带责任保证债务的补充性，参见史尚宽：《债法各论》，中国政法大学出版社2000年版，第882~883页。本书不赞同这一观点。因为作者在观察补充性时，仅看到了保证人的检索抗辩权，未看到补充性的其他表现，这些表现在连带责任保证中也可能存在。

[2]　《民法典》第388条将担保物权的从属性表述为担保合同是主债权债务合同的从合同，则存在问题。因为在不动产抵押和质押中，不动产抵押合同和质押合同并不产生担保物权，此时讨论二者的从属性没有多大意义。而在保证的场合，保证债权或者保证债务直接源自保证合同，所以将保证债务的从属性表述为保证合同的从属性，不会产生问题。

务，或者保证债权是主债权的从权利。保证债务从属性的本质是一种在保证债务与主债务之间建立单方依赖关系的法定机制，从属性好比一条连通保证债务与主债务的管道，将主债务身上发生的各种变化单向地传输到保证债务身上，使二者时刻保持一个相对统一的整体。从属性规则设置的目的在于保护保证人，然而保证担保制度的目的不止于此，还包括保障债权人债权实现以及便利融资，作为保证担保制度一部分的保证债务从属性规则在设计和理解时就不可能仅仅考虑保证人利益的保护，更多的是谋求保证人保护和保障债权人债权实现以及便利融资之间的平衡。因此，从属性不是一个僵化的教条，而是一个开放的、容许例外的功能性规则。

关于保证债务从属性的表现，学界存在不同的学说，有三类型说（成立从属性、移转从属性和消灭从属性）、四类型说（成立从属性、内容从属性、移转从属性和消灭从属性）和五类型说，五类型说又包括两种不同的学说：一种学说认为五类型分别是发生上的从属性、范围和强度上的从属性、效力上的从属性、移转上的从属性和消灭上的从属性；另一种学说认为五类型分别是发生上的从属性、移转上的从属性、范围上的从属性、抗辩上的从属性以及消灭上的从属性。本书认为，若要全面理解保证债务的从属性，须从如下六个方面展开，分别是发生上的从属性、范围和强度上的从属性、效力上的从属性、处分上的从属性、抗辩上的从属性和消灭上的从属性。

（一）发生上的从属性

保证债务以确保主债务的清偿为目的，因此保证债务应以主债务的先行或同时存在为发生要件，如主债务实际上并不存在或尚未发生，即使已经满足保证债务据以成立的其他要件，保证债务在法律上也无从单独发生，此时承认保证债务的存续并无实际功用。此即所谓保证债务发生上的从属性。基于保证债务发生上的从属性，可推导出被担保主债务（主债权）的特定原则，即保证债务成立时起所担保的主债务须特定。

在现代法上，保证债务发生上的从属性在一定程度上被缓和，主要表现为如下三个方面：其一，将来债务可以作为被担保的主债务。将来债务是指能成立但目前欠缺构成要件尚未成立之债务，比如，在借款合同尚未终止之前，被担保的借款人返还借款的债务就是一个将来债务。以将来债务作为被担保主债务的，将来债务在保证债务成立时必须可以特定。如果将来债务在保证债务成立时完全不可以特定，在解释上应认为保证合同因无意识的不合意而不成立，进而保证债务不成立。其二，最高额保证。最高额保证设立时，仅确定了最高担保数额，被担保的具体主债务尚未发生，甚至被担保主债务的发生原因尚未发生。其三，构成反担保的保证。反担保担保的是担保人将来针对主债务人的求偿权，在第三担保人承担担保责任之前，该追偿权就是一个将来债权。

（二）担保范围和强度上的从属性

担保范围和强度，是指保证人向债权人负担的保证债务的限度。保证人负担的保证债务的范围和强度不得大于或重于主债务。如果债权人和债务人协商变更主债权债务合同内容，减轻主债务的，保证人的保证债务也相应减轻。因保证债务在担保范围和强度上具有从属性，所以保证人履行保证债务后向主债务人的追偿范围不得超过主债务人应当承担的责任范围。

根据我国法律规定，担保范围和强度上从属性的例外主要包括如下三个方面：其一，主债务人破产时，对于债权人通过破产程序未能实现的债权，保证人仍然承担清偿责任（《企业破产法》第124条）；债权人对保证人享有的权利不受重整计划或和解协议的影响（《企业破产法》第92条第3款、第101条）。申言之，在主债务人破产时，破产的效力仅及于主债务人，不及于保证人。[1]其二，因主债务人死亡而适用限定继承规则时（《民法典》第1161条第1款第1句），保证债务的范围不因此而受影响。其三，可强制执行的赠与合同，赠与人主张穷困抗辩权时（《民法典》第666条），保证债务的范围不因此而受影响。

与担保范围和强度上从属性相关的问题是，若当事人约定的保证债务的范围和强度大于主债务，该约定的效力如何？这种约定主要包括四种情形：其一，针对保证债务约定专门的违约损害赔偿责任或违约金。其二，保证债务的数额高于主债务。其三，保证债务的利息高于主债务利息。其四，保证债务的到期先于主债务。本书认为，这种约定中违反从属性的部分无效，具

---

[1] 须注意，《民法典有关担保制度的解释》第22条将破产的效力及于保证人，即保证人也可主张破产止息。这一规则违背了担保制度风险兜底的本来意旨，实值商榷。对这一规则的批评，参见何心月：《破产程序中保证债权的行使及其限制》，载《法学家》2023年第1期，第159~175、196页。

言之，如果约定的担保范围和强度超过了主债务的范围和强度，则超过部分无效，未超过部分，仍然有效。[1]

（三）效力上的从属性

主债权债务合同无效、被撤销、确定不发生效力或不成立，则保证合同无效；保证合同无效，不影响主债权债务合同的效力。当事人排除效力上从属性的约定无效。[2]在我国法律规定中，效力上从属性的例外有最高额保证。

（四）处分上的从属性

处分上的从属性是指，债权人对债权所为之处分及于保证债权，债权人不得单独处分保证债权。处分上从属性的规范目的不在于保护保证人，而在于确保债权的实现。即便如此，处分上从属性规则的设计不得有害于保证人。须注意，在最高额保证中，保证债权原则上不具有处分上的从属性，除非当事人另有约定。[3]下文所讨论的处分上的从属性，均不涉及最高额保证。

（1）主债权移转原则上导致保证债权移转。主债权转让保证债权一并转让，保证债权的转让为基于法律规定的转让，而非基于法律行为的转让，即便主债权转让为基于法律行为的转让，也是如此。根据《民法典》第 696 条第 1 款的规定，主债权移转的事实须通知保证人始对保证人发生效力。所谓对保证人发生效力，是指保证人须向主债权受让人承担保证责任。如果未通知保证人，则保证人无须对主债权受让人承担保证责任，而主债权让与人已

---

[1]《民法典有关担保制度的解释》第 3 条并未明确约定的效力，而仅规定了具体的法效果。本书认为，只有在超过部分无效的思路下，第 3 条才能被完满解释。因为超过部分无效，所以保证人主张仅在债务人应当承担的责任范围内承担责任的，人民法院应予支持，保证人请求债权人返还超出部分的，人民法院依法予以支持。

[2]《民法典有关担保制度的解释》第 2 条第 1 款第 1 句规定，当事人在担保合同中约定担保合同的效力独立于主合同，或者约定担保人对主合同无效的法律后果承担担保责任，该有关担保独立性的约定无效。对该规定中的第二种情况须作解释论上的澄清。在第二种情况中，保证债务所担保的是主合同有效情况下主债务人的债务，在此场合，如果保证合同约定保证人在主合同无效后仍然对无效的法律后果承担保证责任，意味着主合同无效后，保证合同仍然有效，因此该约定违反了效力上的从属性，无效。如果保证债务所担保的主债务是主合同无效后一方当事人承担的损害赔偿责任，则主合同无效，并不影响保证合同的效力，这种场合与效力上的从属性无关，而与成立上的从属性有关，因为被担保的主债务为将来债务。正如本书正文所述，将来债务可以作为被担保的主债务。

[3]参见《民法典》第 421 条、第 690 条第 2 款。

不再享有主债权，保证人也无须向其承担保证责任，申言之，如果未通知保证人，则保证人的保证责任消灭。

《民法典》第696条第2款规定："保证人与债权人约定禁止债权转让，债权人未经保证人书面同意转让债权的，保证人对受让人不再承担保证责任。"换言之，保证人与债权人间的禁止保证债权转让特约将产生排除保证债权处分上从属性的效果。这种设计的意义在于维护保证人固定担保责任承担对象的利益，但由此带来的恶果是主债权受让人取得的债权为一个无保证担保的债权，在一定程度上阻碍了主债权的流通。因此如何限制保证人和债权人之间的禁止保证债权转让特约的效力，就成了一个值得讨论的问题。第一种观点认为，禁止转让特约仅具有对内效力，无对外效力。[1]第二种观点认为，禁止转让特约不具有对抗善意受让人的效力。[2]第三种观点认为，禁止转让特约的效力应与《民法典》第545条第2款的规定保持一致，即"当事人约定非金钱债权不得转让的，不得对抗善意第三人。当事人约定金钱债权不得转让的，不得对抗第三人"。[3]本书赞同第二种观点。该观点在保护保证人固定担保责任承担对象利益的同时，也不会对债权流通构成实质性障碍。第一种观点站在保障债权流通的立场上，完全忽视了保证人固定担保责任承担对象的利益，不妥。因保证债务主要为金钱债务，所以根据第三种观点，禁止转让特约几乎为对内效力，同样忽视了保证人固定担保责任承担对象的利益。

（2）如果主债务发生免责的债务承担，在承担的限度内原则上导致保证债务消灭，除非经过保证人书面同意或者债权人与保证人另有书面约定[4]。

---

〔1〕 参见张谷：《论债权让与契约与债务人保护原则》，载《中外法学》2003年第1期，第20~34页。最高人民法院《关于审理涉及金融不良债权转让案件工作座谈会纪要》第3条第2款第4句在金融不良债权的处置中否定了禁止转让特约的对外效力，即"担保合同中关于合同变更需经担保人同意或者禁止转让主债权的约定，对主债权和担保权利转让没有约束力"。

〔2〕 参见高圣平：《民法典担保制度及其配套司法解释理解与适用》（上册），中国法制出版社2021年版，第210页。

〔3〕 不同观点，参见杨瑞贺：《担保法视野下禁止债权让与特约的效力论》，载《经贸法律评论》2024年第3期，第46~60页。

〔4〕 《民法典》第697条第1款但书未就债权人和保证人的约定形式作特别规定，因保证合同为要式合同，债权人和保证人间的任何约定均应满足书面形式的要求，避免掏空保证合同书面形式的规范目的。

这一规则属于处分上从属性的例外，之所以如此，是因为这种场合如果贯彻从属性将有害于保证人。保证人在保证合同缔结时并未评估承担人的清偿能力，如果贯彻从属性，将使保证人陷入其无法控制的风险之中。如果主债务发生并存的债务承担，则对保证债务不产生影响。

（3）债权出质。当债权之上设立质权时，该债权质权的效力原则上及于保证债权，即债权连同保证债权一并成为质押的客体。不过基于当事人的约定，债权人也可仅以其债权为他人设立质权，而自己保留保证债权。此时，成为质权客体的债权是一个无保证债务担保的债权，但对债权人而言，该债权仍是一个有保证债务担保的债权，自己保留的保证债权不因缺少所担保的主债权而消灭，因为债权人虽以其债权出质，但其仍然享有债权。

（五）抗辩上的从属性

抗辩上的从属性，是指通过将主债务人基于主债权债务关系所享有的抗辩权过渡到保证人身上，从而在保证债务与主债务之间建立同步性的渠道。在面对债权人的权利主张时，保证人享有债务人基于主债权债务关系所享有的抗辩权，进而使保证人免受不正当的要求。抗辩上的从属性，因为存在于保证债权的实现阶段，所以也被称为实现上的从属性。我国《民法典》第701条规定了"保证人可以主张债务人对债权人的抗辩"，该句为抗辩上从属性的规定。[1]

（六）消灭上的从属性

主债权如因清偿、提存、抵销、免除等原因而全部消灭的，保证债权随之消灭。主债权部分消灭，保证债权亦部分消灭。在主债权债务合同当事人以新贷偿还旧贷的场合，旧贷的保证债务因旧贷的消灭而消灭。当然旧贷的保证人可以继续为新贷提供保证，不过此时的保证债务源于一个新的保证合

---

[1] 《民法典》第702条规定的保证人基于主债务人享有的抵销权、撤销权等形成权而享有拒绝承担担保责任的抗辩权源于保证债务的从属性还是补充性，学说上存在争议。李运杨认为保证人享有的该抗辩权源于保证债务从属性的扩张适用，参见李运杨：《第三担保人的抗辩权体系》，载《政治与法律》2021年第8期，第29~43页。程啸认为保证人享有的该抗辩权既源自保证债务的从属性，也源自保证债务的补充性，参见程啸：《论〈民法典〉第702条上的保证人抗辩权》，载《环球法律评论》2020年第6期，第40~50页。须注意，若仅债权人单方对主债务人享有抵销权时，保证人针对债权人的履行请求也享有先抵销抗辩权，不过该抗辩权源自保证债务的补充性，参见李运杨：《第三担保人的抗辩权体系》，载《政治与法律》2021年第8期，第29~43页。

同，而非原来的保证合同。[1]须注意，在最高额保证中，部分被保证债权的消灭，并不导致保证债务的消灭，构成消灭上从属性的例外。

三、独立性

保证债务虽从属于主债务，但并非主债务的一部分，而为独立的债务，在从属性之外，还具有独立性。前文关于从属性例外的讨论，实际上就是保证债务独立性的体现。另外，保证债务的独立性还有如下表现：其一，保证债务的发生原因不同于主债务。其二，当事人可就主债务的一部分成立保证债务。其三，保证债务的强度可弱于主债务。其四，保证债务可独立于主债务附条件或期限。其五，保证人和债权人可以单独变更保证债务。其六，保证债务有独立的消灭原因，比如债权人未在保证期间内实施一定的行为导致保证债务消灭。其七，保证人享有因保证合同所生的特有抗辩权。其八，保证债务适用独立的诉讼时效。

第四节　保证债务的成立

保证债务因保证合同而成立。[2]依遗嘱虽可使继承人或受遗赠人负担担任保证人的义务，但仅依遗嘱人一方的意思表示，尚不能使继承人或受遗赠人直接负担保证债务，还须继承人或受遗赠人与债权人缔结保证合同。依法律规定当然发生保证债务者几乎没有。一般而言，法律可直接规定特定人负有缔结保证合同的义务，但保证债务并不因此而发生，只有缔约义务人缔结

---

〔1〕　新贷保证合同的效力是一个值得讨论的问题。根据《民法典有关担保制度的解释》第16条的规定，如果新贷与旧贷的保证人不同，或者旧贷无保证新贷有保证的，债权人请求新贷保证人承担保证责任的，人民法院不予支持。本书认为，法院不予支持的理由是新贷保证合同无效，无效事由为新贷保证合同违背公序良俗。因为在以新贷偿还旧贷的场合，债务人的偿债能力一般已经丧失，新贷保证人在承担保证责任后基本无法实现追偿，这远远超出了保证人基于保证合同所应当承担的风险，不过若保证人在缔结保证合同时知道或者应当知道新贷偿还旧贷事实的，由于保证人对其面临的风险有认识或者应当有认识，该保证合同不因违背公序良俗而无效。

〔2〕　保证债务能否因保证人的单方法律行为而成立？我国《民法典》规定的保证债务成立方式只有保证合同一种。从法不禁止皆自由的私法逻辑出发，考虑到保证债务的成立不会使债权人负担法律上的义务或为其带来经济上的不利，不宜禁止保证人通过单方法律行为的方式成立保证债务。无论如何，债权人不能通过单方法律行为的方式使他人负担保证债务。

了保证合同，始成立保证债务。因此，讨论保证债务的成立实际上讨论的是保证合同问题。

一、保证合同的当事人

保证合同的当事人通常为债权人和保证人，债务人与保证人通过缔结利他合同赋予债权人保证债权的，几乎不存在。保证合同的债权人与主债权债务合同的债权人原则上为同一人，这是保证债务从属性的要求。不过在实务中也存在保证债权代持的现象，主要有两种情况：一是为债券持有人提供的保证由债券受托管理人代持；二是受托人为委托贷款人代持保证债权。对于保证合同的当事人来说，重要的是保证人资格问题。

第一，主债务人不得同时为保证人，但限定继承的继承人可以作为自己所继承的被继承人债务的保证人。主债务人不得作为保证人源自保证担保的事理之性质，主债务人作为保证人并未扩大债权人可强制执行的财产范围，而在限定继承的背景下，继承人为其继承的被继承人债务提供保证，扩大了债权人可强制执行的财产范围。

第二，机关法人和基层群众性自治组织法人原则上不得作为保证人。机关法人和基层群众性自治组织法人只能从事为履行职能所需要的民事活动，在此范围之外，二者不具有私法上的权利能力。缔结保证合同显然不属于二者为履行职能所需要的民事活动。因此，如果机关法人和基层群众性自治组织法人缔结保证合同，该合同将因权利能力欠缺而无效。然而对机关法人来说存在例外，《民法典》第683条第1款规定，"经国务院批准为使用外国政府或者国际经济组织贷款进行转贷的除外"。根据《国际金融组织和外国政府贷款赠款管理办法》的规定，财政部经国务院批准代表国家统一向外国政府或者世界银行国际货币基金组织等国际经济组织贷款，财政部可以将贷款转贷给省级政府、国务院有关部门、中央企业、金融机构等使用。经国务院批准，机关法人可以为财政部的转贷提供保证，财政部为保证债权人。

须注意，对村民委员会法人来说，在其依法代表村农民集体行使集体财产权时，[1]有权缔结保证合同。在这种场合，充任保证人的并非村民委员会法人，而是被其代表的村农民集体，由村农民集体所有的财产承担保证责任，而非由村民委员会法人的财产承担保证责任。村民委员会法人代表村农民集体行使集体财产权时缔结保证合同，须经过村民委员会组织法规定的程序讨论决定。根据《村民委员会组织法》第24条的规定，缔结保证合同须由村民会议讨论决定，或者由村民会议授权村民代表会议讨论决定。[2]根据第22条第1款第1句的规定，召开村民会议，应当有本村18周岁以上村民的过半数，或者本村2/3以上的户的代表参加，村民会议所作决定应当经到会人员的过半数通过。根据第26条第2款的规定，村民代表会议有2/3以上的组成人员参加方可召开，所作决定应当经到会人员的过半数同意。如果未经村民会议讨论决定或者由村民会议授权村民代表会议讨论决定，村民委员会法人代表村农民集体缔结保证合同属于越权行为，适用越权行为规则。

第三，以公益为目的的非营利法人、非法人组织原则上不得作为保证人。以公益为目的的非营利法人、非法人组织的核心特征是不得向其成员分配利润，法律并不禁止其从事经营活动。有偿为他人提供保证属于一种风险极大的经营活动，一般将面临向债务人追偿不能的风险，因此《民法典》第683条第2款禁止以公益为目的的非营利法人、非法人组织作为保证人，以免公益目的无法实现。如果非营利法人、非法人组织无偿为他人提供保证，保证合同的效力如何？本书认为，须根据无偿为他人提供保证的行为是否落入其公益目的事业范围内，如果落入其公益目的事业范围内，相应的保证合同有效，如果未落入其公益目的事业范围内，相应的保证合同无效，以免公益目的无法实现。因此，对《民法典》第683条第2款须做目的性限缩解释作业，将非营利法人、非法人组织在其公益目的事业范围内无偿为他人提供

---

[1] 须注意，《民法典有关担保制度的解释》第5条第2款将村民委员会法人代表的对象表述为村集体经济组织，而非村农民集体。这是错误的。根据《民法典》第262条第1项，村农民集体财产权由村集体经济组织或者村民委员会代表行使，村民委员会和村集体经济组织均为代表行使权利的主体，二者之间不存在代表与被代表的问题。在我国现行法律规定中，村集体经济组织为民事主体，能够自行行使权利，无须村民委员会代表。

[2] 缔结保证合同可归入《村民委员会组织法》第24条第1款第8项规定的"以借贷、租赁或者其他方式处分村集体财产"。

保证的保证合同剥离出来。

二、保证合同的内容

保证合同的内容即保证合同的条款，属于当事人约定的内容。《民法典》第684条规定，保证合同的内容一般包括被保证的主债权的种类、数额，债务人履行债务的期限，保证的方式、范围和期间等条款。该条规定属于提示性规定，而非强制性规定。如果保证合同不完全具备这些条款，并不影响保证合同的效力，当事人可以补正。如果不能补正，法官可依职权填补漏洞。那么，保证合同的必备条款是什么？本书认为，保证合同的必备条款包括描述被保证主债权的条款和体现保证意思的条款。对前者来说，对被保证主债权的描述须达到使其特定化或可得特定化的程度，而被保证主债权的种类和数额仅是描述被保证主债权的方式之一，不是唯一方式。所谓体现保证意思的条款，是指当事人就主债务人不履行到期债务或发生当事人约定的情形时保证人应以其一般责任财产履行债务所达成的合意。

关于被保证的主债权，还需讨论两点。其一，如果债权的诉讼时效期间届满，仍然可以作为被保证的主债权。保证人承担保证责任后向主债务人追偿的，主债务人可以时效抗辩权对抗之。如果保证人就被保证主债权是否诉讼时效期间届满发生误认，保证人可基于重大误解撤销保证合同，因为保证人对被担保主债权的性质产生了错误认识，并且该性质错误不仅对保证人具有重要性，而且该性质对保证合同的典型交易目的是重要的。如果保证人知道被保证主债权的诉讼时效期间届满，则保证人不享有撤销权。其二，被保证主债权一般为金钱债权，对于其他第三人可以代替履行的债权亦可作为被保证的主债权，比如请求债务人运输货物的债权。有疑义的是，对于第三人不可代替履行的债权能否作为被保证债权？对此问题的回答取决于对保证债务内容的认识，正如前文所述，在我国法上，保证债务的内容与主债务的内容不同，而是以担保他人债务履行为内容，因此对于第三人不可代替履行的债权亦可作为被保证的主债权。

三、保证合同的性质

（一）债权合同

保证合同为债权合同，而非处分意义上的合同。基于保证合同，保证人负担保证债务，债权人享有相应的请求权。

（二）单务合同

在保证合同中，保证人负担保证债务，债权人原则上不负担债务，因此保证合同为单务合同，而非双务合同。不过当事人可在保证合同中约定债权人的特别义务，根据当事人的意思，如果该特别义务与保证债务间具有牵连关系，则相应的保证合同为双务合同，如果该特别义务与保证债务间不具有牵连关系，比如保证合同约定债权人负有定期向保证人汇报主债务情况或者在一定条件下终止信用关系的义务，则相应的保证合同仍然为单务合同，而非双务合同。

（三）无偿合同

基于保证合同，保证人履行保证债务不能从债权人处获得任何对价，或者说债权人享有保证债权无须向保证人偿付任何经济代价，因此保证合同为无偿合同。如果合同中约定债权人须支付对价，该合同在性质上已不是保证合同，而是信用保险合同。如果保证人基于其与债权人间的有偿约定而提供保证，有偿约定构成保证合同的预约，保证合同仍不失其无偿的性质。

保证合同的无偿性须与保证的有偿或无偿区分开来，保证的有偿或无偿考察的是保证人与债务人之间的关系。保证人与债务人之间可能是有偿关系，比如有偿委托，如此债务人须向保证人偿付保证人提供保证的对价。保证人与债务人之间可能是无偿关系，比如赠与或无偿委托，如此债务人无须偿付保证人提供保证的对价。

（四）诺成合同

保证合同因当事人的合意而成立，因此保证合同为诺成合同，而非要物合同。

（五）要式合同

保证合同为要式合同。要式的规范目的在于保护保证人，警示保证人谨慎缔结保证合同，因为保证合同为无偿合同，对保证人来说，存在巨大的风险。《民法典》第 685 条第 1 款规定："保证合同可以是单独订立的书面合同，也可以是主债权债务合同中的保证条款。"这个条文规定的是保证合同的存在形态，属于倡导性规定，不是保证合同书面形式的规定。我国法中保证合同书面形式规则须通过对《民法典》第 685 条第 2 款的解释得出。第 2 款规定："第三人单方以书面形式向债权人作出保证，债权人接收且未提出异议的，保证合同成立。"从合同形式的角度看，该款规定的意义为，保证人为缔结保证合同发出的要约必须采用书面形式，而债权人的承诺无须采书面形式。[1]因保证合同书面形式的规范目的在于保护保证人，所以只要保证人发出的要约采书面形式，保证合同书面形式的规范目的就可以实现。事实上，第 2 款规定的逻辑前提是保证合同须采用书面形式，而我国法律未规定这一逻辑前提，而仅规定了基于这种逻辑前提的一种推论。在解释论上，可以从第 2 款反推出我国法律上保证合同须采书面形式的结论。补足这一逻辑前提后，还可以作出另外一种推论，即如果保证人为缔结保证合同作出的承诺采用了书面形式，也满足保证合同须采书面形式的要求。

《民法典》第 469 条第 2 款规定，书面形式，是指合同书、信件、电报、电传、传真等可以有形地表现所载内容的形式。保证合同是否可以采用该款规定的任意一种书面形式？本书持否定态度。因为保证合同书面形式的规范目的在于警示保证人谨慎缔结保证合同，只有合同书形式才能起到这种作用。所谓合同书形式，是指做成证书并由当事人亲笔签名的书面形式。根据《电子签名法》第 3 条的规定，保证合同也可以采用狭义电子形式，即将保证合同做成数据电文，当事人根据《电子签名法》第 13 条完成电子签名。[2]为避免保证合同书面形式的规范目的落空，保证合同书面形式规则须作类推适用，包含缔约义务的保证合同的预约、委托他人提供保证的合同、加重保证人责任的合同变更亦须具备书面形式。同样，当保证人向授予他人缔结保证

---

〔1〕　第 685 条第 2 款还涉及债权人承诺的方式，债权人接收保证人提出的书面形式要约，并且未提出异议的，构成一种规范化沉默，即构成承诺。虽然条文的文义仅为"债权人接收且未提出异议"，但为维护保证人信赖和稳定法律关系，学说上主张对此应作限缩解释，对债权人未提出异议增加"合理期限"的限制，即"债权人接收且未在合理期限内提出异议的"，构成承诺。参见谢鸿飞、朱广新主编：《民法典评注·合同编·典型合同与准合同》，中国法制出版社 2020 年版，第 40 页。

〔2〕　须注意，《德国民法典》第 766 条第 2 句禁止保证合同采（狭义）电子形式，而我国《电子签名法》第 3 条并未禁止。

合同的代理权时，则授权行为亦须采书面形式。[1]

然而，是否所有的保证合同均须采纳书面形式？德国法采区分商事保证和民事保证的立法模式，《德国商法典》第 350 条规定，商事保证无须采书面形式，但《德国民法典》第 766 条规定，民事保证须采书面形式。我国亦有观点主张商事保证无须书面形式，理由为商人基于从事商事交易积累的经验能够清楚地认识到自己因提供保证所面临的法律风险。[2]我国司法实践在一定程度上也体现了这一观点。最高人民法院《关于审理民间借贷案件适用法律若干问题的规定》第 21 条第 2 款规定："网络贷款平台的提供者通过网页、广告或者其他媒介明示或者有其他证据证明其为借贷提供担保，出借人请求网络贷款平台的提供者承担担保责任的，人民法院应予支持。"该规定未要求网络贷款平台提供担保的合同须采书面形式，因为网络贷款平台提供的担保一般为保证，所以该规定未要求网络贷款平台作为保证人缔结的保证合同采书面形式。之所以如此，主要是因为网络贷款平台为商事主体。

四、保证合同的缔约责任

保证合同的缔约责任，须区分两种场合讨论，一种场合是保证合同本身存在效力瑕疵时的缔约责任，另一种场合是保证合同因主债权债务合同存在效力瑕疵而无效时的缔约责任。无论哪种场合的缔约责任，均应适用《民法典》第 157 条。在保证合同的缔约责任的场合，返还财产或折价补偿并不常见，常见的是损害赔偿，《民法典有关担保制度的解释》第 17 条对《民法典》第 157 条第 2 句关于损害赔偿的规定在保证合同场合的适用作出了解释。[3]

（一）保证合同本身存在效力瑕疵时的缔约责任

保证合同本身存在效力瑕疵，包括保证合同无效、被撤销、确定不发生效力和不成立。法律行为关于效力瑕疵的规定适用于保证合同。就保证合同

---

[1] 参见王蒙：《论保证的书面形式》，载《清华法学》2021 年第 5 期，第 41~54 页。

[2] 参见王蒙：《论保证的书面形式》，载《清华法学》2021 年第 5 期，第 41~54 页。

[3] 《民法典》第 682 条第 2 款对保证合同的缔约责任作出了规定，但这一规定为第 157 条第 2 句的重复性规定，除提示功能外，在规范构成上没有什么意义。另外，《民法典有关担保制度的解释》第 17 条是针对所有的担保合同作出的解释，当然适用于作为担保合同之一种的保证合同。

本身而言，有两个效力瑕疵事由需要注意。其一，保证合同因保证人不适格而无效。其二，公司法定代表人违反《公司法》第 15 条的规定越权与债权人签订保证合同，除非债权人善意，否则保证合同效力待定，如果公司章程规定的有权机关事后不予追认，则该保证合同确定不发生效力。对此规则的例外有二：一是金融机构开立保函或者担保公司提供保证；二是公司为其全资子公司开展经营活动提供保证。公司分支机构以自己名义越权与债权人签订的保证合同，亦适用前述规则。[1]

根据《民法典有关担保制度的解释》第 17 条第 1 款的规定，保证合同自身存在效力瑕疵时，保证人的损害赔偿责任分三种情况处理：[2]其一，债权人与保证人均有过错的，保证人承担的赔偿责任不应超过债务人不能清偿部分的 1/2。这一规定属于对《民法典》第 157 条第 2 句第 2 分句"各方都有过错的，应当各自承担相应的责任"的解释，其目的在于限制法官在过错程度认定上的自由裁量权，但忽视了过错在决定责任有无或大小的决定性地位，在法律适用中可能会出现违背损害赔偿法原理的情况。须注意的是，该规定仅设置了保证人承担损害赔偿责任的最高限额，在该最高限额内，法院根据保证人的过错程度判决具体数额。其二，保证人有过错而债权人无过错的，保证人对债务人不能清偿部分承担赔偿责任。其三，债权人有过错而保证人无过错的，保证人不承担赔偿责任。第二种情况和第三种情况的规定属于对《民法典》第 157 条第 2 句第 1 分句的解释。在第一种情况和第二种情况中，保证人承担损害赔偿责任均以债务人不能清偿债务为前提，这是保证债务补充性在保证人损害赔偿责任上的延伸。所谓债务人不能清偿部分，是指经过对债务人的财产进行强制执行后，债权人仍然未获满足的部分。债权人仍未满足的部分不以本来的债权为限，因债务人违约而生的损害赔偿债权或违约金债权亦包括在内。

（二）保证合同因主债权债务合同存在效力瑕疵而无效时的缔约责任

所谓主债权债务合同存在效力瑕疵，是指主债权债务合同无效、被撤

---

〔1〕　关于公司法定代表人或分支机构越权提供保证的规定，参见《民法典有关担保制度的解释》第 7 条至第 11 条。

〔2〕　《民法典有关担保制度的解释》第 17 条第 1 款的文义仅涉及保证合同无效这一种效力瑕疵形态，在保证合同其他效力瑕疵形态的场合，应类推适用这一规定。

销、确定不发生效力或不成立，在这一场合，保证合同基于从属性亦无效。根据《民法典有关担保制度的解释》第 17 条第 2 款的规定，[1]如果保证人对主债权债务合同的效力瑕疵有过错，保证人应就债权人因主债权债务合同存在效力瑕疵而遭受的损害承担损害赔偿责任，但是，保证人承担的损害赔偿责任不应超过债务人不能清偿部分的 1/3。对此规定，讨论两点。其一，债权人遭受的损害不仅包括直接因主债权债务合同存在效力瑕疵而遭受的损害，还包括债权人因返还财产请求权不能实现而遭受的损害。其二，保证人损害赔偿责任的补充性问题。条文规定保证的损害赔偿责任具有补充性，在债务人不能清偿部分的范围内承担责任。本书不赞同这一规定，因为主债权债务合同存在效力瑕疵，不存在债务人的清偿问题，所以也就无所谓债务人不能清偿部分的问题。值得讨论的是，如果债务人对主债权债务合同的效力瑕疵也存在过错，须承担损害赔偿责任，此时保证人的责任相对于债务人的责任是否具有补充性？本书对此持否定态度。因为补充性涉及的是对主债务的补充，在主债权债务合同存在效力瑕疵的情况下，补充性规则丧失了适用的前提，保证人和债务人应根据自己的过错程度承担责任。其三，关于保证人应当承担的损害赔偿责任范围的规定，只有在主债务人、主债权人、保证人对主债权债务的效力瑕疵均存在过错时，才具有正当性，在此场合，三方当事人须分担损害。在保证人和债权人有过错以及保证人和债务人有过错的场合，应根据保证人的过错大小确定其承担的责任范围。

第五节　保证债务的范围

保证债务的范围，受保证债务从属性和独立性的影响。基于保证债务从属性，保证债务的范围不得大于主债务的范围，基于保证债务的独立性，当事人可以在不违反从属性规定的前提下自由约定保证债务的范围。另外，如果当事人未约定保证债务的范围，法律设置了任意性规定予以补充。

---

〔1〕《民法典有关担保制度的解释》第 17 条第 2 款的文义仅涉及主债权债务合同无效这一种效力瑕疵形态，在主债权债务合同其他效力瑕疵形态的场合，应类推适用这一规定。

一、根据保证债务从属性确定保证债务范围

根据保证债务的从属性，保证债务的范围不得超过主债务的范围。如果当事人约定的保证债务的范围超过主债务的范围，则超过部分无效，保证人仅在主债务范围的限度内负担保证债务。

保证债务成立以后，主债务范围发生变化时，保证债务是否基于从属性而一起改变，应分别考察。其一，根据《民法典》第 695 条第 1 款的规定，主债权债务合同当事人合意扩张主债务的范围（加重债务）时，如未经保证人书面同意，保证债务范围不因而扩张，例如无利息的债务变为有息的债务。为强化对保证人的保护，本书认为，在此场合保证人的书面同意必须是针对具体的合意变更行为的同意，而非抽象的概括同意。主债务非因主债权债务合同当事人合意而发生扩张时，例如，因债务人迟延，于原本给付义务之外增加损害赔偿义务时，保证债务亦随同扩张，但如果保证合同当事人预先约定了保证债务的最高额时，如无特约，以最高限额为其限度。其二，主债权债务合同当事人合意缩小主债务范围（减轻债务）时，保证债务的范围亦因而缩小。主债务部分消灭时，例如债权人免除了部分债务、债务人实施了部分清偿等，保证债务的范围亦因而缩小。主债务非因主债权债务合同当事人的合意而缩小时，例如因不可抗力导致主债务部分不能时，保证债务的范围亦因而缩小。《民法典》第 695 条第 1 款就主债权债务合同当事人合意缩小主债务范围作出了规定，对于主债务范围因其他原因而缩小时，应类推适用第 695 条第 1 款第 1 分句处理。

二、依当事人约定确定保证债务范围

保证合同当事人于不超过主债务的范围内，可自由约定保证债务的范围。当事人约定保证债务的范围时，为有限保证，无约定时，为无限保证。保证范围不属于保证合同的必备要素。

三、依法律规定确定保证债务范围

根据《民法典》第 691 条的规定，如果保证合同当事人未约定保证范围，则保证范围包括主债权及其利息、违约金、损害赔偿金和实现债权的费

用。须注意，这里的主债权并非为保证债权所从属的主债权，而是与利息债权、违约金债权等相对意义上的主债权。所谓利息，不仅包括借款期限内的期内利息，还包括金钱债务迟延履行时的迟延利息，前者属于约定利息，后者属于法定利息。实际上，迟延利息与损害赔偿金具有同一性质，均为债务人因义务违反而导致的主债务扩张或变形。违约金包括赔偿性违约金和惩罚性违约金，属于保证债务范围的违约金仅包括赔偿性违约金。第691条属于任意性规定，旨在填补当事人约定欠缺时的合同漏洞。

关于法律规定的保证债务的范围，比较法上有争论的是因主债务而生的利息债务以及违约金债务，此利息债务为期内利息债务，而不涉及迟延利息债务。第一种模式是德国法模式。根据《德国民法典》第767条第1款第3句的规定，保证人的债务，不因保证经承担后主债务人所为之法律行为而扩张。换言之，如果利息债务和违约金债务是主债权债务合同当事人在保证债务成立后约定的，则它们不属于保证债务的范围。第二种模式是法国法模式。根据《法国民法典》第2293条第1款的规定，对主债务无任何限制的保证，保证债务扩张至该债务的所有附带部分。换言之，即便利息债务和违约金债务是主债权债务合同当事人在保证债务成立后约定的，它们也属于保证债务的范围。《意大利民法典》第1942条、《日本民法典》第447条第1款等亦是如此。第三种模式是瑞士法模式。根据《瑞士债务法》第499条第2款的规定，违约金债务不属于保证债务的范围，除非保证合同当事人有明确约定，但利息债务属于保证债务的范围。结合《民法典》第695条第1款关于当事人约定扩张主债务范围的规定，我国《民法典》采纳的是德国法模式。换言之，如果主债权债务合同当事人在保证债务成立后始约定利息和违约金，保证人对此不承担保证责任。

实现债权的费用，一般为各国立法所规定，但各国规定的范围不尽相同。《德国民法典》第767条第2款规定，就主债务人应偿还债权人的终止合同费用及法律追诉费用，保证人应负其责任。《瑞士债务法》第499条第2款第2项规定，保证人如能及时向债权人清偿即可避免的诉讼费用和强制执行费用，以及因交出担保物或移转担保权而发生的费用，保证人应负保证责任。《法国民法典》第2293条第1款规定，最初的诉讼费用以及在向保证人进行通知后发生的所有费用，保证人应负保证责任。《意大利民法典》第 1942 条规定了因通知保证人有关对主债务人提起诉讼的情况所支出的费用和嗣后支付的费用。观察上述法律规定，在确定属于保证债务范围的实现债权的费用时，主要考虑有两点：一是此等费用是否应由债务人负担；二是此等费用的发生是否可归因于保证人。第一点考虑是基于保证债务的从属性，只有应由债务人负担的费用，才能够构成保证债务。第二点考虑的主要目的为在实现债权费用上控制保证债务范围，不至于超出保证人的预期。

本书认为，权利人原则上应自行承担实现权利的费用，除非法律规定此等费用应由他人负担。基于这种考虑，属于保证债务范围的实现债权的费用为根据法律规定应由债务人承担的费用，主要为应当由债务人承担的诉讼费用。因此等费用源自法定，不会超出保证人的预期，也不至于使保证人的负担过重。须注意，债权人实现其保证债权过程中发生的应当由保证人负担的费用不属于保证债务的范围，因为保证债务属于从属于主债务的债务，而这一场合保证人负担的费用债务为保证人自己的债务，不属于从属于主债务的债务。

第六节　保证债务的效力

保证债务的效力可分为债权人与保证人间的效力及债务人与保证人间的效力分别考察。

一、在债权人与保证人间的效力

（一）债权人的权利
1. 债权人的权利为履行请求权

在债权人与保证人之间的关系中，债权人基于保证合同对保证人享有履行请求权，即请求保证人履行保证债务的权利。债权人为此请求，须以保证债务到期为前提。根据《民法典》第 681 条的规定，除当事人另有约定外，债务人不履行到期债务的时点为保证债务的到期时点，申言之，主债务的到期时点原则上与保证债务的到期时点相同。虽然债权人在保证债务到期后可向保证人主张保证债权，但保证人原则上可以其享有的检索抗辩权对抗之。[1]如果保证人享有检索抗辩权而不主张或保证人的检索抗辩权被排除时，债权人可对债务人和保证人有效地行使两个请求权，并可同时或先后请求全部或部分履行。任何一方为部分或全部清偿时，另一方的债务因而缩减或消灭。

2. 履行请求权的时间限制

基于保证合同的无偿性，保证人承担保证责任后面临着巨大的追偿不能的风险，法律为纠正保证人和债权人之间的利益失衡，避免保证人长期受保证债务拘束，在时间方面对债权人的履行请求权设置了双重限制，分别为保证期间[2]和诉讼时效。下面分别讨论。

（1）保证期间

第一，保证期间的意义。所谓保证期间，是指确定保证人承担保证责任的期间，或者说保存保证债权的期间。[3]如果债权人未在保证期间内实施保存保证债权的行为，则保证人不再承担保证责任，换言之，债权人的保证债

---

〔1〕 根据《民法典》第 392 条第 1 分句和第 2 分句，债权既有物的担保又有保证的，若不存在特别约定，债权人应先就债务人提供的物的担保实现债权。如果债权人未就债务人提供的物的担保实现债权而向保证人主张保证债权的，保证人可以检索抗辩权对抗之。

〔2〕 在债务人或保证人破产时，保证期间的适用值得特别讨论。在债务人破产的场合，须区分法院受理破产申请的发生时点展开讨论。若法院受理破产申请发生在保证期间届满之前，债权人应当按照企业破产法的规定申报债权，若债权人未申报债权，则保证人的保证责任消灭，换言之，保证期间不发生作用。若法院受理破产申请发生在保证期间届满之后，则债权人仍须按照保证期间的规定实施保存行为，否则保证债权消灭。在保证人破产的场合，也须区分法院受理破产申请的发生时点展开讨论。若法院受理破产申请发生在保证期间届满之前，即便债权人未按照保证期间的规定实施保存行为，债权人也可按照企业破产法的规定申报债权，换言之，保证期间不发生作用。若法院受理破产申请发生在保证期间届满之后，只有债权人按照保证期间的规定实施保存行为后，债权人才可以申报债权。

〔3〕 与保证期间不同的是保证债务的存续期间，保证债务的存续期间为狭义的权利期间，其效力为期间经过，保证债务消灭，债权人须在保证债务存续期间内主张保证债权。比如保证人与债权人约定，保证人仅于 2023 年 3 月 25 日至 4 月 25 日承担保证责任，若债权人未在该期间内主张保证债权，则保证人的保证责任消灭。约定保证债务存续期间的保证被称为定期保证。在定期保证中，保证债务存续期间已经为保证人提供了充分的保护，无保证期间制度的存在必要。《民法典有关担保制度的解释》第 32 条涉及的期间在性质上为保证债务的存续期间，即保证合同约定保证人承担保证责任直至主债务本息还清时为止等类似期间属于保证债务的存续期间，而非保证期间。条文将此类期间理解为保证期间是错误的。

权消灭。[1]所谓实施保存保证债权的行为，应区分保证人的检索抗辩权是否被排除分别观察。在保证人的检索抗辩权未被排除的场合，债权人在保证期间内须实施的保存行为包括针对债务人提起诉讼、申请仲裁、取得公证债权文书后申请强制执行[2]等。如果债权人在保证期间内针对债务人提起诉讼或申请仲裁后又撤回起诉或者仲裁申请，相当于没有实施此等行为，保证期间届满，债权人的保证债权消灭。在保证人的检索抗辩权被排除的场合，根据《民法典》第693条第1款的规定，债权人仍然需要在保证期间内向债务人提起诉讼或申请仲裁，才能保存其保证债权。问题是，如果债权人在保证期间内直接向保证人主张保证债权，能否保存其保证债权？本书持肯定观点。因为在此场合如果债权人向保证人主张保证债权，保证人须承担保证责任，除债权人须就保证人检索抗辩权被排除承担证明责任外，这种场合的一

---

[1]《民法典有关担保制度的解释》第33条扩张了保证期间的适用范围，在保证合同无效的场合，债权人针对保证人的损害赔偿请求权亦受保证期间的限制。对该规定，作如下几点讨论：其一，保证人在因无效之外的效力瑕疵而须承担缔约损害赔偿责任的场合，应类推适用第33条的规定。换言之，在保证合同缔约责任的场合，债权人针对保证人的损害赔偿请求权均应受保证期间的限制。其二，条文中所谓的保证期间为债权人针对保证人的保证债务履行请求权约定的保证期间或法律规定的保证期间。因为保证合同存在效力瑕疵属于当事人意料之外的事项，当事人一般不会针对这一场合的损害赔偿请求权的存续约定除斥期间，另外，法律仅就债权人针对保证人的保证债务履行请求权规定了保证期间。因此，所谓保证合同缔约责任场合债权人针对保证人的损害赔偿请求权受保证期间限制系债权人针对保证人的保证债务履行请求权保证期间的类推适用。因保证合同存在效力瑕疵，当事人在保证合同中就债权人针对保证人的保证债务履行请求权约定的保证期间亦不发生效力，所以不可能存在约定保证期间的类推适用，仅存在法定保证期间的类推。第33条规定约定保证期间的类推是错误的，应予以删除。其三，因保证合同存在效力瑕疵包括保证合同因自身原因存在效力瑕疵和保证合同因主债权债务合同存在效力瑕疵而无效两种情况，所以法定保证期间的类推适用应区分这两种情况分别考虑。首先，在保证合同因自身原因存在效力瑕疵的场合，因主债权债务合同不存在效力瑕疵，所以法律规定的保证期间自主债务到期之日起6个月的类推适用为，债权人针对保证人的损害赔偿请求权的除斥期间为自主债务到期之日起6个月，如果债权人在该期间内未向债务人提起诉讼、申请仲裁等，债权人针对保证人的损害赔偿请求权消灭。其次，在保证合同因主债权债务合同存在效力瑕疵而无效的场合，因主债权债务合同存在效力瑕疵，债权人可能针对债务人享有损害赔偿请求权，而不享有主债权债务合同有效时的履行请求权。因此，法律规定的保证期间自主债务到期之日起6个月的类推适用应为，债权人针对保证人的损害赔偿请求权的除斥期间为自债权人针对债务人的损害赔偿请求权到期之日起6个月。债权人针对债务人的损害赔偿请求权自请求权成立时到期。如果债权人未在其针对债务人的损害赔偿请求权成立之日起6个月内未向债务人提起诉讼、申请仲裁等，债权人针对保证人的损害赔偿请求权消灭。

[2]《公证法》第37条第1款规定，对经公证的以给付为内容并载明债务人愿意接受强制执行承诺的债权文书，债务人不履行或者履行不适当的，债权人可以依法向有管辖权的人民法院申请执行。

般保证与连带责任保证不存在区别。因此，《民法典》第 693 条第 2 款关于连带责任保证人在保证期间内须实施的保存行为的规定也应当适用于此。

第二，保证期间的性质。有关保证期间的性质，学界众说纷纭，莫衷一是，主要有如下八种学说：其一，诉讼时效说。[1]其二，除斥期间说。[2]其三，特殊期间说，保证期间是一种特殊的权利行使期间或者责任免除期间。[3]其四，或有期间说，一旦债权人在保证期间内依据法律的规定为一定的行为，其即可获得保证债权，若债权人在保证期间内未依据法律的规定为一定行为，即不能获得保证债权。[4]其五，附期限法律行为所的解除期限说。[5]其六，二元说，法定保证期间是为了弥补时效制度上的缺陷，对时效制度进行约束，是诉讼时效发生中断的限制期间，而约定保证期间属于当事人在保证合同中约定的终期。[6]其七，附条件说，保证期间是债务中所附加的一个否定的解除条件。[7]其八，存续期间说，保证期间是保证债权的存续期间。[8]

本书认为，保证期间在性质上为除斥期间。为理解这一观点需要去除对除斥期间制度的两个错误认识，其一，除斥期间的适用对象仅限于形成权。从历史发展的角度看，除斥期间的概念产生早于形成权概念的产生，二者不

[1] 参见邓曾甲：《中日担保法律制度比较》，法律出版社 1999 年版，第 125 页。

[2] 参见杨洁、李洁：《保证期间是除斥期间》，载《当代法学》2003 年第 9 期，第 42~44 页；李国光等：《最高人民法院〈关于适用《中华人民共和国担保法》若干问题的解释〉理解与适用》，吉林人民出版社 2000 年版，第 141~142 页；甄增水：《解释论视野下保证期间制度的反思与重构》，载《法商研究》2010 年第 5 期，第 112~118 页；李昊、邓辉：《论保证合同入典及其立法完善》，载《法治研究》2017 年第 6 期，第 61~75 页。

[3] 参见孔祥俊：《保证期间再探讨》，载《法学》2001 年第 7 期，第 55~59 页。

[4] 参见王轶：《民法总则之期间立法研究》，载《法学家》2016 年第 5 期，第 149~159 页。对或有期间概念的质疑，参见冯珏：《或有期间概念之质疑》，载《法商研究》2017 年第 3 期，第 140~150 页。

[5] 参见余立力：《论一般保证期间的性质》，载《武汉大学学报（哲学社会科学版）》，2007 年第 5 期，第 720~722 页。

[6] 参见张谷：《论约定保证期间——以〈担保法〉第 25 条和第 26 条为中心》，载《中国法学》2006 年第 4 期，第 120~136 页。

[7] 参见张鹏：《我国保证债务诉讼时效问题研究》，载《中外法学》2011 年第 3 期，第 536~558 页。

[8] 参见苏浩鹏：《论保证期间与诉讼时效》，载沈四宝主编：《国际商法论丛》（第 7 卷），法律出版社 2005 年版，第 401 页；王文军：《〈民法典〉保证期间制度的另一种解释可能——以继续性合同原理为视角》，载《暨南学报（哲学社会科学版）》2021 年第 4 期，第 26~41 页。

可能存在严格的对应关系。事实上，除斥期间的适用对象具有广泛性，可以适用于一切民事实体法上的权利，如形成权、请求权、物权以及其他权利，甚至可以是相当于权利的法律地位以及程序法上的权利和地位。[1]其二，除斥期间为权利的存续期间。权利的存续期间为权利内容上的时间限制，典型如建设用地使用权的存续期间，而除斥期间为权利行使的时间限制，权利人须在除斥期间内行使权利，否则将产生权利消灭的效果。在理论上，应严格区分除斥期间和权利的存续期间，在后者无论权利人是否在期间内行使权利，均不影响权利在期间届满后消灭的效果，而在前者，法律意在督促权利人及时行使权利。须注意，保证期间与典型的除斥期间有所差别，在保证期间内，债权人需要实施的特定行为不限于行使权利，还可以表现为债权人向债务人提起诉讼、申请仲裁等，但这不影响保证期间的除斥期间定性。因为保证期间与除斥期间的规范结构无根本差别，均为权利人在一定期间内不实施特定行为将导致权利消灭的后果。根据《民法典》第 692 条第 1 款后段，保证期间不发生中止、中断和延长，这一规定与《民法典》第 199 条关于除斥期间不适用有关诉讼时效中止、中断和延长的规定具有相同的意义。因保证期间为除斥期间，所以在保证合同纠纷案件中法院可依职权适用保证期间，无须保证人主张。

第三，约定保证期间。当事人可以约定保证期间，当事人没有约定或约定不明确[2]时，适用法定保证期间。当事人可以自由约定保证期间的起算点和保证期间的长短，不过若当事人约定的保证期间的起算点早于主债务到期时点则与保证期间的事理之性质不符，因为保证期间起算时债权人无权针对债务人提起诉讼、申请仲裁等。如果当事人约定的保证期间的起算点早于主债务到期时点，并不意味着该约定无效，而是应分两种情况讨论。如果该

---

[1]　参见耿林：《论除斥期间》，载《中外法学》2016 年第 3 期，第 613~645 页。

[2]　《民法典有关担保制度的解释》第 32 条规定，保证合同约定保证人承担保证责任直至主债务本息还清时为止等类似内容的，视为约定不明。实际上保证合同约定的这类期间为保证债务存续期间，而非对保证期间的约定，所以不是当事人约定不明的问题，而是当事人未约定保证期间的问题。因当事人未约定保证期间，就应当适用法定保证期间。条文虽然犯了错误，但在效果上，歪打正着。需要讨论的问题是，若当事人已经约定了保证债务的存续期间，还有无保证期间的适用空间？本书对此持否定态度，保证债务存续期间的效力强于保证期间的效力，保证债务存续期间已经对保证人进行了充分的保护，无须保证期间的介入。

约定导致约定的保证期间的届满时点早于主债务的到期时点或者与主债务的到期时点相同，根据《民法典》第 692 条第 2 款第 1 分句的规定，此等关于保证期间的约定视为没有约定。换言之，法律采用拟制的立法技术，从而适用法定保证期间的规定，避免保证期间的制度目的落空。如果该约定并未导致约定的保证期间的届满时点早于主债务的到期时点或者与主债务的到期时点相同，也就是说，约定的保证期间的届满时点晚于主债务到期时点，则该约定能够发生效力。因债权人在主债务到期之前不能针对债务人提起诉讼或申请仲裁等，所以在此场合真正有意义的保证期间为自主债务到期时点起至当事人约定的保证期间届满。如果当事人约定的保证期间起算点晚于主债务到期时点，保证期间将按照该起算点起算。问题是，如果债权人在保证期间起算之前针对债务人提起了诉讼、申请了仲裁或者向保证人主张了保证债权，是否需要债权人在约定的保证期间内再实施这一行为以保存保证债权？本书认为不需要，债权人提起诉讼、申请仲裁、向保证人主张保证债权的行为已经确保了其保证债权不消灭。因为保证期间的规范目的在于避免债权人长时间不实施前述行为导致保证人长时间受保证债务约束，若债权人在约定的保证期间起算之前已经实施了前述行为，意味着约定的保证期间的规范目的已经实现，保证债权不会再因约定的保证期间届满而消灭。

第四，法定保证期间。根据《民法典》第 692 条第 2 款第 2 分句，法定保证期间为主债务到期之日起 6 个月。法定保证期间包含两项法定要素，分别为起算时点的法定和期间长短的法定。这两项要素在法律适用上均对当事人的意思起补充作用。当然，当事人也可以直接约定采用法定保证期间。所谓主债务到期之日，根据主债权债务合同当事人的约定确定，如果债权人与债务人对主债务的到期时点没有约定或约定不明确，主债务到期之日为债权人请求债务履行债务的宽限期届满之日。[1]

---

〔1〕 根据债法的一般原理，如果债权人与债务人对主债务的到期时点没有约定或约定不明确的，债务立即到期，即债务成立即到期。我国《民法典》第 511 条第 4 项采取了不同的构造，虽然债权人在债务成立后就可以请求履行，但该请求相当于催告，经催告并且给债务人必要的准备期间届满才意味着债务到期，债权人才有权请求债务人履行债务。《民法典》第 692 条第 2 款的设计建立在第 511 条第 4 项的基础上，所谓宽限期与债权人给债务人的必要准备时间具有相同的内涵。

根据《民法典》第 695 条第 2 款的规定，如果债权人和债务人变更主债权债务合同的履行期限，法定保证期间的起算时点仍为原到期之日，除非保证人书面同意。该规定应作目的性限缩解释，仅适用于债权人和债务人通过变更主债权债务合同的履行期限使主债务到期之日延后的情形，因为在这种情形下，加重了保证人的保证责任，所以必须取得保证人的书面同意，否则仍然以原到期之日为起算时点。在适用第 2 款规定的情形，对保证人书面同意的规定还应作目的性限缩解释，仅限于保证人事后的书面同意，对于加重保证人保证责任的事项，只有事后的同意才能真正体现保证人愿意承担加重责任的意思，才能实现对保证人的真正保护。如果债权人和债务人通过变更主债权债务合同的履行期限使主债务到期之日提前，则法定保证期间的起算时点应为变更后的主债务到期之日，并且无须取得保证人的书面同意，因为如此设定不仅没有加重保证人的保证责任，还减轻了保证人的保证责任，并且没有加重债权人的负担。

（2）诉讼时效

如果保证债权未因保证期间而消灭，则保证债权还应受到诉讼时效的限制。对保证债权来说，保证期间和诉讼时效的适用存在逻辑上的先后关系，先适用保证期间确定保证债权是否存续，若保证债权存续，则适用诉讼时效制度对保证债权进行限制。《民法典》第 694 条第 1 款将债权人在保证期间届满前对债务人提起诉讼或者申请仲裁作为保证债权诉讼时效期间起算的前提，体现了保证期间和诉讼时效在适用上的逻辑先后关系。保证债权的诉讼时效适用诉讼时效制度的一般规则，值得特别讨论的是保证债权诉讼时效的起算时点。

《民法典》第 694 条第 1 款规定，保证债务的诉讼时效期间自保证人拒绝承担保证责任的权利消灭之日起算。所谓保证人拒绝承担保证责任的权利消灭，主要是指保证人的检索抗辩权消灭。保证人的检索抗辩权消灭意味着债权人行使保证债权不再存在法律上的障碍，因此第 694 条第 1 款规定的起算时点实质上是保证债权可行使时点，在起算时点确定方法上采纳权利可行使的确定方法，并且采纳客观起算模式，与我国法中其他合同履行请求权诉讼时效期间起算时点的规定并无不同。[1]须注意，《民法典》第 694 条第 1 款关于保证债务诉讼时效期间起算时点的规定不是《民法典》第 188 条第 2 款第 1 句的具体化，后者不仅采纳主观起算模式，并且在客观时点的确定方法上采权利受损害的确定方法，这两点与第 694 条第 1 款存在根本的不同。[2]

问题是保证人检索抗辩权的消灭之日如何确定？根据《民法典》第 687 条第 2 款前段的规定，保证人检索抗辩权的消灭之日为债权人就债务人的财产依法强制执行仍不能履行债务之日。为使该时点具有确定性，结合我国民事诉讼法的规定，《民法典有关担保制度的解释》第 28 条第 1 款第 1 项将该时点规定为法院作出终结本次执行程序裁定或终结执行裁定送达债权之日。[3]所谓法院作出终结本次执行程序裁定，涉及的是我国民事诉讼法上的终结本次执行程序制度，最高人民法院《关于适用〈中华人民共和国民事诉讼法〉的解释》第 517 条规定，经过财产调查未发现可供执行的财产，在申请执行人签字确认或者执行法院组成合议庭审查核实并经院长批准后，可以裁定终结本次执行程序。终结执行后，申请执行人发现被执行人有可供执行财产的，可以再次申请执行。所谓终结执行裁定，涉及终结执行制度，是指在执行过程中，因为出现法律规定的特殊情况，执行程序没有必要继续进行或无法继续进行，从而依法结束执行的程序，以后再也不恢复。结合《民事诉讼法》第 264 条的规定，涉及保证债权诉讼时效起算人民法院裁定终结执

---

〔1〕《民法典》第 189 条体现的法理为我国法中合同履行请求权诉讼时效起算时点确定的一般原理，即合同履行请求权诉讼时效期间一般采客观起算模式，并且自权利可行使之日起算，而非自权利受到损害之日起算。

〔2〕有观点认为，《民法典》第 694 条第 1 款关于保证债务诉讼时效期间起算时点的规定为《民法典》第 188 条第 2 款第 1 句的具体化，进而主张保证债务诉讼时效的起算需要债权人依法向保证人主张保证责任，在债权人向保证人提出请求后，保证人予以拒绝的，即可认定债权人知道或者应当知道其保证债权受到了损害，自此可开始计算保证债务的诉讼时效。参见王叶刚：《论一般保证中保证债务诉讼时效的起算》，载《华东政法大学学报》2021 年第 3 期，第 18~27 页。这一解释结论与《民法典》第 694 条第 1 款中"保证人拒绝承担保证责任的权利消灭之日"的文义存在冲突，而文义解释为法律解释的基础，对法律的任何解释均须在文义的射程范围内，这是民主原则的要求，因此这一解释结论不具有妥当性，不值得采纳。

〔3〕《民法典有关担保制度的解释》第 28 条第 1 款第 1 项的这一规定以裁定生效之日为债权人保证债权诉讼时效的生效时点，但这一设计考虑了债权人的主观因素，违反了《民法典》第 694 条第 1 款规定的客观起算模式。

行的情形包括两种：一是作为被执行人的公民死亡，无遗产可供执行，又无义务承担人的；二是作为被执行人的公民因生活困难无力偿还借款，无收入来源，又丧失劳动能力的。[1]

为避免因法院未作出终结本次执行程序裁定或终结执行裁定而无法起算保证债权诉讼时效，基于我国《民事诉讼法》及涉及执行的司法解释，人民法院自收到申请执行书之日起，最长完成执行程序的时限为 1 年，[2]《民法典有关担保制度的解释》第 28 条第 1 款第 2 项规定，法院自收到申请执行书之日起 1 年内未作出终结本次执行程序裁定或终结执行裁定的，保证债权诉讼时效期间自法院收到申请执行书满 1 年之日起算。但是如果保证人有证据证明债务人仍有财产可供执行的，即便法院自收到申请执行书之日起 1 年内未作出终结本次执行程序裁定或终结执行裁定，保证债权诉讼时效期间也不起算。

《民法典》第 694 条第 1 款的适用以保证人的检索抗辩权未被排除为前提，因为只有在此前提下，才有检索抗辩权消灭的问题。如果保证人的检索抗辩权被排除，债权人保证债权的诉讼时效期间应如何起算？因保证人的检索抗辩权被排除，债权人的保证债权自保证债权到期之日即不存在实现的法律障碍，遵循第 694 条第 1 款规定的客观起算模式，在保证人的检索抗辩权被排除的场合，债权人的保证债权诉讼时效应自保证债权到期之日起算。如果采取这种起算模式将破坏保证期间在适用上的逻辑先位性，会出现诉讼时效起算后保证债权消灭的荒谬情况。因此，本书认为，在保证人检索抗辩权被排除的场合，保证债权诉讼时效的起算时点为债权人在保证期间内实施了保存行为之日，具体为提起诉讼、申请仲裁或者向保证人主张保证债权等之日。

《民法典有关担保制度的解释》第 28 条第 2 款的规定与本书观点不同。主要不同点在于，在保证人的检索抗辩权被排除的场合，保证债权诉讼时效

---

[1] 《民法典有关担保制度的解释》第 28 条第 1 款第 1 项引用的《民事诉讼法》为 2017 年修正的《民事诉讼法》，现行《民事诉讼法》为 2023 年修正的版本，关于终结执行的法条为第 268 条，而非 2017 年版本中的第 257 条。

[2] 参见程啸、高圣平、谢鸿飞：《最高人民法院新担保司法解释理解与适用》，法律出版社 2021 年版，181~182 页。

期间的起算要不要考虑债权人的可察知性因素。第 2 款考虑了债权人的主观因素，自债权人知道或应当知道保证人检索抗辩权被排除之日起算。本书观点的出发点是，司法解释的规定不能改变《民法典》的基本精神，在《民法典》第 694 条第 1 款采纳客观起算模式的前提下，司法解释改采主观起算模式，已经超出了解释的范畴，进入了造法阶段。这样的解释思路是错误的。因此，第 28 条第 2 款不予采纳。

（二）保证人的权利

在债权人与保证人间的关系中，保证人的权利主要为针对债权人履行请求权的抗辩。保证人享有的抗辩有三种，分别是保证人基于保证债务从属性享有的抗辩、保证人作为一般债务人享有的抗辩以及保证人特有的抗辩。下面分别讨论。

1. 保证人基于保证债务从属性享有的抗辩

《民法典》第 701 条第 1 句规定了"保证人可以主张债务人对债权人的抗辩"。条文中的抗辩不仅包括抗辩权，还包括无须主张的抗辩以及其他有抗辩性质的反对权。[1] 不过债务人依限定继承而减轻其责任的抗辩权，保证人不得主张。债务人放弃对债权人的抗辩权的，保证人仍有权主张。其法理基础是"禁止外来处置"规则，即主债务人不能通过单方法律行为加重保证人的责任。

（1）无须主张的抗辩。无须主张的抗辩是指权利不发生或消灭的抗辩，包括权利阻却抗辩和权利消灭抗辩。其一，主债务因违法或其他原因无效时，保证人可主张权利阻却的抗辩。对附利息债务提供保证的，若利息构成高利贷，则就构成高利贷的部分，保证人亦可主张无履行义务。其二，主债务因清偿、代物清偿、抵销、更新等原因而消灭时，保证人可主张权利消灭的抗辩。严格来讲，前述抗辩为保证人自身享有的抗辩，而非主张主债务人的抗辩。因为主债权债务合同无效或消灭后，保证合同基于从属性而无效，保证人因此而可向债权人主张权利阻却的抗辩。

（2）主债务展期。债权人对主债务人的债务展期时，保证人是否可以主

---

[1] 不同观点认为，保证人只能主张债务人享有的抗辩权，参见李运杨：《第三担保人的抗辩权体系》，载《政治与法律》2021 年第 8 期，第 29~43 页。

张保证债务的延期履行？如果展期导致主债务减轻时，保证债务亦应因而减轻，换言之，保证人可以主张其利益。

（3）抗辩权。保证人可主张的源自主债权债务关系的抗辩权包括同时履行抗辩权、先履行抗辩权、不安抗辩权和留置抗辩权，这些抗辩权均为暂时性抗辩权。需要讨论的是，作为永久性抗辩权的诉讼时效抗辩权和执行时效抗辩权，保证人能否主张？首先需要说明的是，诉讼时效抗辩权和执行时效抗辩权并无本质的区别，只是前者针对尚不可执行债权和后者针对可执行债权。保证人因享有检索抗辩权，一般无主张诉讼时效抗辩权和执行时效抗辩权的空间，除非其检索抗辩权被排除。不过若保证人为诉讼时效期间届满的债权提供保证的，保证人无权主张主债务人的诉讼时效抗辩权和执行时效抗辩权。

债权人向保证人主张保证债权，可能经过诉讼和执行等阶段。如果在此过程中，主债权的诉讼时效期间或执行时效期间届满，对保证人有何影响？在未被强制执行前，保证人均可主张时效抗辩权，申言之，保证人可以在诉讼前、诉讼中和执行程序中主张时效抗辩权。保证债权在强制执行阶段，若主债权罹于时效，保证人可以此为由对债权人的强制执行提出执行异议之诉。

（4）主债务人对债权人享有全部或部分消灭主债务的形成权时，保证人基于从属性享有拒绝承担保证责任的抗辩权。[1]在主债务人享有可全部或部分消灭债务的形成权时，所担保债权虽然有效存在，但处于一种可全部或部分消灭的不确定状态，如果债权人向主债务人主张债权，主债务人可行使形成权对抗债权人。但在担保权人向担保人主张权利时，法律若不赋予担保人一定的防御手段，将不利于担保人利益保护，尤其是在担保人承担担保责任后主债务人行使形成权使所担保债权消灭的情况下，担保人无法向债务人追偿，只能依不当得利法向原担保权人主张返还，且需要承担原担保权人支付

---

[1]　参见李运杨：《第三担保人的抗辩权体系》，载《政治与法律》2021年第8期，第29~43页。不同观点认为保证人享有的该抗辩权既源自保证债务的从属性，也源自保证债务的补充性，参见程啸：《论〈民法典〉第702条上的保证人抗辩权》，载《环球法律评论》2020年第6期，第40~55页。须注意，若仅债权人单方对主债务人享有抵销权时，保证人针对债权人的履行请求也享有先抵销抗辩权，不过该抗辩权源自保证债务的补充性，参见李运杨：《第三担保人的抗辩权体系》，载《政治与法律》2021年第8期，第29~43页。

不能的风险。[1]因此，有必要赋予保证人抗辩权对抗债权人的权利主张。《民法典》第 702 条规定，债务人对债权人享有抵销权或者撤销权的，保证人可以在相应范围内拒绝承担保证责任。所谓保证人可以在相应范围内拒绝承担保证责任，即保证人享有抗辩权。[2]使保证人享有抗辩权的形成权不仅包括撤销权和抵销权，还应包括解除权、减价权等全部或部分消灭主债务的抗辩权。如果主债务人抛弃了全部或部分消灭主债务的形成权，则主债务是否消灭的不确定状态消除，保证人也就不得再主张相应的抗辩权。

2. 保证人作为一般债务人享有的抗辩

保证人为债务人，一般债务人享有的抗辩，保证人自可主张。例如保证债务未到期的抗辩、保证合同自身无效的抗辩，保证债务诉讼时效期间届满的抗辩等。保证合同存在可撤销事由且保证人享有撤销权时，保证人可主张撤销保证合同。保证债务已因保证人的清偿而消灭时，保证人可主张权利消灭的抗辩。保证人可以自己对于债权人的反对债权，与债权人的债权为抵销。

3. 保证人特有的抗辩（检索抗辩权）

（1）概念和立法例

检索抗辩权，又称先诉抗辩权，是指保证人于债权人未就主债务人的财产强制执行而无效果前可拒绝履行保证债务的抗辩权。检索抗辩权赋予保证人一种顺位利益，即检索抗辩权使债权人须先就债务人的财产实现债权。《民法典》第 686 条第 2 款规定了保证人的检索抗辩权。在我国法中，因存在保证期间制度，检索抗辩权的意义受到限缩。如果债权人未根据保证期间制度保存保证债权，无论是否在保证期间内起诉保证人，法院均将驳回债权人的起诉，[3]无须保证人主张检索抗辩权。换言之，检索抗辩权仅在债权人

---

[1] 参见李运杨：《第三担保人的抗辩权体系》，载《政治与法律》2021 年第 8 期，第 29~43 页。

[2] 主债务人对债权人享有撤销或抵销权时，如何保护保证人的利益，在比较法上存在三种模式。第一种模式是赋予保证人抗辩权，《德国民法典》第 770 条采纳这一模式。第二种模式是区分模式，在主债务人对债权人享有抵销权时，保证人亦得享有该抵销权，而当主债务人对于债权人享有撤销权时，保证人享有抗辩权。第三种模式是民法典中仅承认保证人可以享有主债务人对债权人的抵销权，但未规定主债务人享有撤销权时如何保护保证人的利益，《法国民法典》第 1294 条第 1 款和第 2 款规定了保证人可主张主债务人的抵销权，但对主债务人的撤销权未作规定。

[3] 《民法典有关担保制度的解释》第 26 条第 1 款第 2 句规定，债权人未就主合同纠纷提起诉讼或者申请仲裁，仅起诉一般保证人的，人民法院应当驳回起诉。

根据保证期间制度保存了保证债权后始具有意义。

罗马法就保证人的检索利益经历了从不承认到承认的过程。在不承认检索利益的阶段，主债务人不履行债务时保证人即负履行之责，债权人可选择主债务人或保证人起诉。至优士丁尼时期，罗马法始承认保证人享有顺位利益。债权人须先就主债务人的财产为强制执行而不能满足时，保证人始负履行之责。但是，检索利益是债权人请求保证人承担保证责任的要件还是保证人的抗辩，存在争论。继承罗马法的近现代民事立法，几乎都承认保证人的检索利益，但承认的方式有差别。其一，有立法例规定检索为债权人向保证人主张保证债权的要件，如《瑞士债务法》第495条第1款。其二，有立法例规定检索为保证人的抗辩，如《法国民法典》第2298条、《德国民法典》第771条。其三，有立法例虽不承认保证人的检索利益，但规定了保证人的催告利益，即债权人向保证人主张保证债权以对主债务人的催告为要件，如《奥地利民法典》第1355条。保证人的催告利益与检索利益均属于保证人顺位利益的范畴，只是催告制度和检索制度赋予保证人顺位利益的强度不同。其四，有立法例同时规定保证人的催告利益和检索利益，如《日本民法典》第452条和第453条。第452条规定，债权人请求保证人履行债务的，保证人可以请求债权人先向主债务人进行催告。第453条规定，债权人根据前条的规定对主债务人进行催告后，保证人证明了主债务人有清偿资力且容易执行的，债权人应当先就主债务人的财产予以执行。我国法律为保障保证人的顺位利益赋予保证人检索抗辩权，与第二种立法例相同。[1]

（2）检索抗辩权的性质

检索抗辩权是一种延期抗辩权。在检索抗辩权存续期间，保证人不负迟延责任，债权人不得以其对保证人的债权为主动债权进行抵销。

（3）检索抗辩权的行使以及行使的效力

检索抗辩权可于诉讼上或诉讼外行使。如果保证人在诉讼上主张检索抗辩权，除非债权人能够证明已对主债务人的财产为强制执行而无效果或者主

---

〔1〕　在抗辩权的立法模式下，检索抗辩权的程序设计应该选择诉讼说，即保证人主张检索抗辩权可以暂时阻碍债权人保证债权的实现，并且法院判决书的主文应体现履行的先后顺序。参见朱禹臣：《先诉抗辩权的程序设计：一个跨法域分析视角》，载《法学家》2022年第5期，第163~176、196页。

债务人的财产严重不方便执行[1]或者保证人的检索抗辩权被排除，否则将阻碍债权人保证债权的实现。[2]不过若债务人于强制执行后重新取得财产，即便债权人未再对主债务人的重新取得的财产强制执行，保证人亦不得以此主张检索抗辩权。债权人就债务人的财产依法强制执行而未能受全部清偿的，对于不足部分，有权向保证人请求履行。根据《民法典》第698条的规定，若保证人在主债务履行期限届满后，向债权人提供债务人可供执行财产的真实情况，债权人放弃或者怠于行使权利致使该财产不能被执行的，保证人在其提供可供执行财产的价值范围内不再承担保证责任。

（4）检索抗辩权的排除

检索抗辩权的规范目的在于赋予保证人顺位利益，但在一些场合，保证人的检索抗辩权被排除。具体有如下场合：

第一，根据《民法典》第687条第2款第1项的规定，债务人下落不明且无财产可供执行时，保证人的检索抗辩权被排除。所谓债务人下落不明是指债务人在其住所地范围内杳无音信，这意味着债权人请求债务人履行债务存在极大的困难。债务人下落不明这一事实本身还不足以排除保证人的检索抗辩权，还需要债务人无财产可供执行。在这一场合，要求债权人先就债务人的财产为强制执行，已无意义。

第二，根据《民法典》第687条第2款第2项的规定，人民法院受理债务人破产案件时，保证人的检索抗辩权被排除。人民法院受理债务人破产案件后，债务人对个别债权人的清偿无效，并且债务人破产程序的启动意味着债务人已无完全清偿能力，如果允许保证人行使检索抗辩权，对债权人不公。须注意，如果主债务到期之前人民法院受理债务人破产案件，不仅会产生保证人检索抗辩权被排除的效果，还会导致保证债务加速到期，因为主债务加速到期。

---

[1] 参见最高人民法院第120号指导性案例，"青海金泰融资担保有限公司与上海金桥工程建设发展有限公司、青海三工置业有限公司执行复议案"。

[2] 如果债权人根据保证期间的规定保存保证债权后起诉保证人的，若保证人主张检索抗辩权，法院在作出判决时，应当在判决书主文中明确，保证人仅对债务人财产依法强制执行后仍不能履行的部分承担保证责任。该判决在性质上属于附条件判决。《民法典有关担保制度的解释》第26条第2款仅规定债权人一并起诉债务人和保证人时，法院应作出上述判决，在债权人仅起诉保证人时，也应作出上述判决。

第三，根据《民法典》第 687 条第 2 款第 3 项的规定，债权人有证据证明债务人的财产不足以履行全部债务或者丧失履行能力。既然债权人有证据证明债务人的财产不足以履行全部债务或者丧失履行能力，也就没有必要再要求债权人先就债务人的财产为强制执行。

第四，根据《民法典》第 687 条第 2 款第 4 项的规定，保证人以书面表示抛弃检索抗辩权。须注意，这里的抛弃指的是事先抛弃，具体为保证人在保证合同生效之后保证债务到期之前抛弃检索抗辩权。保证人在保证债务到期之后抛弃检索抗辩权的意义不大，保证人不主张检索抗辩权即可。

第五，人民法院受理保证人破产申请时，债权人可以其债权总额申报破产债权，保证人的检索抗辩权被排除。最高人民法院《关于适用〈中华人民共和国企业破产法〉若干问题的规定（三）》第 4 条第 2 款第 2 句前段明确排除了保证人的检索抗辩权。如果人民法院在保证债务到期前受理保证人破产申请，则保证债务加速到期。

第六，保证人为诉讼时效期间届满的债权提供保证时，保证人的检索抗辩权被排除。在此场合，因主债务人可主张时效期间届满的抗辩对抗债权人的履行请求，保证人的检索抗辩权没有意义。

二、在债务人与保证人间的效力

保证债务在债务人与保证人间的效力表现为保证人在承担保证责任后有权向债务人追偿。保证人的追偿权利源自保证债务的补充性，由债务人终局地承担责任。《民法典》第 700 条规定了保证人的追偿权利，"保证人承担保证责任后，除当事人另有约定外，有权在其承担保证责任的范围内向债务人追偿，享有债权人对债务人的权利，但是不得损害债权人的利益"。据此，保证人的求偿有两条路径，一是"有权……向债务人追偿"，二是通过"享有债权人对债务的权利"实现追偿。前者并非赋予保证人法定追偿权，而是一种参引性规范，保证人的追偿权源自保证人与债务人间的内部关系。后者构成一种法定债权让与，也被称为保证人的法定代位权，旨在强化保证人的追偿关系，增加保证人追偿权实现的可能性。

（一）基于内部关系求偿

保证人与债务人之间的内部关系可大致分为两种类型，分别为约定关系和法定关系。约定关系多表现为委托合同关系，但也可能表现为赠与合同关系。法定关系多表现为无因管理关系，但也可能表现为侵权行为关系或不当得利关系。内部关系的不同构造对保证人的追偿影响甚大，须分别讨论。

1. 约定关系

在约定关系表现为委托合同关系时，保证人可基于委托合同向债务人求偿，无论该委托合同有偿与否，均不影响保证人基于委托合同的求偿权，只是在委托合同为无偿时，保证人不得向债务人主张提供保证的对价。如果保证人和债务人在有偿委托合同中约定排除保证人的求偿权，[1]则保证人无权向债务人求偿。在约定关系表现为赠与关系时，保证人也不享有针对债务人的追偿权。这些构成《民法典》第700条规定的"当事人另有约定"的情况。保证人基于委托合同针对债务人享有的追偿权表现为受托人的必要费用偿还请求权，不过该请求权受制于保证人妥善处理委托事务义务的履行。

（1）必要费用偿还请求权

《民法典》第921条第2句规定："受托人为处理委托事务垫付的必要费用，委托人应当偿还该费用并支付利息。"该规定构成保证人基于委托合同向债务人追偿的请求权基础。基于保证的性质，《民法典》第921条第1句关于预付处理委托事务费用义务的规定几乎没有适用空间。例外是在债务人破产的场合，若债权人未申报债权，保证人可以参加破产财产分配，预先行使追偿权。

《民法典》第921条第2句规定的请求权的构成要件有二，分别是受托人实施了处理委托事务的行为和受托人实施处理委托事务的行为时垫付了必要费用。这两个要件在保证的场合均需作进一步解释。其一，受托人实施了处理委托事务的行为。所谓委托人实施了处理委托事务的行为，不仅要求保证人与债权人缔结了保证合同，更重要的是，保证人通过实施清偿、代物清偿、提存、抵销等给予行为使债权人获得全部或部分满足进而导致主债务全部或部分消灭。如果保证人未实施清偿等给予行为，即使依其行为使主债务人全部或部分免责，例如保证人使债权人免除主债务人的债务，因无可偿还

---

〔1〕 如果保证人和债务人在无偿委托合同中约定排除保证人的求偿权，则该合同应归属于赠与合同的类型，而不是委托合同。

的费用支出，不发生追偿权。其二，受托人实施处理委托事务的行为时垫付了必要费用。受托人支出的费用是否必要应根据委托合同的意旨判断，只要符合委托合同意旨的支出即属必要费用，在保证的场合，所谓必要费用，不仅包括保证人实施清偿、代物清偿、提存、抵销等给予行为而支出的财产，还包括因实施给予行为而支出的必要费用，比如通信费、手续费、诉讼费等。保证人在处理委托事务过程中因不可归责于自己的事由遭受损害的，保证人可以根据《民法典》第930条向债务人请求损害赔偿，而非根据《民法典》第921条第2句向债务人主张。

《民法典》第921条第2句规定的请求权的法效果，不仅包括保证人实施处理委托事务的行为时垫付的必要费用，还包括必要费用的利息。关于利息的计算，须讨论两个问题，分别是起算日和利率。起算日为保证人实施清偿等行为使债务人全部或部分免责之日。关于利率，如果当事人在委托合同中作了约定，则依该约定利率计算利息，如果当事人未约定，可根据利息起算日的一年期贷款市场报价利率计算利息。

保证人基于《民法典》第921条第2句向债务人主张必要费用偿还请求权的诉讼时效期间应独立起算。保证人的必要费用偿还请求权属于合同履行请求权，在诉讼时效期间的起算上应通过类推适用《民法典》第189条确定，起算点为保证人可以主张必要费用偿还请求权的时点。具体可区分两种情形分析：若保证人在主债务履行期限届满（保证债务到期）后承担保证责任，一经向债权人清偿，在内部关系上即可向债务人追偿，诉讼时效期间自保证人向债权人为有效清偿之日起算。若保证人在债务履行期限届满（保证债务到期）前承担保证责任，虽然保证人已取得追偿权，但债务人得以主债权尚未到期为由进行抗辩，此时追偿权尚不可行使，诉讼时效亦不应当从该时点起算，此种情形下，保证人对债务人的必要费用偿还请求权的诉讼时效期间应自主债务履行期限届满之日起算。

（2）妥善处理委托事务的义务

所谓妥善处理委托事务的义务，是指受托人在处理委托事务时应当维护委托人的利益，并尽到交易中必要的注意。受托人的注意标准须区分有偿委托和无偿委托分别考虑。在有偿委托，受托人应尽到善良管理人的注意；在无偿委托，受托人仅须对其故意或重大过失行为负责。保证人是否尽到了妥善处理委托事务的义务将影响到保证人的必要费用偿还请求权，之所以影响，是因为保证人在未尽到妥善处理委托事务的义务时所支出的费用，不被认为构成必要费用，因而不得向委托人主张。[1]影响保证人必要费用偿还请求权的主要情形有二：其一，如果保证人怠于主张债务人的抗辩，不得主张必要费用偿还请求权。保证人怠于主张债务人抗辩的判断，以保证人明知或应知债务人对债权人享有抗辩前提。基于诚实信用原则，债务人有义务向保证人如实披露主债权债务的相关信息，尤其是告知可能存在的抗辩事由。其二，如果保证人违反了报告义务，不得主张必要费用偿还请求权。根据《民法典》第924条的规定，受托人就委托事务的处理情况负向委托人的报告义务，因此保证人在承担保证责任后，有义务将这一事项及时报告债务人。若保证人怠于报告，债务人完全有可能在不知情且无过失的情形下，再次向债权人清偿。在此场合，保证人须承担丧失必要费用偿还请求权的不利后果。

2. 法定关系

如果保证人与债务人之间不存在委托等合同关系，保证人为债务人的债务提供保证并且承担保证责任行为可能符合无因管理的构成。如果构成无因管理，需要进一步判断是否构成正当的无因管理，即判断保证人为债务人的债务提供保证是否有利于债务人并且不违反债务人明示或可得推知的意思。如果构成正当无因管理，保证人可基于《民法典》第979条第1款第1分句向债务人主张必要费用偿还请求权。在此场合，《民法典》第979条第1款第1分句中管理他人事务的解释与《民法典》第921条第2句中处理委托事务的解释相同。《民法典》第979条第1款第1分句中必要费用的判断不同于《民法典》第921条第2句中必要费用的判断，前者采纳客观标准。[2]不管如何，保证人为实施清偿、代物清偿、提存、抵销等给予行为而支出的财产一定属于无因管理关系中的必要费用，保证人可向债务人主张返还。《民法典》第979条第1款第1分句仅支持保证人的必要费用返还请求权，不支持必要费用利息请求权。对于在管理事务过程中遭受的损害，保证人可基于

---

〔1〕 参见邱聪智：《新订债法各论》（下），中国人民大学出版社2006年版，第393页。

〔2〕 不同观点认为，管理人得合理信赖为必要之费用，即构成必要费用，纵客观上非属必要，亦然。参见金可可：《〈民法典〉无因管理规定的解释论方案》，载《法学》2020年第8期，第37~57页。

《民法典》第 979 条第 1 款第 2 分句向债务人请求适当补偿，这一点也不同于保证人基于委托与债务人之间形成的追偿关系。根据《民法典》第 981 条和第 982 条，管理人负妥善管理义务和通知义务，如果保证人未尽此等义务而支出的费用，非为必要费用，保证人不得向债务人求偿。此点与保证人基于委托关系求偿的场合相同。

如果保证人为债务人提供保证的行为不构成正当无因管理，比如保证人违反债务人的意思而提供保证，根据《民法典》第 979 条第 2 款第 1 分句，保证人不得向债务人主张返还必要费用，也不得就其在管理事务过程中遭受的损害向债务人主张补偿。须注意，即便保证人与债务人之间的关系不构成正当无因管理，也不影响保证人与债权人间保证合同的效力，因为保证人与债务人之间的关系仅构成保证人与债权人间缔结保证合同的动机，而非原因。

根据最高人民法院《关于审理民事案件适用诉讼时效制度若干问题的规定》第 7 条的规定，保证人基于正当无因管理向债务人主张必要费用偿还请求权和损害补偿请求权的诉讼时效期间自其承担保证责任的行为结束并且知道或者应当知道债务人之日起计算。

保证人和债务人之间还可能成立侵权关系，比如债务人对保证人缔结保证合同实施欺诈或胁迫，如果保证人无法根据欺诈或胁迫制度撤销保证合同，保证人可根据《民法典》第 1165 条第 1 款向债务人主张损害赔偿请求权，据此实现追偿。

（二）基于法定代位权追偿

在保证制度中，保证人分担了债权人债权不能实现的风险，而保证人承担该风险后只能从债务人处获得利益上的弥补。为强化保证人向债务人的追偿关系，《民法典》第 700 条规定保证人享有法定代位权，保证人除可基于其与债务人的内部关系追偿外，还可基于法定代位权追偿，两条追偿渠道共同确保保证人追偿利益的实现。

1. 法定代位权的构成要件

法定代位权的构成要件与保证人基于内部关系享有的追偿权的构成要件具有同一性，换言之，只有保证人基于内部关系享有追偿权时，保证人才享有法定代位权，若保证人基于内部关系不享有追偿权，则保证人不享有法定代位权。

2. 意定债权让与规则的类推适用

法定代位权属于一种法定债权让与，根据我国法律规定，法定债权让与须类推适用意定债权让与的规则，问题是在保证人法定代位权场合，哪些意定债权让与的规则可以适用？具体论述如下。

第一，债权让与禁止规则、通知债务人规则以及增加履行费用的分担规则不适用于保证人的法定代位权。

第二，从权利一并让与规则可适用于保证人的法定代位权，从权利中的担保权利对保证人追偿利益的实现具有特别重要的价值，所谓法定代位权强化保证人与债务人间的求偿关系，主要是指保证人可以因此取得债权人享有的担保权利。不过基于我国实证法关于担保人之间相互追偿的特殊规则，即只有担保人之间明示或默示约定相互追偿或者连带共同担保时，担保人之间才可以相互追偿，[1] 只有担保人之间有权相互追偿时，保证人才基于法定债权让与取得债权人针对债务人之外的人享有的担保权利，否则将架空我国实证法关于担保人之间相互追偿的特殊规则。当然，如果债权人针对债务人享有担保权利，保证人可基于法定债权让与取得此等担保权利。[2]

第三，债务人的抗辩规则可适用于保证人的法定代位权，换言之，债务人针对债权人的抗辩可向保证人主张。法定代位权的规范目的在于强化保证人与债务人间的求偿关系，债务人能够向保证人主张的抗辩仅限于保证人可以主张的债务人享有的抗辩，否则将弱化保证人与债务人间的求偿关系。基于保证的从属性，保证人可以主张债务享有的抗辩，这种抗辩仅限于法定债权让与发生之前债务人已经享有的抗辩。因此，债务人可以向保证人主张的抗辩仅限于法定债权让与之前债务人已经享有的抗辩，其范围小于意定债权让与场合债务人可以向受让人主张的抗辩。另外，若保证人因不可归责于自己的事由而未主张其可以主张的债务人的抗辩，债务人也不可以相应的抗辩对抗保证人。

第四，债务人的抵销规则可适用于保证人的法定代位权，换言之，债务

---

〔1〕 参见《民法典有关担保制度的解释》第13条和第14条。

〔2〕 参见《民法典有关担保制度的解释》第18条第2款。

人可向保证人主张抵销。基于保证人法定代位权的规范目的在于强化保证人
与债务人间的求偿关系，债务人可以向保证人主张的抵销仅限于保证人可基
于《民法典》第 702 条主张抵销权抗辩的抵销。债务人在意定债权让与中享
有的特殊抵销权不得向保证人主张，因为对于形成中的抵销权，保证人不得
向债权人主张抵销权抗辩。同样，若保证人因不可归责于自己的事由而未主
张抵销权抗辩，债务人也不可向保证人主张相应的抵销。

3. 法定代位权和保证人基于内部关系享有的追偿权的适用关系

法定代位权和保证人基于内部关系享有的追偿权具有相同的目的，共同
确保保证人追偿利益的实现，构成竞合关系。保证人行使任何一项权利实现
其追偿利益时，另一项权利因目的实现而消灭。为使保证人无论采取哪种请
求权基础追偿均可获得相同的效果，本书采纳请求权竞合中的相互影响说，
即虽然法定代位权和保证人基于内部关系享有的追偿权是相互独立的，但二
者相互影响。在确保保证人追偿利益实现的规范目的下，若一项权利中的某
因素相较于另一项权利中的相应因素不利于保证人追偿利益实现，则该项权
利中的因素将被另一项权利中的相应因素所改变。具体而言，在解释上应作
如下处理：其一，即便保证人基于法定代位权追偿，诉讼时效期间的起算也
是以保证人基于内部关系享有的追偿权的诉讼时效期间起算点为准，除非保
证人受让的债权的诉讼时效期间届满的时点较晚。因为保证人受让债权时，
债权的诉讼时效期间一般已经开始起算并且已经经过了一段时间。其二，即
便保证人基于法定代位权追偿，追偿的范围以保证人基于内部关系有权追偿
的范围为准，因为这一范围大于保证人受让的债权的范围，后者仅包括保证
人清偿保证债务的财产支出，而保证人基于内部关系有权追偿的范围还包括
为清偿保证债务而支出的费用以及保证人遭受到损害。因为保证人的追偿范
围以保证人基于内部关系有权追偿的范围为准，所以债务人虽然可向保证人
主张抗辩和抵销，但没有多大意义，因为若保证人不向债权人主张债务人可
主张的抗辩或其自己享有的抵销权抗辩，则意味着保证人因承担保证责任而
支出的财产不可向债务人追偿。其三，即便保证人基于内部关系的追偿权追
偿，也可行使其基于法定债权让与取得的担保权利。

4. 债权人的利益优先

《民法典》第 700 条但书规定，保证人享有债权人对债务人的权利时，

不得损害债权人的利益。这一规定确立了保证人与债权人利益冲突时债权人的利益优先原则。只有保证人部分承担保证责任或者仅就部分债权提供保证时，受让债权的保证人才可能与债权人间存在利益冲突，债权人利益优先的原则才具有实益。当然，若当事人约定在保证人部分承担保证责任时排除保证人的法定代位权，则保证人与债权人间将不存在利益冲突。债权人利益优先原则主要体现在保证人基于债权法定让与取得债权人享有的担保权利的场合，部分承担保证责任的保证人与债权人就担保权利形成共有，非与债权人共同，不得行使担保权利。即便行使担保权利，债权人的顺位也优先于保证人。

第七节　特殊保证债务

一、连带责任保证

（一）概念

连带责任保证，在学说上又称连带保证，是指保证人无检索抗辩权的保证。申言之，如果债务人不履行到期债务或者发生当事人约定的情形时，债权人请求保证人履行保证债务的，保证人无权以检索抗辩权对抗之。与之相对，保证人享有检索抗辩权的保证为一般保证。与一般保证相比，连带责任保证人不享有检索抗辩权所保障的顺位利益，[1]相应地，连带责任保证的补充性也弱于一般保证。须注意，连带责任保证与检索抗辩权被排除的一般保证也不同，在后者虽然保证人无检索抗辩权对抗债权人，但债权人向保证人主张保证债权时需要对检索抗辩权的排除承担证明责任，而在连带责任保证中，债权人向保证人主张保证债权时无需证明保证人不享有检索抗辩权。

在连带责任保证中，虽然主债务到期后债务人和保证人都对债权人负担全部给付的义务，但债务人与保证人之间不构成连带债务关系，因为债务人

---

　　〔1〕　如果连带责任保证人提供的保证和债务人自己提供的物的担保共同担保同一债权，当事人对债权人如何实现债权没有约定或约定不明确，根据《民法典》第 392 条的规定，债权人应先就债务人自己提供的物的担保实现债权。如果债权人未先就债务人自己提供的物的担保实现债权，而是请求连带责任保证人承担保证责任，保证人可主张第 392 条规定的顺位抗辩。该顺位抗辩相当于一种小规格的检索抗辩权，之所以言其小规格，是因为只要债权人就债务人提供的担保物无法实现其债权，就可以请求保证人承担保证责任，而非就债务人的所有责任财产进行检索。

与保证人的法律地位并不处于同一层次，保证人处于补充地位，保证人承担保证责任后有权向债务人全部追偿，而债务人承担责任后，无权向保证人追偿。因此，债务人与保证人之间的关系不同于并存的债务承担中数债务人之间的关系，后者构成连带债务关系。债务人与保证人之间也不构成不真正连带债务关系，因为保证人处于从属地位，而不真正连带债务中数债务人之间不存在从属性关系。《民法典》第 688 条第 1 款规定，在连带责任保证中，保证人和债务人对债务承担连带责任。此项规定易生误解。

（二）保证方式的推定

如果当事人在保证合同中对保证人究竟是按照连带责任保证承担保证责任还是按照一般保证承担保证责任没有约定或约定不明确，推定为保证人按照一般保证承担保证责任。因为一般保证为保证的一般样态，连带责任保证为保证的特别样态，除非当事人就连带责任保证存在特别约定，否则应认定为当事人间的保证关系为一般保证。所谓存在特别约定，如当事人在保证合同中约定保证人在债务人不履行债务或者未偿还债务时即承担保证责任、无条件承担保证责任等。

（三）保存行为和诉讼时效期间的起算

前文关于保证债务的讨论以一般保证为观察对象，除涉及检索抗辩权的内容外，其余内容均可适用于连带责任保证。因连带责任保证人无检索抗辩权，债权人在保证期间内须实施的保存行为以及债权诉讼时效期间的起算时点不同于一般保证，须作特别讨论。

因连带责任保证人无检索抗辩权，债权人在保证债务到期后即可实现其保证债权，所以债权人的保存行为为在保证期间内请求保证人承担保证责任，而非对债务人提起诉讼或申请仲裁。[1]虽然债权人在保证债务到期后即

---

〔1〕　在连带责任保证的场合，债务人或保证人破产时，保证期间的适用不同于一般保证。在债务人破产的场合，债权人仍须在保证期间内向连带责任保证人主张债权以保存保证债权。须注意的是，如果适用法定保证期间或者当事人约定保证期间的起算时点为主债务到期之日，因债务人破产，债权人的债权加速到期，保证期间的起算时点为法院受理破产申请之日。在保证人破产的场合，须区分法院受理破产的发生时点展开讨论。若法院受理破产发生在保证期间届满之前，即便债权人未在保证期间内未实施保存行为，债权人仍然有权根据企业破产法的规定申报债权，换言之，保证期间不发生作用。若法院受理破产发生在保证期间届满之后，债权人只有在保证期间内实施了保存行为，才有权申报债权。

可行使其请求权，不存在法律上的障碍，根据合同履行请求权诉讼时效期间自权利可行使之日起算的一般原理，诉讼时效期间应自该时点起算，但自该时点起算将破坏保证期间制度相对于诉讼时效制度的逻辑先位性，将会出现诉讼时效期间起算后保证债权消灭的情况。因此保证债权诉讼时效的起算时点应推迟到债权人实施保存行为之日，即诉讼时效期间从债权人请求保证人承担保证责任之日起算。

二、共同保证

（一）概念

共同保证是指数保证人担保同一债权的保证。共同保证的相对概念是单独保证，即一个保证人提供担保的保证。共同保证的构成包含两个要点：一是保证人必须是数人，如果一个保证人保证数项不同债权，不构成共同保证，而是数项单独保证。二是数保证人担保同一债权，如果数保证人分别保证不同的债权，彼此之间无关联，不构成共同保证，而是数项单独保证。数保证人就同一债务为保证，即使各保证人所保证的数额不同，仍于相同数额部分成立共同保证。例如甲、乙、丙三人共同保证 A 公司针对 B 公司的 100 万元债权，其中甲保证全部的 100 万元，乙保证其中的 60 万元，丙保证其中的 30 万元，则甲、乙就 60 万元的部分成立共同保证，甲、乙、丙就 30 万元的部分成立共同保证。

（二）共同保证的成立

共同保证的成立，以数保证人担保同一债权的事实发生为已足。数保证人与债权人签订一个保证合同固然可以成立共同保证，签订数个保证合同共同担保同一债权也可以成立共同保证，并且数个保证合同是同时成立还是先后成立，彼此间有无意思联络，在所不问。

（三）共同保证的效力

共同保证的效力可以从两个角度观察，一是共同保证人针对债权人有无检索抗辩权，二是共同保证人之间的关系。

如果共同保证人针对债权人有检索抗辩权，则共同保证为一般保证，进而适用一般保证的规则。每一共同保证人均可单独行使检索抗辩权，无须共同保证人共同行使。如果共同保证人针对债权人无检索抗辩权，则共同保证为连带责任保证，进而适用连带责任保证的规则。在连带责任保证的场合，债权人在保证期间内向一个保证人主张保证债权进而保存保证债权的，不对其他保证人产生效力，即便共同保证人间存在连带约定，亦是如此。[1]如果债权人未在保证期间内向其他保证人主张保证债权进而保存保证债权，债权人针对该保证人的保证债权消灭，如果保证人之间有权相互追偿，因债权人未在保证期间内主张保证债权导致保证债权消灭的，其他保证人在该保证人承担保证责任的份额内免除保证责任。值得注意的是，在共同保证中，也可能部分保证人享有检索抗辩权，部分保证人不享有检索抗辩权。

根据共同保证人之间关系的不同，共同保证有按份共同保证和连带共同保证（保证连带）之别。连带共同保证的构成需要共同保证人之间存在明示或者默示的连带约定[2]或者存在法律规定，否则不存在连带共同保证。

所谓按份共同保证，即共同保证人之间构成按份债务关系，适用按份债务的规则。保证人按照保证合同约定的保证份额承担保证责任，债权人只能在保证人承担的保证份额内请求。保证人承担保证责任后，有权基于其与债务人间的内部关系或法定代位权向债务人追偿，共同保证人之间无追偿权。如果债权人与每位保证人约定了相同的保证范围或者没有约定保证范围，但未约定保证份额，仍然构成共同保证。债权人有权在约定或法定的保证范围内请求保证人承担保证责任，保证人承担保证责任后只能基于其与债务人间的内部关系或法定代位权向债务人追偿，无权请求其他保证人分担。申言之，除保证人无权向债权人主张份额利益外，这种共同保证与按份共同保证

----

〔1〕　参见《民法典有关担保制度的解释》第29条。该条未明确其适用对象为共同保证中的连带责任保证，但只有在连带责任保证的场合，债权人在保证期间内实施的保存行为才表现为向保证人主张保证债权，因此该条文的适用范围仅限于共同保证中的连带责任保证。在共同保证中的一般保证场合，只要债权人在保证期间内向债务人提起诉讼或者申请仲裁等，债权人就保存了针对所有保证人的保证债权。

〔2〕　根据《民法典有关担保制度的解释》第13条第2款的规定，如果数保证人在同一份保证合同上签字、盖章或者按指印意味着数保证人间存在默示的连带约定。另外，《民法典有关担保制度的解释》第13条除规定连带约定外，还规定了相互追偿约定，值得讨论的是，这两种约定的关系是什么？或者说，如果共同保证人约定了相互追偿，该共同保证是否为连带共同保证？对此，本书持肯定观点，只有在连带共同保证中，才存在共同保证人的相互追偿问题，相互追偿与按份共同保证是矛盾的。不过如果当事人约定相互追偿，当事人可以就追偿的条件和范围进行约定，进而不适用连带共同保证人追偿的法定规则。

的效力相同。

在连带共同保证的场合，债权人有权请求任何一个保证人承担全部保证责任。《民法典有关担保制度的解释》第 13 条就承担保证责任的保证人如何向其他保证人追偿区分连带共同保证人是否约定分担份额分别设置了规则。在连带共同保证人之间约定了分担份额的场合，如果保证人在其保证份额内承担了保证责任，保证人仅可基于其余其与债务人间的内部关系或法定代位权向债务人追偿。如果保证人承担的保证责任超过了其保证份额，保证人不仅可基于其余其与债务人间的内部关系或法定代位权向债务人追偿，就超出其份额的部分，也可向其他保证人追偿，即便保证人无权向债务人追偿，保证人就超出其份额的部分，也可向其他保证人追偿，其他保证人应根据其约定份额的比例承担责任。在连带共同保证人之间未约定分担份额的场合，承担全部或部分保证责任的保证人应先基于其余其与债务人间的内部关系或法定代位权向债务人追偿，对于向债务人不能追偿的部分，有权向其他保证人追偿，其他保证人应根据相同的比例分担。因为连带共同保证人均须对保证债权承担无限责任，在内部份额的分配上可以适用"人头规则"，即各连带共同保证人的承担的份额相同。即便保证人无权向债务人追偿，保证人就超出其份额（各保证人的份额相同）的部分，也可向其他保证人追偿。

（四）债权人免除部分保证人的保证债务

如果债权人免除部分保证人的保证债务或者免除某一保证人的部分保证债务，其他保证人在免除的份额内免责，除非当事人另有约定或者其他保证人书面承诺继续承担全部保证责任。我国现行法未明确规定这一规则。《民法典》第 409 条第 2 款和第 435 条规定，债权人放弃债务人以自己的财产为债权人设立的担保物权的，其他担保人在抵押权人丧失优先受偿权益的范围内免除担保责任，但是其他担保人承诺仍然承担担保的除外。基于担保平等原则，债权人免除部分保证人的保证债务时，也应作相同解释。

三、最高额保证

（一）概念

最高额保证，是指保证人在最高债权额限度内就一定期间内将要连续发生的债权提供保证的保证。与最高额保证相对反的保证为普通保证。与普通保证相比，在最高额保证中，保证债务从属性被缓和，主要体现在发生上的从属性、处分上的从属性和消灭上的从属性三个方面。对此问题，本书在保证债务从属性的部分已经进行了阐述，此处不赘。理解最高额保证的关键在于理解最高额保证所担保的债权，对此问题，本书从如下三个方面展开讨论。

第一，最高额保证所担保的债权为将来债权。最高额保证成立时，被担保的具体主债权尚未发生，甚至被担保主债权的发生原因尚未发生。相较于《民法典》第 420 条第 1 款，第 690 条第 1 款未使用"将要"一词明确被担保债权的将来债权属性，但基于第 690 条第 2 款，可得出最高额保证所担保的债权为将来债权这一解释结论。虽然被担保的债权为将来债权，但当事人可基于书面合意将最高额保证设立前已经存在的债权作为最高额保证所担保的债权。

第二，最高额保证所担保的债权种类。[1] 根据《民法典》第 690 条的规定，最高额保证所担保的债权为债权人与债务人间将来连续发生的债权，换言之，只有债权人与债务人间将来连续发生的债权才能为最高额保证所担保。连续发生的债权不必为基于同一债之关系而生的债权。连续发生的债权可能因同一债之关系而发生，该债之关系一般为继续性债之关系，比如因劳动合同而生的工资债权、因继续性买卖合同而生之价金债权等。连续发生的债权也可能因不同债之关系而发生，比如当事人之间连续发生借款合同。值得思考的问题是，《民法典》将最高额保证所担保的债权限于将来连续发生的债权，是否过于狭隘？相较于比较法，可以得出肯定结论。比如《日本民法典》第 398 条之二规定的最高额抵押权所担保的债权不以连续发生的债权为限，还包括票据上或者支票上的请求权或者电子记录债权，以及因与债务人间的一定类型的交易而发生的债权。

第三，最高额保证所担保的债权为不特定债权。所谓不特定债权，是指最高额保证成立时被担保的债权不特定。该不特定不仅因被担保债权的连续发生而不特定，还因被担保债权的消灭而不特定。如果最高额保证所担保的

---

〔1〕　哪些债权可以被最高额保证所担保这一问题经常被描述为被担保债权的范围问题。本书不赞同这一表述，因为范围一词过于模糊，最高限额和被担保债权的发生期间也可以被范围一词所涵盖，但后两者与哪些债权可以被最高额保证所担保这一问题属于不同的问题。

债权完全不特定，则保证人将面临巨大的风险，这类合同也无法经受住公序良俗的审查。债权人和保证人可以通过如下两种方法对被担保的债权予以限定：一是约定被担保债权的最高限额；二是约定被担保债权的发生期间。所谓被担保债权的发生期间，又称被担保债权的确定期间。其中被担保债权的最高额属于最高额保证合同的必备要素，被担保债权的发生期间不属于必备要素。如果债权人和保证人同时约定了被担保债权的最高限额和被担保债权的发生期间，则保证人仅对该期间内发生的且未超过最高限额的债权承担保证责任。

（二）保证债权额的确定

1. 概念

保证债权额的确定指最高额保证所担保的将来不特定债权因一定事由的发生而归于特定。保证债权额的确定具有如下法律意义：其一，最高额保证所担保债权的不特定性消失。最高额保证所担保的债权一经确定，无论其原因如何，被担保债权由不特定债权变为特定债权。其二，最高额继续存在。确定后，由原债权所产生的利息、违约金、损害赔偿金等仍继续为最高额保证所担保，但与原债权合计不得超过最高额。就此看来，确定后的最高额保证与普通保证仍有不同。其三，被担保债权确定后，最高额保证的从属性与普通保证相同，在被担保债权被让与或消灭时，适用普通保证的从属性规则。

2. 确定事由

根据《民法典》第 690 条第 2 款的规定，最高额保证中保证债权额的确定事由参照第 423 条关于最高额抵押权中被担保债权的确定事由的规定。第423 条规定了六项确定事由，除第 6 项不具有实质内容和第 4 项涉及抵押财产查封扣押外，其余四项事由均可作为最高额保证中保证债权的确定事由。

第一，约定的债权确定期间届满。所谓约定的债权确定期间届满，是指当事人在最高额保证合同中约定的被担保债权的发生期间届满，如约定债权的发生期间届满日为 2023 年 3 月 29 日，于 2023 年 3 月 30 日零点，最高额保证所担保的债权确定。此后产生的债权不再被最高额保证所担保。

第二，没有约定债权确定期间或约定不明确，债权人或保证人自最高额保证设立之日起满 2 年后请求确定债权。虽然法律规定债权人和保证人均享有请求确定债权的权利，但该权利对保证人具有特别重要的意义。当事人没有约定债权确定期间或约定不明确，假如任凭最高额保证存续下去，就意味着只要债务人仍继续从债权人处得到融资，保证人就需要对产生的债权承担保证责任，保证人将处于极为不利的境地。在此场合，保证人可通过行使请求确定债权的权利使被担保的债权确定。因该权利对保证人具有重要的意义，故不允许当事人以特约加以排除。若有排除的特约，应为无效，不影响确定请求权的存在。另外，该两年期间是个固定期间，不存在中止、中断的问题，其起算点是最高额保证设立之日。

第三，新的债权不可能发生。所谓新的债权不可能发生，是指产生被担保债权的基础法律关系已经消灭，不可能发生属于最高额保证担保的新债权。例如，甲公司和乙银行就1亿元人民币的授信设立最高额保证，后来因甲公司经营不善，乙银行解除了授信合同，此时新的贷款债权不再产生。新的债权不可能发生，最高额保证所担保的债权即告确定。

第四，债务人或保证人被宣告破产或者解散。在债务人被宣告破产的场合，若最高额保证所担保的债权不确定，依然变动，必然会损害其他破产债权人的合法权益。在债务人被宣告解散的场合，依法应当清算，所以最高额保证所担保的债权也必须确定。在保证人被宣告破产的场合，若任由债权继续增加，将会损害其他破产债权人的合法权益，因此也必须确定。在保证人被宣告解散的场合，依法应当清算，所以最高额保证所担保的债权也必须确定。

（三）保证期间

根据《民法典有关担保制度的解释》第30条第1款和第2款的规定，最高额保证额合同对保证期间的计算方式、起算时间等有约定的，按照其约定。最高额保证合同对保证期间的计算方式、起算时间等没有约定或者约定不明的，被担保债权的履行期限均已届满的，保证期间自债权确定之日起开始计算；被担保债权的履行期限尚未届满的，保证期间自最后到期债权的履行期限届满之日开始计算。

第二章

担保物权总论

第一节 担保物权的理解

一、概念和特征

（一）概念

担保物权，是指以担保债务的清偿为目的，于债务人或第三人所有之物或权利上所设定的定限物权。[1]担保物权人在债务人不履行到期债务或者发生当事人约定的实现担保物权的情形，依法享有就担保财产优先受偿的权利。在担保物权法律关系中，权利人称担保物权人，提供财产作为担保的债务人或者第三人称为担保人，其中第三人又称物上保证人，供作担保的财产称为担保财产。《民法典》规定的抵押权、质权、留置权等属于担保物权的范畴。担保物权为物的担保的典型形态。

担保物权的功能在于确保债权实现。债权发生后，债务人仍然可以任意处分其责任财产，债权能否实现，端赖债务人的个人信用，同一债务人负担多项债权

---

[1] 就担保物权的性质，学说上有债权说和物权说之争。债权说认为，担保物权仅仅是为了担保债权实现，依据法律规定或者当事人的合意和公示，对一定的债权赋予优先受偿的权能，换言之，担保物权只是债权机能得到扩张的一种现象，不能在观念上认为其与债权相独立、毫无关系。参见［日］加贺山茂：《担保物权法的定位》，于敏译，载梁慧星主编：《民商法论丛》（第15卷），法律出版社2000年版，第475~488页。我国也有学者持债权说，参见孟勤国、冯桂：《论担保权的性质及其在民法典中的地位》，载《甘肃社会科学》2004年第5期，第131~133、146页；孟勤国：《东施效颦——评〈物权法〉的担保物权》，载《法学评论》2007年第3期，第158~160页；孟勤国：《现代物权思维与古老物权思维的碰撞》，载《湖北社会科学》2007年第10期，第137~140页。

的情形下，债权不能实现的风险进一步增大。担保物权通过在特定物上设立物权的方式，实现债权人对特定物的支配，进而确保债权的实现。在"无担保不放债"的背景下，担保物权有助于资金融通，活络经济血脉，促进经济繁荣。

（二）特征

担保物权除具有物权的一般属性外，还具有价值权性、从属性、不可分性、物上代位性和补充性。担保物权的从属性与保证债务的从属性基本相同，不再赘述。

1. 价值权性

担保物权为价值权，以优先支配客体的交换价值为其主要内容。为实现担保物权支配交换价值的手段，则为对客体交换价值的换价权能，即直接将客体的交换价值，变换为价金或其他足使债权获得满足的某种价值。换价权能，也被称为换价权。在学说上，称担保物权的上述特征为价值权性。担保物权的价值权性，在不以占有客体为内容的抵押权和权利质权中表现得最为显著，在动产质权和留置权中则次之，因为在动产质权和留置权中，以占有客体为内容，仍对客体的实体予以支配。

虽然担保物权具有价值权性，但并不意味着担保物权的效力不及于客体的用益价值。其一，客体的用益价值乃交换价值的前提，两者密切相关，为确保交换价值，担保物权的效力于必要时及于客体的用益价值。抵押权人的抵押权保全请求权为其典型。其二，担保物权的交换价值须经客体的换价程序而实现，一旦开启换价程序，担保人对客体用益价值的支配即有所限制，直至最后剥夺担保人对客体的权利，这意味着担保物权人对客体的支配不以交换价值为限。

2. 不可分性

担保物权的目的，在于以担保财产的全部价值担保所有被担保债权受清偿，因此，担保物权具有不可分性。担保物权的不可分性应从两个方面理解：其一，被担保债权即使经过分割、部分让与、部分清偿或消灭，担保物权仍为了担保各部分债权或剩余债权而存在。其二，担保财产即使经过分割、部分让与、部分灭失，各部分或余存的担保财产仍为担保全部债权而存在。《民法典有关担保制度的解释》第 38 条和第 39 条第 1 款规定了担保物权的不可分性。第 38 条第 1 款和第 39 条第 1 款从被担保债权的角度规定了不可分性，第 38 条第 2 款从担保财产的角度规定了不可分性。

担保物权的不可分性存在例外，主要表现在如下几个方面：其一，在留置权的场合，若被担保的债权被部分清偿且留置物为可分物的，留置权人应当返还超过债权额的留置物。其二，主债权被分割或者部分让与的，当事人可以约定担保物权不担保部分债权的清偿。其三，担保财产部分让与时，担保物权人能否就被让与的部分主张担保物权属于担保物权的对抗效力问题，在动产抵押的场合，未登记的动产抵押权不得对抗善意受让人。

3. 物上代位性

担保物权为价值权，以支配客体的交换价值为主要内容，当此种交换价值现实化时，应为担保物权效力所及。[1]此乃担保物权的物上代位性。具体是指，担保人因担保物权的客体毁损、灭失或被征收等而取得保险金、赔偿金或补偿金等时，该保险金、赔偿金或补偿金等即为担保物权客体的代位物，担保物权人可就代位物行使权利。[2]担保物权人就代位物行使的权利称为物上代位权。就物上代位权的行使而言，若担保物权的实现条件未具备，担保物权人取得以特定化的保险金、赔偿金或补偿金为客体的动产质权，[3]

---

〔1〕 关于承认担保物权物上代位性的理由，除担保物权的价值权学说外，还有物权的特别效力说和公平说。物权的特别效力说认为，物权因客体灭失而消灭，此乃物权的一大原则，担保物权亦不例外，因此，担保物权的物上代位性并非因担保物权而当然产生，而是因法律特别保护担保物权人而赋予，因此，物上代位性是担保物权的特别效力。公平说认为，担保物权的物上代位性，与债法上给付不能情形时的代偿请求权相同，同属于代位法理的一环，是基于公平的原则而设。参见谢在全：《民法物权论》（中册），中国政法大学出版社 2011 年版，第 682~683 页，注释 26。

〔2〕 关于物上代位性，值得讨论的问题是，担保人让与担保物所取得的对价是否为代位物？对此，本书持否定态度。首先，基于担保物权的追及效力，担保物上的担保物权负担并不因担保物让与而消灭，担保物权人仍然可就担保物主张担保物权。其次，在动产抵押的场合，抵押权可能因担保物让与而消灭，在这种场合是否需要承认担保人因让与而取得的对价为代位物？学界存在不同看法。肯定观点，参见庄加园：《动产担保物权的默示延伸》，载《法学研究》2021 年第 2 期，第 35~54 页。通说采否定观点，本书赞同通说。对价与保险金、赔偿金、补偿金不同，前者为担保财产基于交易而获得的代位利益，后者为担保财产本身的代位利益。若前者可以作为代位物，则意味着担保财产的交易对价在法政策上归属于担保物权人，而这将剥夺担保人享有担保财产利润的可能性，不利于担保财产的流转。实际上，担保财产的交易对价能否归属于担保物权人是一个需要区分不同情形讨论的问题，若将交易对价作为物上代位的客体，则犯了"一刀切"的错误。

〔3〕 关于物上代位权的性质，除质权说外，还有担保物权延续说。采质权说的有德国、瑞士，采担保物权延续说的有日本。我国主流学说也为担保物权延续说。本书赞同质权说。因为担保物权人主张物上代位权须以保险金、赔偿金或补偿金的特定化为前提，而担保物权延伸说无法与此相兼容。

若担保物权的实现条件已具备，担保物权人可直接就保险金、赔偿金或补偿金优先受偿。如果担保人尚未取得保险金、赔偿金或补偿金，担保物权人取得担保人可主张的保险金、赔偿金或补偿金请求权的权利质权。[1]担保物权人通知保险金、赔偿金或补偿金给付义务人后，对给付义务人发生效力。须注意，若代位物为不动产，比如作为不动产抵押权客体的房屋被征收时，被征收人选择的不是金钱补偿而是其他房屋的场合，在代位物上成立的是抵押权，而不是质权。因此，物上代位权具有形成权的性质。最后，为保障担保物权人的物上代位权，担保人在发生物上代位的事由时，应当及时通知担保权人。在不动产抵押权的场合，代位物给付义务人在给付代位物之前应查询不动产登记簿，并负有将发生物上代位的事由通知担保物权人的义务。担保物权人在收到通知后或者自其知晓发生物上代位的事由后，应当在合理的期限内主张物上代位权，逾期不主张的，物上代位权消灭。

《民法典》第390条明确承认担保物权的物上代位性，但对物上代位权的行使程序未置一词，应当通过法律续造的方式予以填补。

4. 补充性

在第三人提供担保的场合，担保物权具有补充性。担保物权的补充性是指只有当债务人不履行所担保到期债务时债权人才能动用担保物权，若只是所担保债务到期，还未出现债务人不履行的情况时，债权人不得径直向担保人主张担保物权。担保物权的补充性旨在使第三担保人仅辅助性地承担担保责任，体现为第三担保人享有顺序利益。

根据强度不同，担保的补充性可分为一般补充性和特殊补充性。一般补充性来源于担保的本质，不为担保物权所独享，解决的是担保物权的激活问

---

[1]　担保物权人物上代位权的客体是否包括担保人可主张的保险金、赔偿金或补偿金请求权？对这一问题的回答取决于如何看待担保物权人的物上代位权与担保物权人因其物权被侵害而享有的损害赔偿请求权之间的关系。若承认物上代位权的客体包括担保人可主张的保险金、赔偿金或补偿金请求权，则意味着物上代位权与侵权损害赔偿请求权会出现竞合，若不承认（德国法），则不存在竞合的可能，担保物权人仅能主张侵权损害赔偿请求权。当然在承认的情况下，亦有立法例（法国）和学说认为，相较于担保物权人的侵权损害赔偿请求权，物上代位权属于担保物权领域的特别法，担保物权人仅能主张物上代位权。本书认为，承认物上代位权的客体及于担保人可主张的保险金、赔偿金或补偿金请求权固然会因竞合带来复杂问题，导致法律关系复杂化，但不能因此而限制担保物权人的救济途径。

题。前文介绍的补充性为一般意义上的补充性。特殊补充性则强度更大，处理的是担保权实现后担保人与债务人之间的履行顺序问题，只有一般保证具有特殊补充性，表现为保证人的先诉抗辩权。

二、担保物权与其他制度的比较

（一）担保物权与用益物权

用益物权和担保物权均为定限物权，具有物权的基本特性。不过基于权利目的的不同，用益物权和担保物权存在着诸多差异。

第一，权利内容不同。用益物权以占有、使用和收益为内容，关注客体的用益价值，是一种实体物权。担保物权的内容主要在于支配客体的交换价值，是一种价值权。

第二，权利客体的法律属性不同。其一，用益物权的客体，在我国的现实生活中为不动产。担保物权的客体则可以是不动产，也可以是动产，可以是不动产权利，也可以是债券、股权等权利。[1] 其二，用益物权旨在支配客体的用益价值，不重视客体的让与性，故客体是否为限制流通物或禁止流通物，在所不问。例如，国有土地为禁止流通物，不妨在其上设立建设用地使用权。与此不同，担保物权的主要内容为支配客体的交换价值，故其客体必须具有让与性。

第三，权利实现的时间不同。权利人取得用益物权的当时即可实现其权利，用益物权的取得与权利的实现同时发生，二者并无时间间隔。权利人取得担保物权不能立即实现其权利，须待债权已届清偿期而未获清偿或当事人约定的实现担保物权的条件具备时，才可行使换价权，使其债权获得清偿。申言之，担保物权的权利取得与权利实现之间存在着时间间隔。

第四，权利的存续期限及确定方式不同。在我国现行法上，用益物权的存续期限及确定方式不尽一致。例如宅基地使用权具有永久性，行政划拨的建设用地使用权没有明确的终期，土地承包经营权和建设用地使用权具有明

---

[1] 担保物权的客体为权利时，担保物权的生成机制问题需要解释，比如建设用地使用权人以其享有的建设用地使用权为他人设立不动产抵押权时，该不动产抵押权派生于建设用地使用权还是土地所有权？本书认为，该不动产抵押权派生于建设用地使用权，而非土地所有权。然而这种观点需要解释他物权如何派生他物权的问题。

确的存续期限。担保物权也存在存续期限，其存续期限的确定方式，在通常情况下由被担保债权的清偿期和实现担保物权的期限决定，当事人直接约定担保物权存续期限的较为罕见。

第五，权利是否具有从属性不同。在我国现行法上，用益物权原则上为独立的物权，只有不动产役权为例外，担保物权均具有从属性，从属于被担保的债权。

第六，是否具有物上代位性不同。用益物权不具有物上代位性，担保物权具有物上代位性。因此，担保物权并不因客体灭失而当然消灭，只要存在着客体的代位物，担保物权就继续存在于该代位物之上。

（二）担保物权与人的担保

人的担保，是指在债务人的一般责任财产之外，又附加了其他人的一般责任财产作为债权实现的担保，换言之，债权人不仅可就债务人的一般责任财产为强制执行，在一定条件下，也可就其他人的一般责任财产为强制执行。人的担保的主要形式是保证。

就对债权实现的保障而言，人的担保是通过扩张一般责任财产的范围增加债权实现的可能性，即不但把债务人的一般责任财产作为债务清偿的担保，也把保证人的一般责任财产纳入可以强制执行的对象。不过，人的担保的实现依赖担保人的个人信用，若信用不佳，则与无担保无异，债务不能实现的风险仍然较高。在担保物权中，债权人独占地取得担保财产的交换价值，以优先清偿起债权，不仅可以排除债务人主观是否愿意清偿的危险及责任财产可能减少的不安定性，同时在债务不能清偿时，因对担保财产享有换价权，并就所得价金享有优先于其他债权人受清偿的权利，所以债权的满足具有充分的保障。可见，担保物权系经由债权与物权的结合，债权人的权利得以扩充，不仅可请求债务人履行债务以及就债务人的一般责任财产为强制执行，还可以就债务人或第三人提供的担保财产的交换价值优先受偿，债权获得满足的可能性显著增高，相较于无担保债权人，享有担保物权的债权人取得优越地位，因此，担保物权为债权之最佳担保制度。

（三）担保物权与权利移转型担保

担保物权为设权型物的担保，其法律形式与经济目的具有统一性。在物的担保中，除设权型担保外，还有权利移转型担保。后者是指为担保债权人债权的实现，担保人将其财产权利移转于债权人或者债权人保留其财产权利，从法律形式上看，移转或保留的财产权利不属于担保权利，但当事人移转或保留财产权利的目的在于担保，基于功能主义，债权人取得或保留的财产权利也被法律理解为担保权利，适用或类推适用担保物权的规则。保留所有权买卖、租赁期限届满租赁物归承租人所有的融资租赁、让与担保、有追索权保理等均为权利移转型担保。设权型担保的法律适用较为简单，而权利移转型担保则较为复杂。对所有权保留而言，除适用或类推适用担保物权的规则外，还有合同解除等买卖合同法规则的适用。除典型的权利移转型担保外，当事人移转财产权利的目的是否为担保，需通过解释当事人意思进行判断，只有在当事人意思主要为担保的场合，才可适用或类推适用担保物权的规则。

三、担保物权的种类

担保物权的种类可以指法律规定的担保物权的种类，也可以指学理上对担保物权的种类划分。这里讨论的是后者。就前者而言，各国存在差别。我国《民法典》规定的担保物权种类包括不动产抵押权、动产抵押权、动产质权、权利质权、留置权和优先权。《法国民法典》规定的担保物权种类包括动产优先权、有形动产质权、无形动产质权、为担保目的的动产所有权保留或让与、不动产优先权、不动产质权、不动产抵押权和为担保目的不动产信托让与。《德国民法典》规定的担保物权的种类包括抵押权、土地债务、定期土地债务、动产质权和权利质权。《日本民法典》规定的担保物权种类包括留置权、先取特权、动产质权、不动产质权、权利质权和不动产抵押权。

（一）法定担保物权与意定担保物权

1. 区分标准

担保物权依其发生原因的不同，可以分为法定担保物权和意定担保物权。

2. 界定

法定担保物权，是指直接基于法律规定而当然发生的担保物权。《民法典》规定的法定担保物权有留置权和建设工程价款优先受偿权、《海商法》

第 21 条以下规定的船舶优先权、《民用航空法》第 18 条以下规定的民用航空器优先权等。意定担保物权，是指基于当事人的意思产生的担保物权。这类担保物权较为常见，抵押权、质权一般是意定产生的。

3. 分类的法律意义

这种分类的法律意义在于，担保物权成立的要件不同，法定担保物权的成立要件取决于具体的法律规定，意定担保物权的成立要件取决于法律采纳的物权变动模式。另外，意思自治原则发挥的作用不同，法定担保物权的设立与当事人的意思无关，只要符合法定的要件，担保物权当然发生，即便与当事人的意思相悖，也是如此，意定担保物权的设立与否完全取决于当事人的意思。

（二）留置型担保物权与优先清偿型担保物权

1. 区分标准

担保物权以其主要效力为标准，可分为留置型担保物权和优先清偿型担保物权。

2. 界定

留置型担保物权，是以留置担保财产迫使债务人清偿为其主要效力的担保物权。留置权为其典型。优先清偿型担保物权，是以支配担保财产的交换价值，使被担保的债权获得优先清偿为其主要效力的担保物权。抵押权为其代表。动产质权同时具有这两种效力。

3. 分类的法律意义

在留置型担保物权中，因需将担保财产的占有移转给债权人，致使担保人无法继续对担保财产为使用收益，同时担保物权人也不得使用受益担保财产，留置型担保物权不利于充分发挥担保财产的价值。因此，留置型担保物权一般是为了满足日常生活需要，在工商业经营活动中使用不多。相反，在优先清偿型担保物权中，担保人不必移转担保财产的占有于担保物权人，可继续对担保财产为使用收益，有利于充分发挥担保财产的经济价值，有利于工商业经营活动的开展，这种担保物权在现代生活中居主导地位。

（三）动产担保物权、不动产担保物权和权利担保物权

1. 区分标准

担保物权依其客体的不同，可分为动产担保物权、不动产担保物权和权

利担保物权。

2. 界定

动产担保物权，是指以动产为担保财产而设立的担保物权。动产质权及动产抵押权为其例证。不动产担保物权，是指以不动产为担保财产而设立的担保物权。不动产抵押权为其代表。权利担保物权，是指以财产权利为担保财产而设立的担保物权。权利质权、不动产权利抵押权为其典型。

3. 分类的法律意义

这种分类的法律意义在于：其一，不同客体上设立的担保物权的种类不同。不动产以及不动产权利上设立的担保物权只有抵押权，动产上设立的担保物权包括抵押权和质权。不动产权利之外的财产权利上只能设立质权。留置权只能基于动产而发生。其二，设立要件和公示方式不同。不动产抵押权和不动产权利抵押权以登记为设立要件和公示方式。动产质权以交付为设立要件和公示方式。动产抵押权不以登记为设立要件，登记仅为对抗要件，同时也是其公示方式。不动产权利之外的财产权利的质押一般以登记为设立要件和公示方式，但也存在以交付权利凭证为设立要件和公示方式的情形。

（四）特定物担保物权和集合物担保物权

1. 区分标准

担保物权依其客体是否特定，可分为特定物担保物权和集合物担保物权。

2. 界定

所谓特定物担保物权，是指在特定物上设立的担保物权，担保物权的客体为单一物。集合物担保物权，是指以集合物为客体而设立的担保物权。以集合物是否固定为标准，集合物担保物权又可分为固定担保物权和浮动担保物权。所谓固定担保物权，是指作为担保物权客体的集合物不因担保人的意思而发生变动，比如就一个企业的所有财产，包括其土地使用权、建筑物、机器设备以及专利、商标等无形财产，总括地设立一个担保物权的企业担保。[1]所谓浮动担保物权，是指在担保物权设立后作为担保物权客体的集合物存在基于担保人的意思而发生变动的可能，包括担保财产的增加和担保财

---

〔1〕 特定物担保物权均为固定担保物权。

产的减少。动产浮动抵押为其典型。

3. 法律意义

这种分类的法律意义在于：其一，是否遵循物权客体特定性原则不同。特定物担保物权遵循物权客体特定性原则，集合物担保物权突破了物权客体特定性原则。其二，担保财产让与时担保物权的追及效力不同。在特定物担保物权以及集合物担保物权的固定担保物权中，担保财产让与的，担保物权人一般可基于担保物权的追及效力实现担保物权，在动产抵押权的场合，未登记的动产抵押权不得对抗善意受让人。在集合物担保物权的浮动担保物权中，担保财产让与的，担保物权人原则上不得基于担保物权的追及效力实现担保物权。

（五）占有型担保物权与非占有型担保物权

1. 区分标准

担保物权以是否移转担保财产的占有为标准，可分为占有型担保物权和非占有型担保物权。

2. 界定

占有型担保物权，是指将担保财产移转给债权人占有为成立要件和存续要件的担保物权，留置权、动产质权为其代表。非占有型担保物权，是指无须将担保财产移转给债权人占有的担保物权，抵押权为其典型。

3. 分类的法律意义

这种分类的法律意义在于，两者的成立要件不同，占有型担保物权以移转担保财产的占有为成立要件，非占有型担保物权则不要求移转担保财产的占有。

第二节　担保物权的担保范围

一、基本原理

《民法典》第389条规定："担保物权的担保范围包括主债权及其利息、违约金、损害赔偿金、保管担保财产和实现担保物权的费用。当事人另有约定的，按照其约定。"据此，对于担保物权的担保范围，当事人有约定的，依其约定，无约定的，依照《民法典》第389条第1句确定。根据从属性原理，当事人约定的担保范围不得大于被担保债权的范围。

二、主债权

《民法典》第389条中的主债权，又称原本债权，是相对于利息、违约金、损害赔偿金等从债权而言的称谓，例如，在借款合同法律关系中，贷款人请求借款人返还借款本金的债权即为主债权。这里的主债权的概念与担保物权从属性理论中的主债权的概念有别，在后者，主债权是指与担保物权相对而称的被担保的债权，在内容上包括第389条规定的主债权及其利息、违约金、损害赔偿金、保管担保财产和实现担保物权的费用。

三、利息

利息，是由作为金钱债权的主债权产生的法定孳息。利息可分为期内利息和逾期利息（迟延利息）。所谓期内利息，是指借款本金在借款期间内产生的利息。所谓逾期利息，亦称迟延利息，是指在债务人履行金钱债务迟延时，应当向债权人给付的利息。因逾期利息在法律性质上属于因金钱债权被侵害所产生的法定损害赔偿金。由于《民法典》第389条已经单独规定了损害赔偿金，这里的"利息"不应包括逾期利息，而仅指期内利息。

四、违约金

违约金，是由当事人约定或法律规定的，在一方当事人不履行或不完全履行合同时向另一方当事人支付的一笔金钱或其他给付。违约金责任分为赔偿性违约金和惩罚性违约金。惩罚性违约金，又称固有意义上的违约金，是依当事人的约定对于违约所确定的一种制裁，此种违约金于违约时，债务人除须支付违约金外，其他因债之关系所应负的一切责任，均不因之而受影响，债权人除请求违约金外，还可以请求债务不履行所生之损害赔偿。赔偿性违约金，是当事人双方预先估计的损害赔偿总额，又叫作损害赔偿额的预定。

赔偿性违约金和主债务之间具有同一性，或者说赔偿性违约金债权和主债权之间具有同一性。既然主债权为担保物权所担保的法定范围，赔偿性违约金自然应为担保物权所担保的法定范围。惩罚性违约金与主债务之间无同一性，它是否为担保物权所担保的范围？本书认为惩罚性违约金不属于担保物权的担保范围，除非当事人间存在约定。在无当事人约定的情况下，担保物权的功能在于保障债权实现，而惩罚性违约金超出了债权实现的范围和程度，属于额外的负担，且属于较为严厉的惩罚性措施，不加限制地使担保物权的担保范围扩张至惩罚性违约金，已经脱离了担保物权的目的及功能，过分偏向担保债权人，对其他债权人过于苛刻。

五、损害赔偿金

损害赔偿金为主债务因未被履行而转化成的第二性债务，从权利的角度描述，就是主债权因主债务不履行而转化成的救济权。既然主债权为担保物权所担保的法定范围，损害赔偿金自然应为担保物权所担保的法定范围。

六、保管担保财产的费用

由于抵押权并不移转担保财产的占有，不发生抵押权人因保管担保财产而支出费用的问题。与此有别，动产质权和留置权存在着保管担保财产的费用。在动产质权场合，动产质权的设立必须移转质押财产的占有，质权人对质押财产负有妥善保管的义务，由此可产生保管费用。在留置权场合留置权人必须占有留置物，留置权人负有妥善保管留置财产的义务，可能支出保管费用。为保管担保财产而支出费用应由何人承担？其一，保管费用不宜由债权人承担，否则债权人将因担保物权的设立而承受额外的负担，与担保物权制度的意旨相违背。其二，保管费用也不宜由出质人或留置物所有权人负担，虽然保管费用支出的目的在于保全出质人或留置物所有权人的物，但若由其负担保管费用，将不利于债务人寻找担保以融资。其三，保管费用应由债务人承担，因为债务人因提供担保而获得了融资，自然应当承担融资的成本，保管费用构成融资的成本之一。因此，对于债权人支出的保管费用，有权向债务人追偿。债权人向债务人追偿保管费用的债权与主债权的发生密切相关，因为若无担保，主债权一般无发生的可能，债务人也就无法获得融资，因此，债权人向债务人追偿保管费用的债权构成担保物权的法定担保范围。

七、实现担保物权的费用

所谓实现担保物权的费用，是指担保物权人因实现担保物权而支出的费用，包括拍卖、变卖担保财产所支付的费用，以及其他的必要费用。从担保物权和主债权构成的整个交易所涉及的利益结构出发，实现担保物权的费用宜由债务人负担，不应由债权人或担保人负担。一般而言，债务人因获得融资而获益最大，当然在为经营活动而融资的场合，也不排除经营失败的情况，但这不符合融资时的正常期待，实现担保物权费用负担的分配不应建立在偶然情况之上。另外，若由债权人负担实现担保物权的费用，将使债权人因担保物权的设立而承受额外的负担，与担保物权的意旨相违背。若由担保人负担实现担保物权的费用，不利于债务人寻找担保以融资，并且担保人提供担保可能是无偿的，在此场合，若由担保人负担实现担保物权的费用，将更加不合理。因此，债权人支出的实现担保物权的费用，有权向债务人追偿。此等追偿权与主债权的实现密切相关，因此，此等追偿权也应纳入担保物权的法定担保范围。

第三节　担保物权的消灭

一、消灭事由

物权消灭的事由，当然是担保物权消灭的事由，除非在客体灭失的场合，担保物权基于物上代位性而不消灭。《民法典》第 393 条列举规定了担保物权的消灭事由，包括主债权消灭、担保物权实现、债权人放弃担保物权、法律规定担保物权消灭的其他情形。

第一，主债权消灭。由于担保物权是从属于主债权的从权利，主债权消灭时，担保物权也归于消灭。但须注意，若主债权转化为损害赔偿金债权的，担保物权继续存在于该转化的债权之上，并不消灭，除非担保合同另有约定。

第二，担保物权实现。担保物权实现，使命完成，应当寿终正寝。被担保债权因此获得完全清偿，固然如此。即使是尚未获得全部清偿，也只能作为无担保物权担保的普通债权存在，无法再求助于担保物权，换句话说，担保物权不会因此而继续存在。

第三，债权人放弃担保物权。债权人放弃担保物权，又叫债权人抛弃担保物权，担保物权因此而不复存在。但须注意，担保物权已经登记的，应当及时办理注销登记，若未注销，虽然对于"担保物权"人来说，担保物权业已消灭，但对于第三人而言，"担保物权"人不得以担保物权已经消灭为由予以对抗。

第四，法律规定担保物权消灭的其他情形。所谓法律规定担保物权消灭的其他情形，包括我国现行法规定的担保物权消灭的其他事由，也包括未来的立法新增设的担保物权消灭的事由。就我国现行法的规定看，《民法典》第457条规定的留置权人丧失对留置物的占有或接受债务人另行提供担保的留置权消灭，属于这种情况。另外，以登记为公示方法的担保物权因除斥期间届满而消灭，亦属于这种情况。

二、消灭的法效果

第一，担保物权因主债权消灭、自身实现的事由而消灭，一般不会出现复杂的问题，不产生民事责任。

第二，在债权人放弃的是债务人提供的担保物权的情况下，根据《民法典》第409条第2款、第435条第2句的规定，其他担保人在担保物权人丧失优先受偿权益的范围内免除担保责任，除非其他担保人承诺仍然提供担保。

第三章

抵押权总论

第一节 概念、特征和客体

一、抵押权的概念

抵押权，是指对于债务人或第三人不转移占有而提供担保的财产，在债务人不履行到期债务或发生当事人约定的实现抵押权的情形时，债权人依法享有就该项财产优先受偿的担保物权。提供担保财产的债务人或第三人叫作抵押人，而享有抵押权的债权人称为抵押权人，抵押人提供的担保财产称为抵押财产。

二、抵押权的特征

抵押权作为一种担保物权，具有担保物权的价值权性、从属性、不可分性、物上代位性和补充性等特征。另外，抵押权不移转抵押财产的占有。抵押权的成立和存续不以移转抵押财产的占有为必要，为非占有担保物权，此与质权、留置权等占有担保物权不同。因抵押权不须移转抵押财产的占有，抵押人可以继续对抵押财产使用收益，能够同时满足抵押权人和抵押人的利益，所以抵押权是近现代法上最重要的担保物权种类，被称为担保之王。

三、抵押权的客体

根据我国法律规定，抵押权的客体不以不动产为限，动产以及不动产权利亦可成为抵押权的客体，但必须是可交易的财产。原则上，任何可交易的财产，均可作为抵押财产，《民法典》第 395 条第 1 款第 7 项体现了这一点，法律、行政法规未禁止抵押的财产均可作为抵押财产，不以法律明确列举的可供抵押的财产为限。[1]抵押财产必须由债务人或第三人提供，债权人不得就自己的财产为自己设立抵押权。

（一）《民法典》禁止抵押的财产

《民法典》第 399 条规定了禁止抵押的财产，分述如下。

1. 土地所有权

根据《土地管理法》第 9 条的规定，城市市区的土地属于国家所有。农村和城市郊区的土地，除由法律规定属于国家所有的以外，属于农民集体所有。除集体土地所有可通过征收变动外，土地所有权不能发生变动。概言之，土地所有权不能进入市场流通。因此，土地所有权不得抵押。当事人以土地所有权为抵押财产签订的抵押合同，无效。

2. 宅基地使用权

宅基地使用权具有福利的性质，除因宅基地上建筑物的移转而导致宅基地使用权在本集体经济组织成员间的让与外，不得让与。因此，宅基地使用权不得抵押，对此不存在例外。当事人以宅基地使用权为抵押财产签订的抵押合同，无效。须注意，《民法典》第 399 条第 2 项设有但书，即"法律规定可以抵押的除外"，但对于宅基地使用权，法律并未设例外规定。

3. 自留地、自留山等集体所有土地的使用权

自留地和自留山是农村集体化改造过程中留给社员自主经营的耕地和山岭。1955 年，《农业生产合作社示范章程》（已废止）第 17 条第 3 款第 1 句规定："为了照顾社员种植蔬菜或者别的园艺作物的需要，应该允许社员有小块的自留地。" 1961 年，《关于确定林权保护山林和发展林业的若干政策规定（试行草案）》（已废止）第 1 条第 5 款规定了 "有柴山、荒坡的地方，可以根据历史习惯和群众要求划给社员一定数量的'自留山'，长期归社员家庭经营使用"。在《民法典》的框架下，所谓自留地、自留山等集体所有

---

〔1〕　虽然根据《民法典》第 395 条第 1 款第 7 项可得出只要法律未禁止抵押的财产均可作为抵押财产的结论，但因抵押权的设立或抵押权获得完整效力需要登记公示，所以若国家未设立完备的登记制度，《民法典》第 395 条第 1 款第 7 项的意义有限。

土地的使用权，即集体成员对集体所有的耕地和山岭享有的土地承包经营权。当事人以自留地、自留山等集体所有土地的使用权为抵押财产签订的抵押合同，无效。

须注意，《民法典》第 399 条第 2 项设有但书，即"法律规定可以抵押的除外"。对此但书应放在"三权分置"的框架下理解，即集体成员可以在其自留地、自留山等集体所有土地的使用权基础上为自己设立土地经营权，然后以此土地经营权为抵押财产设立抵押权，从集体成员处继受取得土地经营权的主体也可以其享有的土地经营权为抵押财产设立抵押权。

4. 用于公益目的的财产

以学校、幼儿园、医疗机构等为公益目的成立的非营利法人的教育设施、医疗卫生设施和其他公益设施不得作为抵押财产，因为若此等财产被抵押，可能危及公益目的的实现。以此等财产设立抵押权的抵押合同无效。非营利法人中非用于公益目的的财产，可以作为抵押财产。另外，在购入或者以融资租赁方式承租教育设施、医疗卫生设施、养老服务设施和其他公益设施时，出卖人、出租人为担保价款或者租金实现而在该公益设施上保留的所有权，有效。

5. 权属有争议的财产

以权属有争议的财产设立抵押权，难免发生纷争，《民法典》第 399 条第 4 项禁止此类财产抵押。然而，权属有争议，并不意味着抵押人无权设立抵押权，即便抵押人无权设立抵押权，还可以通过善意取得制度解决抵押权人的抵押权问题。因此，禁止权属有争议的财产设立抵押权，实属不当。《民法典有关担保制度的解释》第 37 条第 1 款对《民法典》第 399 条第 4 项予以纠正。据此，以权属有争议的财产设立抵押权的抵押合同有效，抵押权人是否获得抵押权，取决于抵押人是否有处分权，若无处分权，则适用善意取得制度。

6. 依法被查封、扣押、监管的财产

《民法典》第 399 条第 5 项禁止依法被查封、扣押的财产抵押，属于错误的规定。对于查封和扣押而言，查封或扣押仅仅意味着被查封或扣押的财产上存在法定担保负担，权利人仍然有权实施处分行为，只是不得对抗申请执行人，若查封或扣押未公示，则查封或扣押的效力不得对抗善意第三人。

因此，对于依法查封或扣押的财产而言，权利人仍然可以设定抵押权，只是此等抵押权的顺位可能劣后于申请执行人。《民法典有关担保制度的解释》第37条第2款规定，权利人可以依法被查封或扣押的财产设定抵押权，抵押合同和抵押权设定行为的效力均不因此而受影响。

须注意，第37条第2款规定查封或扣押措施解除后才可以行使抵押权。若被依法查封或扣押的财产被抵押，在查封或扣押被公示的场合，则申请执行人的顺位先于抵押权人，在未公示的场合，申请执行人的顺位劣后于善意的抵押权人，先于恶意的抵押权人。无论如何，这里仅存在申请执行人和抵押权人的顺位问题。即便抵押权人的顺位在后，根据抵押权实现的一般原理，只要抵押权人实现抵押权的条件具备，抵押权人就可以实现抵押权，而非等查封或扣押解除后，才能实现抵押权。

所谓被监管的财产，即被国家机关监管的财产，被海关监管的财产为其典型。所谓被海关监管的财产，是指已办理了海关进境但尚未办结海关手续因而处于海关监管之下的财产。《民法典》第399条第5项禁止依法被监管的财产抵押，《海关法》第37条第1款也禁止海关监管货物抵押，这一规定的目的在于确保国家税收债权的实现。但通过限制权利人的处分权来保障国家税收债权的实现，显然违反了比例原则，对私人权利进行了过度限制。《民法典有关担保制度的解释》第37条第3款试图予以修正，被依法监管财产的抵押适用被查封或扣押财产的抵押规则，即权利人可以被依法监管的财产设定抵押权。同样，在被依法监管的财产上设立的抵押权，也不需监管措施解除后才可以实现。为确保国家税收债权的实现，应承认国家税收债权的优先顺位。

（二）可供抵押的财产举要

《民法典》第395条列举了重要的可抵押的财产的种类。

1. 建筑物和其他土地附着物

建筑物的概念参见本书在物权客体部分的论述。所谓其他土地附着物，主要是指构筑物和林木。对于建筑物和构筑物的抵押，须排除用于军事、国防、国家机关、国家举办的事业单位等单位的建筑物和构筑物。对于林木的抵押，须以办理林木所有权登记为前提。

根据《民法典》第231条的规定，对于合法建造的建筑物，土地权利人才能取得建筑物的所有权，若土地权利人以违法建造的建筑物抵押，其效力如何？《民法典有关担保制度的解释》第49条第1款规定，以违法建造的建筑物抵押的，抵押合同无效，除非当事人在一审法庭辩论终结前已经办理合法手续。这一规定是否妥当？不无疑问。从民法的逻辑看，违法建造的建筑物上不存在所有权，土地权利人以违法建造的建筑物签订的抵押合同构成自始客观不能，抵押合同的效力不因此而受影响。在此基础上，否定抵押合同效力所适用的法律条文是《民法典》第153条第1款。接下来的问题是，违法建筑所违反的建筑规划等行政法规是否足以否定抵押合同的效力？本书认为否定抵押合同效力存在公权力对私权利干涉过度的问题，对于违法建筑物，法律的规制目的应限于禁止当事人就违法建筑物获得收益，[1]在此意义上，应当肯定抵押合同的效力，但因违法建筑物不能流通，抵押人就为债权人设立抵押权的义务构成自始履行不能，债权人无法获得抵押权。

2. 建设用地使用权

建设用地使用权均可抵押，包括以出让方式在国有土地、集体经营性土地上设立的建设用地使用权以及以行政划拨方式在国有土地上设立的建设用地使用权。与以出让方式在集体经营性土地上设立的建设用地使用权不同，乡镇、村企业就集体所有土地所取得的建设用地使用权未经过出让程序，不得单独抵押。

以行政划拨方式在国有土地上设立的建设用地使用权的抵押具有特殊性。根据《民法典有关担保制度的解释》第50条第2款的规定，以行政划拨方式在国有土地上设立的建设用地使用权抵押的，即便未经有批准权人民政府的批准，抵押合同的效力不因此而受影响，当事人"依法办理抵押登记"的，抵押权人取得抵押权。根据后文关于不动产抵押权的设立的立场，所谓"依法办理抵押登记"是指抵押权设立行为，包括当事人设立抵押权的合意以及办理抵押权登记手续，性质上为处分行为。所谓"依法"指向的是《城市房地产管理法》第40条第1款，须经有批准权的人民政府批准，否则构成无权处分。不过，抵押权实现时，以行政划拨方式在国有土地上设立的

---

[1] 本书不赞同《民法典》第231条合法建造方可取得所有权的规定，具体参见本书在物权客体部分的论述。即便在第231条的背景下，否定抵押合同的效力也不符合比例原则。

建设用地使用权所换得的价款优先用于补缴建设用地使用权出让金。

3. 海域使用权

2001 年，我国颁布了《海域使用管理法》，从法律上确立了海域使用权制度。海域使用权是一种权利人有偿取得的用益物权。作为一种财产权利，海域使用权可以作为抵押权的客体。

4. 生产设备、原材料、半成品、产品

生产设备、原材料、半成品和产品均为动产，其中原材料、半成品和产品合称库存或存货。动产浮动抵押权的客体主要是库存或存货。

5. 正在建造的建筑物、船舶、航空器

以正在建造的建筑物、船舶或航空器抵押可以作为抵押财产。正在建造的船舶或航空器的抵押为将来物抵押，须办理预告登记，确保抵押权人取得抵押权，并且以预告登记的时间作为确定抵押权顺位的基准。正在建造的建筑物的抵押，我国法律区分两种形态：一是正在建造的建筑物所有人设立的抵押权；二是预购商品房买受人设立的抵押权。预购商品房买受人设立的抵押权属于以将来物设立的抵押权，须办理预告登记。对于正在建造的建筑物所有人设立的抵押权不属于以将来物设立的抵押权，可办理抵押权登记，但因正在建造的建筑物尚未办理建筑物所有权首次登记，因此其抵押权登记与其他抵押权登记有别，正在建造的建筑物办理所有权首次登记后，当事人应当申请将在建建筑物抵押权登记转为建筑物抵押权登记。[1]

6. 交通运输工具

交通运输工具属于动产，主要包括火车、机动车、船舶和航空器等。

第二节　抵押权的取得

抵押权的取得可以从不同的角度去认识。从原始取得和继受取得区分的角度看，抵押权的取得主要是继受取得，包括抵押权的移转继受取得和创设

---

〔1〕《不动产登记暂行条例实施细则》第 75 条至第 77 条未将在建建筑物抵押登记规定为预告登记，而第 78 条将预购商品房的抵押登记明定为预告登记。不过尽管没有将在建建筑物抵押登记规定为预告登记，但仍然是将其作为预告登记加以规定的，否则就不会规定在建建筑物竣工，办理建筑物所有权首次登记时，当事人应当申请将在建建筑物抵押权登记转为建筑物抵押权登记。

继受取得。抵押权的取得更可以从基于法律行为而取得抵押权和非基于法律行为而取得抵押权的角度去认识，下面分别介绍。

一、基于法律行为的取得

基于法律行为而取得抵押权，包括通过设立而取得抵押权和通过让与而取得抵押权。前者是抵押权取得的主要形式，基于创设行为而取得抵押权在不动产和动产场合存在较大差异，本书在将在相应章节介绍，此处暂按不表。后者是指抵押权人将其债权及抵押权一并让与受让人，受让人取得该抵押权的现象。不过这种现象并不常见，因为当事人让与主债权时，抵押权基于从属性而让与受让人，抵押权的这种让与属于法定让与，而非基于法律行为的让与。基于法律行为而取得的抵押权，学说上称为意定抵押权。

二、非基于法律行为的取得

（一）法定取得

1. 基于"房地同时走"而法定取得

《民法典》第 397 条和第 398 条第 2 句规定了基于"房地同时走"而法定取得抵押权的情形。第 397 条规定："以建筑物抵押的，该建筑物占用范围内的建设用地使用权一并抵押。以建设用地使用权抵押的，该土地上的建筑物一并抵押。抵押人未依据前款规定一并抵押的，未抵押的财产视为一并抵押。"据此，抵押人仅以法律行为的方式抵押建筑物或仅抵押建设用地使用权的，抵押权人基于该条文规定取得以建设用地使用权或建筑物为客体的抵押权。第 398 条第 2 句基于同样的逻辑，抵押人仅以法律行为的方式抵押乡镇、村企业的厂房等建筑物的，抵押权人基于该句规定取得以建筑物占用范围内的建设用地使用权为客体的抵押权。

须注意，如果建筑物占用范围内的建设用地使用权属于以行政划拨方式在国有土地上设立的建设用地使用权，当事人仅以建筑物抵押的，根据《民法典有关担保制度的解释》第 50 条第 1 款的规定，此等建设用地使用权也一并抵押，债权人取得此等建设用地使用权的抵押权。但是抵押权人实现其抵押权时，有《城市房地产管理法》第 40 条第 1 款的适用，即让与此等建设用地使用权时，应取得有批准权的人民政府批准，否则构成无权处分。让与抵押财产所取得的价款，应当优先用于补缴建设用地使用权出让金。

2. 基于抵押权的从属性而法定取得

基于抵押权移转上的从属性，主债权让与的，抵押权一并让与。《民法典》第 407 条第 2 句前段和第 547 条对此予以规定，并且第 547 条第 2 款明定抵押权的让与属于法定让与，不以办理不动产抵押权让与登记手续为生效要件。如果当事人通过法律行为的方式让与主债权，受让人基于前述法律条文的规定取得抵押权。

（二）善意取得

不论是不动产抵押权还是动产抵押权，均存在善意取得的可能。[1]不动产抵押权善意取得的构成要件为：其一，不动产登记簿权利事项登记错误；其二，取得人基于交易行为取得不动产抵押权；其三，取得人善意；其四，已经办理不动产抵押权登记。动产抵押权善意取得的构成要件为：其一，抵押人无处分权；其二，取得人基于交易行为取得动产抵押权；其三，取得人善意。

（三）继承取得

被继承人一经死亡，继承人即取得作为遗产的抵押权与其担保的债权。

---

〔1〕　我国有学者否认动产抵押权存在善意取得的可能，参见崔建远：《物权：规范与学说——以中国物权法的解释论为中心》（下册）（第 2 版），清华大学出版社 2021 年版，第 396~397 页。

第四章

不动产抵押权

第一节　不动产抵押权的设立

根据《民法典》第 402 条第 2 句的规定，不动产抵押权自登记时设立，采形式主义物权变动模式。但究竟采取的是债权形式主义还是物权形式主义，需要辨析。本书认为要因的物权形式主义物权变动模式更具有解释力，[1]据此，不动产抵押权的设立需经过两个步骤：第一步，当事人签订不动产抵押合同；第二步，当事人实施不动产抵押权设立行为。

一、不动产抵押合同

（一）概念

不动产抵押合同是债务人或第三人与债权人为设立不动产抵押权而签订的合同。不动产抵押合同在性质上为负担行为。不动产抵押合同为要式合同，应当采取书面形式，不动产抵押合同可以是单独签订的书面合同，也可以是主合同中的抵押条款。不动产抵押合同一般在成立时生效，除非受制于生效条件、始期、国家机关批准或被代理人（被代表人）追认。

（二）合同条款

不动产抵押合同的条款，是当事人关于不动产抵押权设立事项所达成的合意内容的具体体现。基于合同自由原则，除合同必备要素外，不动产抵押

---

〔1〕　参见茅少伟：《民法典编纂视野下物权变动的解释论》，载《南京大学学报（哲学·人文科学·社会科学）》2020 年第 2 期，第 107~119、159、160 页。

合同的条款不受法律限制。《民法典》第 400 条第 2 款仅为提示性规定，结合合同的必要要素理论，该款并未将不动产抵押合同的必备要素作完全列举，比如不动产抵押人为债权人设立不动产抵押权的主给付义务并未被列举。在此，本书结合《民法典》第 400 条第 2 款作如下分析。

1. 被担保债权的描述条款

根据《民法典》第 400 条第 2 款第 1 项的规定，被担保债权的描述条款应当包含对被担保债权种类和数额的描述。值得讨论的问题是，对被担保债权的描述是否需要满足被担保债权特定化的要求？本书认为，被担保债权的特定化属于不动产抵押权设立行为的问题，换言之，属于处分行为层面的问题，而不动产抵押合同为负担行为，因此在不动产抵押合同中不需要做到被担保债权的特定化。

2. 抵押不动产的描述条款

抵押不动产的描述包括对其物理属性和权利属性的描述，前者确定抵押不动产是什么，后者确定抵押不动产的物权归属和物上负担。《民法典》第 400 条第 2 款第 3 项的规定为对抵押不动产物理属性的描述，具体的描述对象为抵押不动产的名称、数量等情况。由于不动产抵押合同为负担行为，因此在不动产抵押合同中对抵押不动产的描述无需达到特定化的程度，抵押不动产的特定化属于不动产抵押权设立行为中的问题。

3. 债务人履行债务的期限条款

债务履行期限届满，债务人未履行债务的，抵押权人就可以实现抵押权，不动产抵押合同可对此予以约定。不过，即便不动产抵押合同未约定债务人履行债务的期限，也可以按照《民法典》第 510 条和第 511 条的规定确定，因此，该条款不属于必备条款。

4. 担保范围条款

担保范围条款的价值在于，若当事人约定了该项条款，不动产抵押权实现时，被担保债权依该范围优先受偿。若未约定该项条款，则依据《民法典》第 389 条第 1 句关于"担保物权的担保范围包括主债权及其利息、违约金、损害赔偿金、保管担保财产和实现担保物权的费用"的规定，确定担保范围。因此，担保范围条款不是不动产抵押合同的必备条款。

（三）流抵押条款

所谓流抵押条款，又称流押条款、流押合同、流抵押合同，是指债权人和不动产抵押人在不动产抵押权实现前约定，若不动产抵押权的实现条件具备，抵押不动产归不动产抵押权人所有。关于流抵押条款的有效性，是担保物权法中争论最激烈的问题之一。传统观点认为，流抵押条款无效。其理由建立在抵押不动产的价值超过被担保债权数额的假定之上，据此，流抵押条款将使债权人获得暴利，损害不动产抵押人的利益，对不动产抵押人不公平。反对观点认为，流抵押条款应当有效。主要理由有三：一是禁止流抵押违反意思自治原则；二是流抵押条款并非一定侵害不动产抵押人的利益；三是流抵押条款可以使实现不动产抵押权的成本最小化。在比较法上，各国逐渐放松对流抵押条款的管制。例如，2006 年法国关于担保制度的改革承认了流抵押条款的有效性，但为了保护债务人的利益，法律要求抵押不动产的价值应当经专业评估，如果抵押不动产主要用于债务人居住，则流抵押条款无效。

《民法典》第 401 条规定，当事人约定流抵押条款的，不动产抵押权人"只能依法就抵押财产优先受偿"。所谓"依法就抵押财产优先受偿"，是指不动产抵押权人应当按照《民法典》第 410 条的规定实现不动产抵押权。相较于《物权法》（已失效）第 186 条，《民法典》第 401 条并未明确禁止流抵押条款，这是否意味着《民法典》承认了流抵押条款的有效性？本书认为，即便《民法典》承认了流抵押条款的效力，基于不动产抵押权人"只能依法就抵押财产优先受偿"的规定，流抵押条款的法效果也不在当事人之间发生，徒增解释困扰。因此，本书的观点是，《民法典》并未承认流抵押条款的有效性，只是《民法典》的表述比《物权法》的表述更为隐晦而已。

（四）合同效力

不动产抵押合同为负担行为，仅产生债法上的效力，不生物权法的效力，债权人不因此而取得不动产抵押权。不动产抵押合同所生的债法上的效力是双重的，即不动产抵押人基于不动产抵押合同负担两项主给付义务。[1]

---

[1] 参见杨代雄：《抵押合同作为负担行为的双重效果》，载《中外法学》2019 年第 3 期，第 762~779 页。

其一，债权人有权请求不动产抵押人履行为其设立不动产抵押权的义务。其二，主债务届期未受清偿或合同约定的不动产抵押权实现的条件具备时，债权人有权请求不动产抵押人以抵押不动产变价所得价款清偿主债务，此项请求权为债法上的请求权，具有相对性，不得对抗第三人。其三，债权人只能请求不动产抵押人以抵押不动产变价所得价款清偿主债务，不得请求不动产抵押人以其他财产替代抵押不动产履行担保义务，除非不动产抵押人因抵押不动产毁损灭失而取得了代偿物，债权人就此代偿物主张代偿请求权。

我国实证法仅承认不动产抵押人负担为债权人设立不动产抵押权的义务，以及因不可归责于不动产抵押人的原因导致给付不能时的代偿请求权，《民法典有关担保制度的解释》第46条第1款对此予以规定。问题是，前述第二项主给付义务能否通过第一项主给付义务的替代给付损害赔偿责任代替？因为二者在效果上并无太大不同。本书认为，不能替代。因为承认第二项主给付义务对债权人的保护更加充分，债权人要想证明不动产抵押人构成违约而且符合替代给付的损害赔偿责任之构成要件，并非易事，往往费时费力。

二、不动产抵押权设立行为

不动产抵押权设立行为为处分行为，包括不动产抵押人与债权人达成设立不动产抵押权的合意和办理不动产抵押权登记两部分。债权人自登记完成时取得不动产抵押权。《民法典》第402条仅规定不动产抵押权的设立以登记为生效要件，在解释上应补充当事人就设立不动产抵押权达成合意的要件。

不动产登记簿就抵押不动产、被担保的债权范围等所作的记载与不动产抵押合同约定不一致的，根据登记簿的记载确定抵押不动产、被担保的债权范围等事项，而不是根据不动产抵押合同的约定。因为不动产抵押权经登记方设立，未登记的抵押不动产和被担保的债权范围不构成不动产抵押权的内容。因不动产抵押权合同约定的内容不属于不动产抵押权的内容，所以即便不动产抵押权人和不动产抵押人间的关系，也以登记簿记载的内容为准。

第二节　不动产抵押权的效力（一）

一、不动产抵押权的效力内容

不动产抵押权的效力，包括不动产抵押权所担保债权的范围、不动产抵押权效力所及的客体范围、不动产抵押人的权利以及不动产抵押权人的权利。其中，不动产抵押权所担保债权的范围，与担保物权所担保债权的范围没有不同，不再赘述。本节讨论不动产抵押权效力所及的客体范围，后面两节分别讨论不动产抵押人的权利和不动产抵押权人的权利。

二、不动产抵押权效力所及的客体范围

不动产抵押权效力所及的客体范围，是指不动产抵押权人实现不动产抵押权时可依法予以变价的抵押不动产的范围。由于一直到不动产抵押权实现前，不动产抵押权人都不占有抵押不动产，且不动产抵押权自其设立至实现可能会经历较长时间，抵押不动产难免会发生变化，为维护不动产抵押权人的利益，以及兼顾不动产抵押人和其他利害关系人的利益，不动产抵押权效力所及的客体范围就是一个需要处理的问题。

（一）附合物

能够导致不动产抵押权客体扩张的添附种类是附合，所谓附合物，是从属于不动产的附合之物。根据《民法典有关担保制度的解释》第 41 条第 2 款前段，不动产抵押权的效力及于不动产抵押人取得所有权的附合物。不过，虽然不动产抵押权人有权就附合物进行变价，但为平衡不动产抵押权人和不动产抵押人一般债权人的利益，根据同款后段规定，若附合物导致抵押不动产价值增加的，不动产抵押权人不得就增加的价值部分主张优先受偿。

（二）从物

不动产抵押权的效力是否及于从物，《民法典》未规定。《民法典有关担保制度的解释》第 40 条区分从物的产生时间分别规制。对于不动产抵押权设立前存在的从物，不动产抵押权的效力及于从物，除非当事人另有约定。在不动产抵押权设立之前，抵押不动产的从物已经存在，由于从物与抵

押不动产在功能上具有整体性，不动产抵押权的效力应当及于该从物。

对于不动产抵押权设立后产生的从物，不动产抵押权的效力不及于从物，不过不动产抵押权人在实现抵押权时可以将从物一并处分，但不得就从物的交换价值主张优先受偿。这一设计是平衡不动产抵押权人的利益和抵押人一般债权人利益的产物。因不动产抵押权设立时，从物并不存在，不动产抵押权人并无其取得的不动产抵押权效力及于从物的预期，效力不及于从物具有正当性。但因从物与抵押不动产构成功能上的整体，若不一并处分，势必减损抵押不动产的交换价值，影响不动产抵押权人的利益。如果允许不动产抵押权人就从物的交换价值优先受偿，相当于从抵押人的一般责任财产中划出一部分，归于抵押财产，不动产抵押人的一般债权人难免蒙受损失，因此法律不允许不动产抵押权人就从物的交换价值优先受偿。

（三）从权利

从权利，是指为辅助主权利而存在的权利。从权利与主权利的关系，如同主物与从物的关系。因此，以主权利为客体设立的不动产抵押权，其效力及于从权利。为保全抵押不动产的经济价值，可对作为抵押不动产的从权利从宽解释，不仅本质上的从权利，其本质上虽非从权利，但抵押不动产存续上所必需的权利亦包括在内。

（四）孳息

1. 不动产抵押权的效力与天然孳息

天然孳息未与抵押不动产分离时，系抵押不动产的组成部分，当然为不动产抵押权的效力所及。问题是，若天然孳息与抵押不动产相分离而成为独立之物时是否仍一律如此？答案是否定的。根据《民法典》第412条第1款的规定，若债务人不履行到期债务或者发生当事人约定的实现不动产抵押权的情形，致使抵押不动产被人民法院依法扣押的，自扣押之日起不动产抵押权人有权收取该抵押不动产的天然孳息。所谓不动产抵押权人有权收取抵押不动产的天然孳息，并不意指不动产抵押权人获得收取的天然孳息的所有权，其所有权仍归不动产抵押人，而是意指不动产抵押权的效力及于此等天然孳息，申言之，不动产抵押权人有权就此等天然孳息进行换价并就所换得的价款主张优先受偿。根据第412条第2款的规定，不动产抵押权人就其收取的天然孳息换得的价款应当先充抵收取孳息的费用，剩余部分满足被担保债权。通过对《民法典》第412条第1款的反对解释可知，在抵押不动产被人民法院扣押之前，不动产抵押权的效力不及于不动产抵押人收取的天然孳息。

2. 不动产抵押权的效力与法定孳息

根据《民法典》第412条，不动产抵押权的效力是否及于法定孳息的规则与天然孳息的情形基本相同。抵押不动产被人民法院依法扣押后，不动产抵押权的效力及于法定孳息，不过以不动产抵押权人通知清偿法定孳息义务人为要件。

（五）不动产抵押权设立后新增续建的建筑物

在我国，不动产抵押权设立后新增建筑物问题发生在以建设用地使用权抵押和所有人以正在建造的建筑物抵押的场合。在以建设用地使用权抵押的场合，新增建筑物是否为不动产抵押权的效力所及？根据《民法典》第417条的规定，建设用地使用权抵押后，该土地上新增的建筑物不属于抵押财产。换言之，新增建筑物不为不动产抵押权的效力所及。根据《民法典有关担保制度的解释》第51条第1款的规定，如果不动产抵押权设立时，土地上已有正在建造的建筑物，不动产抵押权的效力仅基于不动产抵押权设立时正在建造的建筑物已完成部分，不及于之后续建部分。在以正在建造的建筑物抵押的场合，根据《民法典有关担保制度的解释》第51条第2款的规定，不动产抵押权的效力仅限于办理抵押登记的部分，不及于续建部分、新增建筑物以及规划中尚未建造的建筑物。

须注意，在以建设用地使用权抵押的场合，基于房地一元主义，不动产抵押权人实现抵押权时，应当将该土地上新增的建筑物或续建部分与建设用地使用权一并处分，但新增建筑物或续建部分所得的价款，抵押权人无权优先受偿。在以正在建造的建筑物抵押的场合，如果续建部分、新增建筑物以及规划中尚未建造的建筑物与办理抵押登记的部分构成主物从物关系，不动产抵押权人实现抵押权时，应当将该土地上新增的建筑物或续建部分与建设用地使用权一并处分，除非当事人另有约定，但新增建筑物或续建部分所得的价款，抵押权人无权优先受偿。

第三节　不动产抵押权的效力（二）

一、在同一抵押不动产上设立数不动产抵押权的权利

不动产抵押人就抵押不动产设立不动产抵押权后，可于同一不动产上为他人复设不动产抵押权。换言之，不动产抵押人可将同一不动产为他人设立多个不动产抵押权，而不必考虑抵押不动产的价值与其所担保的数个债权的债权总额之间的差异。如果所担保债权的总债权额超过了抵押不动产的价值，不动产抵押权的顺位规则可以解决不动产抵押权人间的利益冲突。

二、在抵押不动产上设立用益物权的权利

在比较法上，抵押不动产中最为重要的是土地所有权，不动产抵押人以作为抵押不动产的土地为客体设立地上权、不动产役权等用益物权，不成问题。与此有别，我国现行法禁止土地所有权作为抵押不动产，但允许建设用地使用权、建构筑物所有权抵押，故不动产抵押人就抵押不动产不可能设立建设用地使用权等用益物权，但可以设立以建设用地使用权或建构筑物为供役地的不动产役权，对于建筑物中的住宅，可以设立居住权。

不动产抵押权设立后，不动产抵押人在抵押不动产上设立的用益物权不影响不动产抵押权。所谓不影响不动产抵押权，是指在因用益物权的存在致使于不动产抵押权实现时无人应买抵押不动产，或出价降低导致影响被担保债权实现时，不动产抵押权人有权除去用益物权。换言之，于此场合不动产抵押权人享有用益物权的法定撤销权，但该法定撤销权的行使宜以诉讼方式行使。另外，在用益物权的存在影响被担保债权的实现时，执行法院亦可依职权除去该用益物权。如果存有用益物权负担的抵押不动产的变价额足以清偿被担保债权，表明用益物权不影响不动产抵押权，用益物权仍可存续，由抵押不动产的受让人承受。如果存有用益物权的抵押不动产的变价额虽不足以清偿被担保债权，但除去该用益物权后，抵押不动产的变价与不除去用益物权时的变价额相等或降低时，亦表明用益物权的存在不影响不动产抵押

权。因此，在不动产抵押权实现时仍可将抵押不动产连同用益物权负担一并移转给受让人。

须注意，前文讨论的是不动产抵押权设立后不动产抵押人又设立用益物权的情况，若用益物权是在不动产抵押权设立前设立的，用益物权是否受不动产抵押权的影响？这属于用益物权的效力问题。对居住权而言，因居住权具有完整的物权效力，所以不动产抵押权不对居住权构成影响。对于不动产役权而言，若未登记，则不得对抗善意的不动产抵押权人，若已登记，则不动产抵押权不对不动产役权构成影响。

三、出租、出借抵押不动产的权利

不动产抵押权设立后，不动产抵押人仍享有对抵押不动产的使用收益之权，这意味着不动产抵押人可以出租或出借抵押不动产。

不动产抵押人出租抵押不动产的，承租人的租赁权不影响不动产抵押权。申言之，如果承租权的存在影响被担保债权实现时，不动产抵押权人有权解除不动产租赁合同，但该法定解除权的行使宜以诉讼方式行使。另外，执行法院亦有权依职权终止租赁关系。如果租赁权的存在不影响被担保债权的实现，租赁权仍然存续，根据《民法典》第725条的规定，由抵押不动产的受让人承受。最高人民法院《关于审理城镇房屋租赁合同纠纷案件具体应用法律若干问题的解释》第14条第1项未设置例外情况一概规定不动产抵押权人有权除去抵押不动产上的租赁权。

须注意，与前文所讨论的不同，在不动产抵押权设立前，抵押不动产已经出租并移转占有的，原租赁关系不受该不动产抵押权的影响。

四、让与抵押不动产的权利

不动产抵押权的设立并不使不动产抵押人丧失对抵押不动产的处分权，不动产抵押人不仅有权实施设立不动产抵押权和用益物权的行为，也有权实施让与抵押不动产的行为。让与抵押不动产的行为并不影响作为物权的不动产抵押权，因为无论抵押不动产让与至何人，不动产抵押权人均可基于物权的追及效力，向抵押不动产的受让人主张实现不动产抵押权。[1]因此，以德国法和瑞士法为代表的大陆法系国家不仅肯定不动产抵押人让与抵押不动产的权利，并且规定当事人不得约定限制不动产抵押人让与抵押不动产的权利，如果当事人进行了约定，根据《德国民法典》第 1136 条、《瑞士民法典》第 812 条第 1 项的规定，此等约定无效。

《民法典》颁布之前，我国实证法对不动产抵押人是否享有让与抵押不动产的权利的态度充满了矛盾。最高人民法院《关于贯彻执行〈中华人民共和国民法通则〉若干问题的意见（试行）》第 115 条第 1 款和《物权法》第 191 条采取了禁止的态度，未经不动产抵押权人同意，不得让与，最高人民法院《关于适用〈中华人民共和国担保法〉若干问题的解释》第 67 条和第 68 条采取了允许的态度，《担保法》第 49 条则采取了折中的态度，让与抵押不动产的行为以通知不动产抵押权人为有效要件，若转让价款低于抵押不动产的价值，让与行为的有效以不动产抵押人提供相应担保为要件。

《民法典》第 406 条第 1 款第 1 句和第 2 句规定，抵押期间，抵押人可以让与抵押财产。当事人另有约定的，按照其约定。第 1 句肯定了不动产抵押人让与抵押不动产的权利，对这句规定，学界不存在争议。有争议的是第 2 句。有观点认为不动产抵押人让与抵押不动产的权利不受限制，当事人限制或禁止让与抵押不动产的约定仅生债法上的效力，但不生物权法上的效力，不影响不动产抵押人的处分权。但是《民法典有关担保制度的解释》第 43 条并未采纳这一观点，而是认为当事人间关于限制或禁止让与抵押不动产的约定在如下条件下可以产生物权法上的效力，当事人之间的约定未登记，但抵押不动产受让人知道此约定，或者当事人之间的约定已登记。相对于无条件地承认当事人的约定发生物权法上的效力，第 43 条的规定有利于保护交易安全，但这种模式会造成限制不动产抵押人财产权利的效果，特别是在不动产抵押人在缔约关系中处于弱势地位的场合，并且这种模式在限制不动产抵押人财产权利的同时，也并未使不动产抵押权人获得特别的保护，因为无论不动产抵押人是否让与抵押不动产，其享有的不动产抵押权均不受影

---

〔1〕　不动产抵押权人向抵押不动产受让人主张实现不动产抵押权时，受让人有权清偿债务人的债务以消灭不动产抵押权，受让人的这一权利被称为涤除权，受让人的清偿行为构成第三人清偿，适用《民法典》第 524 条的规定。

响。当然，抵押不动产让与可能会增加不动产抵押权人实现抵押权的成本或救济成本，但就此不确定成本的增加，并不足以限制或禁止不动产抵押人让与抵押不动产。因为财产的自由流转是市场经济的基石，为了不确定成本的增加而损害市场经济的根基，实乃因噎废食。

不动产抵押人让与抵押不动产的，应当及时通知不动产抵押权人。抵押不动产转让所得价款不属于抵押不动产的代位物，不为不动产抵押权的效力所及，换言之，抵押不动产转让所得价款构成不动产抵押人的一般责任财产，不动产抵押权人不得就转让价款主张权利。对此一般规则，《民法典》第406条第2款第2句规定了例外："抵押权人能够证明抵押财产转让可能损害抵押权的，可以请求抵押人将转让所得的价款向抵押权人提前清偿债务或者提存。"对此规定，阐释如下：

第一，不动产抵押权人的权利并非损害赔偿请求权，不以损害为构成要件。其本质是担保物权在客体上的自动延伸（tracing）[1]，自动延伸到抵押不动产的对价之上。[2]

第二，若转让价款等于或超过被担保债权额，则不动产抵押权消灭，超过被担保债权额的部分归不动产抵押人所有，若转让价款小于被担保债权额，则不动产抵押权继续存在，被担保债权未实现的部分由债务人清偿，亦可通过行使不动产抵押权获得清偿。若不动产抵押人为第三人，不动产抵押权人就转让价款主张权利后可向债务人行使追偿权。

第三，不动产抵押权人就转让价款主张权利存在一个价款如何特定化的问题，否则极易侵害不动产抵押人一般债权人的利益。如果不动产抵押人在让与之前通知不动产抵押权人，则价款可以通过当事人的约定实现特定化，

---

[1] 在中文文献中 tracing 也被翻译为追及，但本书不赞同这一翻译，因为这将会与物权效力中的追及效力相冲突，而物权追及效力的英文表达为 fellow。就担保物权的自动延伸，有学说认为，《民法典》未承认担保物权的自动延伸，并且认为当事人可以通过合意的方式实现担保物权自动延伸的效果，具体为当事人在设立担保物权时，同时设立应收账款质押和账户质押，实现担保物权覆盖担保财产收益的效果。参见纪海龙：《动产担保权益延伸的合意路径》，载《现代法学》2022 年第 3 期，第 3~18 页。

[2] 《民法典》第 406 条第 2 款第 2 句中使用了"请求"一词，从文义解释的角度看，仅赋予不动产抵押权人一种请求不动产抵押人清偿债务或提存的权利，但仅赋予请求权并不能对不动产抵押权人予以充分保护。将不动产抵押权人的权利理解为一种请求权，与该款第 3 句间将出现体系矛盾，因为第 3 句属于不动产抵押权人就抵押不动产转让价款优先受偿的后果。

比如采用特别账户、封金等形式实现特定化。如果当事人未通过约定实现特定化，则极大可能出现转让价款与不动产抵押人的其他金钱发生混合，典型情况是，转让价款被汇入不动产抵押人有存款的账户，若账户发生变动，特别是账户中的款项既有流出又有流入的情形，如何判断转让价款是否存在或者还存在多少？对此可借鉴英美衡平法中的最低中间余额规则（lowest inter-mediate balance）进行判断。

第一，转让价款与不动产抵押人自己的款项在账户内混合，其后账户有款项流出，推定流出的款项为不动产抵押人自己的款项，若流出的款项超出不动产抵押人自己的款项，则推定超出部分为转让价款。例如，汇入不动产抵押人账户的转让价款为 20 万元，该账户内原本有不动产抵押人自己的款项 10 万元，其后账户流出 15 万元，则推定流出的 15 万元是不动产抵押人自己的款项 10 万元加上转让价款的 5 万元。不动产抵押人账户中剩余的 15 万元为转让价款。

第二，后进入款项不构成对转让款项的归还。在款项流出后又流入账户的款项不构成对于转让价款的归还，除非不动产抵押人作出了归还的意思表示，如果转让价款是存在独立的账户中，则不动产抵押人后续存入的款项可以看作其归还转让价款的有力证据。

第三，允许不动产抵押权人就混合款项主张权利，但是不能超过汇入转让价款的时点与不动产抵押权人主张转让价款时点之间的最低余额。例如，1 月 1 日，汇入账户的转让价款 20 万元，该账户内原本有不动产抵押人自己的 10 万元，12 月 31 日，不动产抵押权人主张转让价款，在这期间，账户发生多次款项的流入和流出，最终账户内的余额是 8 万元。在 1 月 1 日与 12 月 31 日之间，不动产抵押人账户余额在最高值 30 万元与最低值 8 万元之间波动。根据最低中间余额规则，不动产抵押权人可以主张的转让价款为 8 万元。

第四，哪些让与抵押财产的情形"可能损害抵押权"？对此需要对司法实务进行类型化整理，就目前的司法实践来说，如下情形可被认为"可能损害抵押权"。其一，不动产抵押合同约定禁止或者限制让与抵押不动产；其二，以商品房抵押的，受让人为其权利依法优先于不动产抵押权人的商品房消费者；[1]其三，不动产抵押人怠于通知导致不动产抵押权人无法及时行使权利；其四，抵押不动产受让人变更抵押不动产用途导致抵押不动产贬值，抵押不动产受让人变更用途须是在抵押不动产让与时确定的。

第五，不动产抵押权自动延伸到抵押不动产的交易对价上的后果是，不动产抵押权人可以就对价提前受偿或者将转让价款代充抵押不动产予以提存。[2]不过，本书认为授予不动产抵押权人就对价提前受偿权有待商榷。原因不仅是不动产抵押人为第三人时，未请求债务人增加担保，不动产抵押权人就提前受偿消灭债权，对债务人不公，而且还因为不动产抵押权因自动延伸至抵押不动产的交易对价，不动产抵押权并不会因抵押不动产让与而受影响。

第四节　不动产抵押权的效力（三）

不动产抵押权人的权利，包括不动产抵押权的顺位权、不动产抵押权的处分权、不动产抵押权的保全权、不动产抵押权人的物权请求权、不动产抵押权人的侵权损害赔偿请求权和不动产抵押权人实现不动产抵押权的权利。

---

〔1〕《全国法院民商事审判工作会议纪要》第126条规定："根据《最高人民法院关于建设工程价款优先受偿权问题的批复》第1条、第2条的规定，交付全部或者大部分款项的商品房消费者的权利优先于抵押权人的抵押权，故抵押权人申请执行登记在房地产开发企业名下但已销售给消费者的商品房，消费者提出执行异议的，人民法院依法予以支持。但应当特别注意的是，此情况是针对实践中存在的商品房预售不规范现象为保护消费者生存权而作出的例外规定，必须严格把握条件，避免扩大范围，以免动摇抵押权具有优先性的基本原则。因此，这里的商品房消费者应当仅限于符合本纪要第125条规定的商品房消费者。买受人不是本纪要第125条规定的商品房消费者，而是一般的房屋买卖合同的买受人，不适用上述处理规则。"

〔2〕《民法典》第406条第2款第2句中的"提存"应如何解释？不无疑问。若解释为债权消灭意义上的提存，可以与提前清偿债务相协调，二者均涉及债权的消灭，但如此解释与文义矛盾，因为第2句规定的是不动产抵押权人请求不动产抵押人提存。若不从债权消灭意义上解释提存，那么第2句规定的提存应解释为，质权人将作为质押财产代位物的价款提存，待质权实现条件具备时，质权人就提存的价款优先受偿。但如此解释提存，将与提前清偿债务存在体系冲突，从实际效果看，当事人选择提存的可能性不大，因为债权人有权即时受偿。本书基于文义解释的立场，不将该句中的提存解释为债权消灭意义上的提存，而采第二种解释方法，并且认为抵押权人无提前受偿的权利，消除体系冲突。

一、不动产抵押权的顺位权

（一）不动产抵押权顺位的概念和确定标准

不动产抵押权的顺位，又称不动产抵押权的顺序，或不动产抵押权的次序，是指数个不动产抵押权竞存于同一抵押不动产之上时，各不动产抵押权之间的优先顺序。不动产抵押权的顺位关涉的是不动产抵押权之间的相互关系。先顺位的不动产抵押权所担保的债权较后顺位的不动产抵押权所担保的债权可以优先受偿。可见，这种顺位是一种利益，甚至是一种权利，一般称顺位权。

根据《民法典》第 414 条第 1 款第 1 项的规定，不动产抵押权的顺位根据不动产抵押权登记时间的先后确定。确定抵押权顺位的这一标准是法定的，属于物权法定的范畴，当事人不得以其意思表示将之排除或改变。

（二）顺位固定主义与顺位升进主义

先顺位的不动产抵押权因实现不动产抵押权以外的原因而消灭时，后顺位的不动产抵押权是否依次序升进？对此，比较法上存在顺位固定主义和顺位晋升主义之别。所谓不动产抵押权的顺位固定主义，是指先顺位的不动产抵押权所担保的债权因实现不动产抵押权以外的原因而消灭时，后顺位的不动产抵押权依然处于原有的顺位上，即不动产抵押权的顺位固定不变。所谓不动产抵押权的顺位晋升主义是指先顺位的不动产抵押权所担保的债权因实现不动产抵押权以外的原因而消灭时，后顺位的不动产抵押权在顺位上相应地晋升。这两种模式的法律效果不尽相同，尤其是在抵押不动产的价值不足以清偿全部被担保债权的场合，例如，甲以其价值 300 万元的房屋为乙和丙先后设立 250 万元和 100 万元的不动产抵押权，若乙的债权获得清偿，若采顺位晋升主义，丙的债权可以获得全部满足，若采顺位固定主义，丙的债权只能获得 50 万元的满足。

根据《德国民法典》第 1163 条、第 1164 条以及第 1168 条的规定，先顺位不动产抵押权所担保的债权消灭时，不动产抵押权移转于所有权人，所有权人可为自己设定该顺位的不动产抵押权。这意味着该不动产上存在的其他不动产抵押权的顺位不变，即采顺位固定主义。根据《瑞士民法典》第 814 条的规定，同一不动产设定有不同顺位的数个不动产担保物权者，某一顺位的不动产担保物权被涂销时，后顺位的不动产担保物权人不因此而享有请求晋升其顺位的权利。前顺位的不动产担保物权受清偿后，得在该顺位上，设定另一个不动产担保物权。关于不动产担保物权人间顺位晋升的约定，仅在其登记于土地登记簿时，始具有物权效力。据此，瑞士民法原则上采顺位固定主义，仅于不动产担保物权人之间存在顺位约定并且登记于土地登记簿时，后顺位的不动产担保物权人的顺位才可晋升。日本民法无涉及顺位固定或晋升的规定，但解释论上采顺位晋升主义。[1]

我国《民法典》对该问题欠缺明文规定，在解释论上只能采顺位晋升主义。原因有二：其一，德国法中的顺位固定主义以承认所有权人可为自己设立不动产抵押权为前提，此等抵押权不以存在被担保债权为要件，而我国《民法典》强调担保物权的从属性，扼杀了承认顺位固定主义的空间。其二，我国《民法典》不存在《瑞士民法典》第814条关于不动产抵押权次序固定的规定。须注意的是，顺位晋升主义存在很大的缺陷，主要是在顺位晋升主义下，原居后顺位的不动产抵押权人，本来仅有就先顺位不动产抵押权人受清偿后的余额受偿的机会，因先顺位不动产抵押权所担保债权消灭等与之无关联的情事，跃居先顺位而受偿，无异于受意外的利益。在此背景下，日本学者我妻荣主张，日本民法解释论应抛弃顺位晋升主义而改采顺位固定主义。[2]

（三）顺位的让与、抛弃与变更

顺位权是不动产抵押权优先效力的一种形态，以不动产抵押权的存在为前提，不能离开不动产抵押权而独立，但法律允许不动产抵押权人让与、放弃或变更不动产抵押权的顺位。

若顺位让与、抛弃或变更的不动产抵押权属于债务人以自己的不动产设立的抵押权，则不动产抵押权人因之而致使优先受偿范围缩减的，该不动产抵押权所担保债权的其他担保人在不动产抵押权人丧失优先受偿权的范围内

---

〔1〕参见［日］我妻荣：《新订担保物权法》，申政武、封涛、郑芙蓉译，中国法制出版社2008年版，第203页；史尚宽：《物权法论》，中国政法大学出版社2000年版，第281~282页；谢在全：《民法物权论》（中册），中国政法大学出版社2011年版，第705~706页。

〔2〕参见［日］我妻荣：《新订担保物权法》，申政武、封涛、郑芙蓉译，中国法制出版社2008年版，第203页。

免除担保责任，除非其他担保人承诺仍然提供担保。虽然《民法典》第 409
条第 2 款仅规定了不动产抵押权人抛弃顺位会产生上述效果，顺位让与和变
更的场合也应类推适用。

1. 顺位的让与

顺位的让与，是指同一抵押不动产的先顺位不动产抵押权人为后顺位不
动产抵押权人的利益，将其不动产抵押权的顺位让与给后顺位不动产抵押权
人的现象。对于不动产抵押权顺位的让与，比较法上多有规定，但我国《民
法典》未着墨于此。

顺位让与的要件有二：其一，当事人须为同一不动产的不动产抵押权
人，即便不同不动产抵押权所担保债权的债务人不同，各该不动产抵押权人
间仍可进行顺位的让与。其二，完成不动产物权变动所需的要件。不动产抵
押权顺位让与属于一种基于法律行为的不动产抵押权变动，不动产抵押权顺
位的让与须按照基于法律行为的不动产物权变动模式进行。本书就基于法律
行为的不动产物权变动模式采有因的物权形式主义模式，因此当事人须就顺
位让与达成合意并办理登记手续。

顺位让与的法效果有绝对效力说和相对效力说。绝对效力说认为顺位让
与在当事人间生绝对效力，让与后让与人与受让人的顺位互换，例如乙将第
一顺位让与第三顺位的丁时，丁取得第一顺位，乙取得第三顺位，对于第二
顺位的丙也是如此。相对效力说认为当事人间于顺位让与后，各不动产抵押
权人的不动产抵押权顺位不发生变动，仅就抵押不动产拍卖所得价金的分配
顺位在当事人间发生变动，由受让人取得较让与人优先的分配顺位。因此根
据相对效力说，不动产抵押权顺位让与的实质是让与人将依其顺位所能获得
的优先分配金额让与受让人而已。至于当事人之外的第三人不受顺位让与的
影响。相对效力说为通说。

关于相对效力说的具体内容，作如下说明：其一，让与人与受让人仍依
其原顺位受分配，但是让与人与受让人依其顺位所能获得分配的合计金额，
由受让人优先受偿，让与人仅就其余额受偿。其二，只有顺位让与人和受让
人实现不动产抵押权的条件均具备时，顺位受让人才可以申请实现不动产抵
押权。其三，让与人的不动产抵押权所担保的债权消灭时，依不动产抵押权
的从属性规则，不动产抵押权归于消灭，受让人即不能取得受让顺位的利

益。但是，如果顺位让与已经取得让与人之债务人的同意，则债务人受顺位让与的约束，即不得通过清偿等行为使让与人的不动产抵押权消灭。其四，受让人的债权因实现不动产抵押权以外的原因而消灭时，让与人的不动产抵押权应回复到未为让与前的状态。

2. 顺位的抛弃

顺位的抛弃，也叫顺位的放弃，指同一抵押不动产的先顺位不动产抵押权人为后顺位不动产抵押权人的利益抛弃其优先受偿的顺位，分为相对抛弃和绝对抛弃。不动产抵押权顺位的抛弃亦属不动产抵押权的变动，抛弃的作成亦须按照基于法律行为的不动产物权变动模式进行。《民法典》第 409 条第 1 款第 1 句规定了不动产抵押权顺位的抛弃，但对顺位抛弃的效力缺乏规定。

顺位的相对抛弃，是指先顺位的不动产抵押权人为同一抵押不动产的特定后顺位的不动产抵押权人的利益而抛弃其顺位。顺位的相对抛弃，仅产生相对效力。顺位抛弃后，同一不动产上存在的各不动产抵押权的归属与顺位并无变动，仅系抛弃不动产抵押权顺位的人与受抛弃利益的不动产抵押权人成为同一顺位。换言之，顺位抛弃人与受抛弃利益人将他们所受分配的金额合计，按各自的债权额比例分配之。须注意，不动产抵押权顺位的相对抛弃与不动产抵押权顺位的让与类似，但仍有所不同，相对抛弃的场合，由抛弃人和受抛弃利益人按被担保债权比例受偿，不动产抵押权顺位让与的场合，让与人的受分配顺位劣后于受让人，让与人的债权可能完全不能获得清偿。

顺位的绝对抛弃，是指先顺位的不动产抵押权人为全体后顺位不动产抵押权人的利益抛弃其顺位。在绝对抛弃的情况下，其他不动产抵押权人的顺位依次晋升，抛弃人退居最后顺位。不过，顺位抛弃后新设立的不动产抵押权仍然劣后于抛弃顺位的不动产抵押权。

3. 顺位的变更

顺位的变更，是指同一抵押不动产上的数不动产抵押权人将其不动产抵押权顺位互换。例如，甲在其房屋依次为乙、丙、丁设立 10 万元、30 万元和 50 万元的不动产抵押权，现在乙、丙和丁约定，乙、丁的不动产抵押权的顺位互换，因之变为丁、丙、乙依次享 50 万元、30 万元、10 万元的不动产抵押权。《日本民法典》第 374 条规定了顺位变更问题："抵押权的顺位，可以以各种抵押权人的合意变更。但是，有利害关系人时，须得到其承诺。前款的顺位变更，非经登记，不发生效力。"

顺位变更的要件有三：一是须经变更顺位的各不动产抵押权人达成合意。二是须经利害关系人同意。所谓利害关系人是指因顺位变更而直接影响其利益的人，比如以顺位变更不动产抵押权所担保债权为质押财产的质权人、顺位变更不动产抵押权的顺位受让人、顺位变更不动产抵押权的顺位抛弃受益人等，但债务人、抵押人等利益未受直接影响的，不属于利害关系人。三是须办理不动产抵押权变更登记。

不动产抵押权顺位变更具有绝对效力，即不仅对顺位变更的各不动产抵押权人以及同意变更的各利害关系人发生效力，对于其他相关人亦发生效力。但对于顺位变更无关之人，不生效力。其一，不动产抵押权顺位变更后，各变更不动产抵押权当事人取得变更后不动产抵押权的顺位。其二，只要顺位变更的各不动产抵押权的实现条件具备，均可实现不动产抵押权，不受其他不动产抵押权实现条件的影响。

《民法典》第409条第1款第2句规定的不动产抵押权顺位变更不同于前述变更，而是不动产抵押权人与不动产抵押人协议变更不动产抵押权顺位。准确地说，这种顺位变更属于不动产抵押权的变更。[1]除不动产抵押人和不动产抵押权人达成变更协议外，还须办理登记手续。根据该款第3句的规定，不动产抵押权人与不动产抵押人协议变更不动产抵押权的，未经其他不动产抵押权人书面同意，不得对其他不动产抵押权人产生不利影响。本书以如下示例对第3句进行阐释。设甲以其某不动产为乙、丙、丁和戊先后设立不动产抵押权，不动产抵押权人取得相应的顺位，若甲与丁协议将其不动产抵押权的顺位变更为第一顺位，该顺位变更将对乙和丙产生不利影响，应取得乙和丙的书面同意，否则对二者不生效力。若乙未书面同意，丙作出了书面同意，不动产抵押权的顺位如何？此时，乙的第一顺位不受影响，但丁的顺位变更对丙发生效力，其效果为丁在丁和丙可优先受偿的合计额度内优先于丙受偿，戊的不动产抵押权不受影响，原因是丁的顺位变更客观上不会

---

〔1〕　不动产抵押权的变更除变更不动产抵押权的顺位外，还包括变更不动产抵押权所担保的债权数额等。不过，无论变更的内容为何，其法效果均无不同。

对戊产生影响，而非戊未书面同意。

二、不动产抵押权的处分

不动产抵押权的处分包括不动产抵押权的让与、抛弃、变更、供作担保。前述不动产抵押权顺位的让与、抛弃、变更，亦属于广义的不动产抵押权的处分。相较而言，前者可称为狭义的不动产抵押权的处分，下文专门讨论狭义的不动产抵押权的处分。

（一）不动产抵押权的让与

不动产抵押权的让与，是指不动产抵押权人将其不动产抵押权让与给他人的现象。不动产抵押权在我国现行法上是从属于被担保债权的权利，故不得与被担保债权分离而单独让与，只能随同被担保债权一并让与。这是担保物权从属性的体现。如前文所述，在从属性规则下，不动产抵押权的让与体现为基于从属性规则的法定让与，而非基于当事人意思的意定让与。

（二）将不动产抵押权供作担保

不动产抵押权人可以将其不动产抵押权与其所担保的债权一并为他人的债权设立担保，成立附不动产抵押权的债权质权。但是，基于从属性的限制，不动产抵押权不能与其所担保的债权分离作为其他债权的担保。

以附不动产抵押权的债权设立质权，须按照债权质权的设立要件办理手续。若债权为应收账款，除当事人签订书面质押合同外，还须达成质权设立合意并办理出质登记。若债券不是应收账款，应如何设立质权？除存款单外，我国法律未明确规定，对此应类推适用债权让与的规定，除当事人签订书面质押合同外，还须达成质权设立合意，通知债务人为对抗要件，而非生效要件，如有债权证书，出质人应将债权证书交付质权人。另外，质权人取得不动产抵押权为基于从属性的法定让与，而非意定让与，不以登记为生效要件。

取得以附不动产抵押权的债权为客体的质权的质权人，对于作为质权客体的债权有收取权，为实现此项权能，质权人亦有实现不动产抵押权的权利，但以质权和不动产抵押权的实现要件均须具备为前提。此类质权设定人（不动产抵押权人）对于其债务人所享有的债权金额（不动产抵押权所担保债权的金额）大于质权所担保债权的金额。根据质权的不可分性，该不动产抵押权所担保债权的全部仍受约束。就超过额而言，质权设定人无收取权，亦无不动产抵押权的实现权。另外，此类质权设定与转质不同，因质权人对作为质权客体的债权有收取权，所以对于出质债权的债务人的一般责任财产，亦可强制执行。

（三）不动产抵押权的抛弃

不动产抵押权的抛弃，又称不动产抵押权的放弃，是指不动产抵押权人抛弃可以优先受偿的担保利益，分为不动产抵押权的相对抛弃和绝对抛弃。无论相对抛弃还是绝对抛弃，均属于不动产抵押权的物权变动，须根据不动产抵押权物权变动的要件实现，以办理登记手续为生效要件。根据《民法典》第 409 条第 2 款的规定，若抛弃的不动产抵押权属于债务人以自己的不动产设立的抵押权且不动产抵押权人因之而致使优先受偿范围缩减的，该不动产抵押权所担保债权的其他担保人在不动产抵押权人丧失优先受偿权的范围内免除担保责任，除非其他担保人承诺仍然提供担保。

不动产抵押权的相对抛弃，是指不动产抵押权人为不动产抵押人的特定无担保债权人的利益，抛弃其优先受偿的利益的现象。例如，在甲不动产抵押人 300 万元的抵押不动产上，乙、丙各有 100 万元、200 万元的第一顺位、第二顺位的不动产抵押权，丁则为甲的无担保债权人（债权额为 300 万元）。乙为丁的利益而抛弃其不动产抵押权。不动产抵押权相对抛弃的当事人为不动产抵押权人和特定的无担保债权人且该无担保债权人的债务人和不动产抵押人必须是同一个人。不动产抵押权的相对抛弃亦可就不动产抵押权的一部分为之。

不动产抵押权的相对抛弃并不产生不动产抵押权消灭的法效果，仅在不动产抵押权抛弃人和受抛弃利益的特定无担保债权人之间发生相对效力。就优先受偿的范围而言，不动产抵押权抛弃人就抵押不动产卖得的价金所能获得分配的金额，由抛弃人和受抛弃利益的债权人按两者债权额的比例受偿。

不动产抵押权的绝对抛弃，是指不动产抵押权人为消灭不动产抵押权的意思，抛弃其抵押权的现象。《民法典》第 409 条规定的抛弃为绝对抛弃。不动产抵押权绝对抛弃之意思须向登记机构为之，以办理注销登记为生效要件。不动产抵押权经绝对抛弃后，不动产抵押权消灭，其债权成为无担保债权。不动产抵押权的绝对抛弃与不动产抵押权人因抛弃被担保债权而导致不动产抵押权消灭具有不同的构造，对此，不能混淆。一般而言，不动产抵押权人可任意抛弃抵押权，除非抛弃会害及第三人的利益，如已经设立了附不动产抵押权的债权质权。

三、不动产抵押权的保全

不动产抵押权遭受侵害时，需要法律提供救济手段，主要有物权请求权、侵权损害赔偿请求权和不动产抵押权保全权（亦称价值维持请求权）。后者在《民法典》上表现为抵押不动产价值减少的防止权、恢复抵押不动产价值的请求权以及增加担保请求权（第408条）。此处讨论不动产抵押权的保全权，前两类救济手段将在下文介绍。

关于不动产抵押权保全权的性质，存在物权请求权说[1]、合同债权说[2]和违约救济权说[3]。本书赞同合同债权说，[4]换言之，不动产抵押权保全权属于不动产抵押权人基于不动产抵押合同享有的权利，其对应的义务是不动产抵押人负担的不动产价值维持义务，该义务属于从给付义务。[5]之所以不赞同物权请求权说，是因为物权请求权的功能为维持物权人对客体的圆满支配状态，而不动产抵押权保全权的功能为保全抵押不动产的价值，在抵押不动产价值减少或可能减少的场合，不动产抵押权人对抵押不动产交换价值的支配并未受到妨害。之所以不赞同违约救济权说，是因为不动产抵押权保全权的构成与继续履行请求权的构成和违约损害赔偿请求权的构成均不相同，并且具有不同的意义。

---

〔1〕 参见曹士兵：《中国担保制度与担保方法——根据物权法修订》，中国法制出版社2008年版，第247页。

〔2〕 参见谢鸿飞：《抵押物价值恢复请求权的体系化展开——兼及抵押权保全的立法论》，载《比较法研究》2018年第4期，第1~19页。

〔3〕 参见张平华：《侵害抵押权的民事救济：基于物权编内外的体系考察》，载《法学论坛》2022年第2期，第129~142页。

〔4〕 在法定不动产抵押权和抵押不动产被让与的场合，合同债权说存在解释上的困难。对于前者而言，因不动产抵押人和不动产抵押权人之间不存在合同关系，所以合同债权说存在解释上的困难。对于后者而言，抵押不动产的受让人与不动产抵押权人之间也不存在合同关系，合同债权说也存在解释上的困难。

〔5〕 有学者主张抵押不动产价值维持义务属于主给付义务，参见张平华：《侵害抵押权的民事救济：基于物权编内外的体系考察》，载《法学论坛》2022年第2期，第129~142页。本书认为抵押不动产价值维持义务为从给付义务，而非主给付义务，因为该义务并不决定不动产抵押合同的类型。

（一）抵押不动产价值减少的防止权

不动产抵押人按照通常使用方法使用收益抵押不动产，导致抵押不动产价值减少的，乃不动产抵押人行使其权利所必需的成本，不动产抵押权人必须容忍。除此之外，不动产抵押人不得实施足以减少抵押不动产价值的行为，否则，不动产抵押权人享有并可行使抵押不动产价值减少的防止权（《民法典》第408条第1句第1分句）。该权表现为不动产抵押权人请求不动产抵押人停止其行为。关于不动产抵押权人行使抵押不动产价值减少的防止权，需要注意以下几点：

第一，足以使抵押不动产价值减少的行为，必须是不动产抵押人的行为。若因不动产抵押权人的行为、不可抗力、市场因素等足以导致抵押不动产价值减少的，不成立抵押不动产价值减少的防止权。不动产抵押人的行为可以是作为也可以是不作为。不动产抵押人实施足以使抵押不动产价值减少的行为时是否可归责，在所不问。

至于不动产抵押人之外的第三人的行为足以使抵押不动产价值减少的，不动产抵押权人不得行使这里所讨论的抵押不动产价值减少的防止权，不动产抵押权人可基于物权请求权主张妨害防止。

第二，必须足以使抵押不动产的价值减少。所谓足以使抵押不动产的价值减少，是指有使抵押不动产价值减少的较大甚至巨大的危险。至于是否发生了实际减少的后果，在所不问。不动产抵押权人请求不动产抵押人停止其行为时，只须证明不动产抵押人有足以使抵押不动产价值减少的行为（如挖土制砖、屋漏不修）即可，无须就抵押不动产价值减少负证明责任。但因不动产抵押权为价值权，抵押不动产的占有、使用、收益的权能归不动产抵押人享有，所以不动产抵押人对抵押不动产为正当的占有、使用、收益（如按照抵押不动产固有用途和经济目的而使用、收取孳息）而导致抵押不动产价值减少的，不动产抵押权人无抵押不动产价值减少的防止权。

第三，不动产抵押权人原则上只可请求不动产抵押人停止其行为，仅在情况急迫而不能依通常方法请求其停止时，才可为必要的保全处分。

《民法典》第408条第1句第1分句前段赋予不动产抵押权人"请求不动产抵押人停止其行为"的权利。所谓停止其行为，在作为场合，是指禁止不动产抵押人继续实施足以使抵押不动产价值减少的行为，如停止拆毁作为抵押不动产的建筑物，在不作为场合，是指使不动产抵押人实施积极的行为，如修缮作为抵押不动产的建筑物等。这些请求，既可以直接向不动产抵押人提出，也可以通过诉讼的方式主张。在不动产抵押人置不动产抵押权人的请求于不顾，继续实施足以使抵押不动产价值减少行为的场合，不动产抵押权人有必要请求人民法院强制不动产抵押人停止其行为。

在情况急迫而不能依通常方法请求不动产抵押人停止其行为或请求难达效果的场合，不动产抵押权人可否自己为必要的保全处分？《民法典》未设明文，学说持肯定态度。在作为抵押不动产的建筑物漏雨严重，而狂风暴雨将至，若不立即修补，必遭风雨摧毁，将倾倒的大厦若不加以支撑必遭损毁等，不动产抵押权人便可自为必要的修补或支撑行为。有疑问的是，保全处分能否扣押或毁损不动产抵押人的财产，比如不动产抵押人拟用挖掘机推倒抵押不动产，不动产抵押权人能否将挖掘机予以扣押或毁损？在情形急迫且有必要时，应采肯定见解。有无急迫情况，应依客观标准确定，而非不动产抵押权人的主观标准。若无急迫情况，不动产抵押权人实施保全处分的，应向不动产抵押人承担侵权损害赔偿责任。

第四，请求或处分所生的费用，由不动产抵押人承担。因此项费用的支出系因可归责于不动产抵押人的事由而生，所以应由其承担，同时为求公平，该费用应被纳入不动产抵押权所担保的范围。

（二）恢复抵押不动产价值的请求权和增加担保请求权

抵押不动产价值减少的防止请求权系针对抵押不动产的价值尚未减少的情况而设的，在不动产抵押人的行为已经造成了抵押不动产价值的减少时，需要另外的救济制度，《民法典》第408条第1句第2分句规定了恢复抵押不动产价值的请求权和提供与减少的价值相应的担保的请求权。在具体个案中，不动产抵押权人可择一主张某一项请求权或者同时主张两项请求权，但不得滥用其权利。另外，这两项请求权的构成同样不以不动产抵押人具有可归责性为要件。

所谓恢复抵押不动产的价值，是指将因不动产抵押人的行为遭受侵害的抵押不动产在价值上恢复到侵害行为没有发生时的状态。须注意，所谓恢复是价值上恢复，而非物理状态上的恢复。当然，物理状态上的恢复通常可作为价值上恢复的手段。所谓提供与减少的价值相应的担保，简称增加担保，或增担保，或代担保，是指在因不动产抵押人的行为造成了抵押不动产价值减少的场合，不动产抵押权人有权请求不动产抵押人在价值减少的额度内提供物的担保或人的担保，在担保债权的数额方面发挥着与既有不动产抵押权同样的作用。

《民法典》第408条第2句规定，不动产抵押人拒绝恢复抵押不动产的价值或提供与减少的价值相应的担保的，债务人将丧失期限利益，债权加速到期，不动产抵押权人有权要求债务人提前清偿债务。《民法典》的这一规定未区分债务人为不动产抵押人还是第三人为不动产抵押人，未对当事人的利益作出精致的区分，进而作出不同评价。

债务人丧失期限利益的实质是债权人解除合同约定的履行期限，属于合同的部分解除。所以债务人是否丧失期限利益，取决于债权人的法定解除权要件是否具备。因金钱债务不属于继续性债务，根据《民法典》第563条第1款的规定，债权人是否享有法定解除权取决于债务人是否构成根本违约，具体而言，债务人的行为是否符合第563条第1款第2项规定的先期违约。在我国法律规定的先期违约构成中，只要债务人明确表示或以自己的积极行为表明不履行主给付义务即可。因此，在抵押不动产价值减少的场合，只要债务人的行为符合先期违约的构成，均发生债务人丧失期限利益法效果，与抵押不动产价值的减少是否可归责于不动产抵押人无关。

在此基础上，发生债务人丧失期限利益法效果的构成要件还要区分不动产抵押权人是债务人还是第三人。在债务人为不动产抵押人的场合，若债务人不恢复抵押不动产的价值或增加担保，则意味着债务人以自己的行为表明不履行主给付义务，则不动产抵押权人可径直向债务人主张提前清偿债务。在第三人为不动产抵押人的场合，若第三人不恢复抵押不动产的价值或增加担保，则不动产抵押权人须另订合理期限，请求债务人在第三人应增加担保的幅度内增加担保，债务人逾期不提供时，始符合债务人以自己的行为表明不履行主给付义务，不动产抵押权人始有权请求债务人提前清偿债务。

四、侵权损害赔偿请求权

不法侵害抵押不动产，例如，对抵押不动产的毁损、灭失致使交换价值减少，被担保债权无法完全受偿，构成侵权损害赔偿责任。[1]不动产抵押权人可依据《民法典》1165 条第 1 款行使侵权损害赔偿请求权。不动产抵押权人的损害赔偿请求权涉及下列三个问题。

第一，以发生损害为必要。抵押不动产的价值虽然减少，但抵押不动产的残值仍足以使被担保债权完全受偿，或抵押不动产的代位物足以保障被担保债权完全受偿，则因无损害可言而不成立侵权损害赔偿责任。还有，抵押人已经使抵押不动产的价值恢复到侵害行为未发生时的状态，或已增加了担保，不动产抵押权人亦无损害可言，也不发生侵权损害赔偿责任。不过，在不动产抵押人尚未采取抵押不动产保全措施的情况下，形成不动产抵押权保全请求权和侵权损害赔偿请求权的竞合。

有疑问的是，不动产抵押权人如何主张其遭受的损害？对此有两种观点。一种观点认为，不动产抵押权为担保物权，于债务人不清偿债务时，始可实现不动产抵押权就抵押不动产变价以供清偿，若尽管抵押不动产的价值减少，但债务人完全清偿债务的，则不动产价值的减少对不动产抵押权人并未造成损害，因此，不动产抵押权人是否遭受损害须待不动产抵押权人可实现不动产抵押权时方可确定。[2]另一种观点认为，不动产抵押权人遭受的损害在不动产抵押权遭受侵害时即可确定，即无须待不动产抵押权人可实现不动产抵押权时，不动产抵押权人在侵权行为发生后就可以主张损害赔偿请求权。[3]本书赞同第二种观点。因为在侵权行为发生后不动产抵押权人可实现不动产抵押权之前，不动产抵押权人遭受的损害并非不可以确定，可以根据被侵害的抵押不动产市价为准，计算不动产抵押权人遭受的损害。

第二，若侵害不动产抵押权行为由第三人实施，过错的构成需要第三人认识到不动产抵押权的存在或者第三人对未认识到不动产抵押权的存在具有过失。因为认识要素是过错构成的必备要素，如果否认第三人认识的必要性，则无异于让第三人承担无过错责任。

---

〔1〕 对不动产抵押权的侵害还可以表现为侵害不动产抵押权人的优先受偿顺位，比如法院判决劣后债权优先于不动产抵押权人获得满足，不过这种侵害样态已非私人之间侵害样态，而属于国家侵权的范畴。

〔2〕 参见郑冠宇：《民法物权》，新学林出版股份有限公司 2019 年版，第 523 页。

〔3〕 参见史尚宽：《物权法论》，中国政法大学出版社 2000 年版，第 289 页。

第三，若侵权行为由不动产抵押人实施，不动产抵押权人对之享有侵权损害赔偿请求权，无争议。若侵权行为由第三人实施时，涉及不动产抵押权人基于第三人侵害其不动产抵押权而主张损害赔偿请求权与不动产抵押权人可主张的物上代位权之间的关系，较为复杂。本书主张，在此场合发生竞合关系。如果不动产抵押权人主张物上代位权，且足以保障被担保债权完全受偿时，则无损害发生，不动产抵押权人向第三人的损害赔偿请求权不构成，若不动产抵押权人主张物上代位权不足以保障被担保债权完全受偿时，不动产抵押权人可以向第三人主张侵权损害赔偿。若不动产抵押权人向第三人主张侵权损害赔偿后，不得再主张物上代位权。

五、物权请求权

不动产抵押权受侵害时，民法虽设有不动产抵押权人的保全请求权及侵权损害赔偿请求权，以为保护，但前者仅可作为不动产抵押人侵害不动产抵押权时的救济方法，而后者，不仅须具备侵权行为规定的严格要件，且有适用范围、请求赔偿时间及损害额计算不易的困境，均有局限性。因不动产抵押权系以直接支配抵押不动产交换价值的担保物权，于其交换价值的直接支配受有妨害时，自应有物权请求权的适用，以回复其圆满支配状态，方符合物权之本旨。

第一，抵押不动产返还请求权。不动产抵押权为非占有担保物权，不动产抵押权设立后，不动产抵押权人所支配的，仅为抵押不动产的交换价值，抵押不动产仍由不动产抵押人占有。因此，不动产抵押人或其用益物权人对抵押不动产的占有，不动产抵押权人无权干涉，即使是抵押不动产被第三人无权占有，不动产抵押权人也无权过问。因此，不动产抵押权人无抵押不动产返还请求权。

第二，排除妨害请求权和妨害防止请求权。不动产抵押权受到妨害的构成，只需要抵押不动产的价值因不动产抵押人或第三人的妨害行为而减少或有可能减少即可，至于抵押不动产的价值是否足以清偿被担保的债权，则非所问。其原因在于，基于不动产抵押权的不可分性，抵押不动产的任何部分（包括其价值），均构成债权的担保。如此，不动产抵押人或第三人若未经不动产抵押权人的同意，或未依抵押不动产的性能和使用方法而分离抵押不动产，如将抵押的土地上的林木砍伐、运走等，都构成了对不动产抵押权的妨害。于此场合，不动产抵押权人有权行使不动产抵押权妨害除去请求权。若存在着上述妨害之虞时，不动产抵押权人有权行使不动产抵押权妨害预防请求权。

须注意，日本近来有学说和司法判例认为，抵押不动产被第三人不法占有本身确实造成了抵押不动产的变价降低，例如，抵押不动产若为暴力团体不法占有，买受人通常都不愿购买。这些情况应被认为构成了对不动产抵押权的妨害。不动产抵押权人于实现不动产抵押权时可主张不动产抵押权妨害除去请求权，甚至请求将抵押不动产交付其占有，以作为排除不动产抵押权妨害的一项方法。

六、不动产抵押权的实现

（一）概述

不动产抵押权的实现，也称不动产抵押权的实现，是指债务人未清偿到期的被担保债权或发生不动产抵押权当事人约定的情形时，处分抵押不动产，以使被担保债权优先受偿的行为。不动产抵押权的实现，为不动产抵押权的主要效力，是不动产抵押权人的权利。因此，不动产抵押权人如要求债务人依约定清偿债务，债务人不得以应先就抵押不动产变价优先受偿，加以抗辩，也不得强行要求以抵押不动产抵债，以防抵押不动产的价值额低于被担保债权额时损害不动产抵押权人的合法权益。还有，不动产抵押人或抵押不动产的第三取得人有无一般保证人的先诉抗辩权？基于不动产抵押权既以担保债权的清偿为目的，则债权附有不动产抵押权担保的，不动产抵押权人在实现条件具备时有权就抵押不动产变价，不得如一般保证人那样行使先诉抗辩权而拒绝不动产抵押权人实现不动产抵押权。不过，不动产抵押人有权援用债务人对于债权人的履行抗辩权。

（二）不动产抵押权实现的条件

不动产抵押权的实现，《民法典》第 410 条第 1 款第 1 句前段规定了两种条件：一是债务人不履行到期债务；二是发生当事人约定的实现不动产抵押权的情形。满足了上述任何一项条件，不动产抵押权人就可以实现其不动产抵押权。在同一不动产上存在多项不动产抵押权的场合，即便先顺位抵押权的尚未满足实现条件，后顺位不动产抵押权人在满足实现条件时亦可实现其不动产抵押权。在我国司法实践中，后顺位不动产抵押权人实现不动产抵押权时，法院要审查抵押不动产的价值是否充足，若不充足，法院不允许后顺位不动产抵押权人实现不动产抵押权。所谓价值是否充足，是指抵押不动产的价值在满足先顺位不动产抵押权人后，是否还有余额满足实现不动产抵押权的后顺位不动产抵押权人。这一要求是合理的，因为后顺位不动产抵押权人虽有权实现其不动产抵押权，但要保障先顺位不动产抵押权人的利益。若抵押不动产的价值不充足，则后顺位不动产抵押权人无法从抵押不动产获得受偿，允许其实现不动产抵押权，不仅毫无意义，并且也有可能损害先顺位不动产抵押权人的利益。

1. 债务人不履行到期债务

该项条件包含以下三项要素：

第一，存在着有效的不动产抵押权。存在着有效的不动产抵押权，是不动产抵押权行使的必备条件，如无有效的不动产抵押权，自然谈不上实现不动产抵押权。

第二，债务人不履行到期债务。所谓债务人不履行到期债务，是指债务人于债务履行期限届满而不履行债务的现象。它可以是债务人完全没有履行，也可以是部分没有履行。在债务人不履行到期债务的情况下，不动产抵押权人可以直接实现不动产抵押权，除非债务人又与不动产抵押权人达成了展期协议。

第三，不存在法律禁止实现不动产抵押权的情形。不动产抵押权的实现必须没有法律上的特别限制，如有限制，则不动产抵押权人不得当然实现不动产抵押权。例如，我国《企业破产法》第75条第1款规定："在重整期间，对债务人的特定财产享有的担保权暂停行使。但是，担保物有损坏或者价值明显减少的可能，足以危害担保权人权利的，担保权人可以向人民法院请求恢复行使担保权。"

2. 发生当事人约定的实现不动产抵押权的情形

此处所谓当事人，在不动产抵押人为第三人的情况下，应为不动产抵押合同的当事人，在不动产抵押人为债务人的场合，可指主合同的当事人。所谓当事人约定的实现不动产抵押权的情形，是指债务人不履行债务以外的，当事人特别约定的实现不动产抵押权的情形。例如，不动产抵押合同约定，不动产抵押人的股东发生变更、高管出现变动，不动产抵押权人即可实现不动产抵押权。

《民法典》允许当事人约定不动产抵押权实现的条件，具有积极的意义。因为不动产抵押人继续占有、使用、收益抵押不动产，当不动产抵押人实施导致抵押不动产价值减少的行为时，不动产抵押权人不仅有权保全抵押不动产，行使侵权损害赔偿请求权以及物权请求权，还可以通过约定不动产抵押权实现的条件，提前实现不动产抵押权，确保债权获得清偿。

（三）不动产抵押权实现的时间限制

如果主债权的诉讼时效期间届满，债务人可以主张时效抗辩权对抗债权人。如果主债权诉讼时效期间届满后，债权人仍然可以通过实现不动产抵押权使债权获得满足，则将架空诉讼时效期间届满的法效果。对此可有两种解决模式：一是允许不动产抵押人主张债务人的时效抗辩权对抗不动产抵押权的实现；二是规定不动产抵押权人须在主债权诉讼时效期间内实现不动产抵押权，超过期限，不动产抵押权消灭。前一种模式与物权的绝对性性质相冲突，后一种模式相当于为不动产抵押权的实现设置了除斥期间，在理论上无障碍。

《民法典》第419条规定："抵押权人应当在主债权诉讼时效期间行使抵押权；未行使的，人民法院不予保护。"[1]该条文明确不动产抵押权人应当在主债权诉讼时效期间内行使不动产抵押权，但未明确逾期不行使不动产抵押权的效果。立法的模糊引起学界对《民法典》第419条规定的期间性质的讨论，主要有诉讼时效说[2]和除斥期间说[3]。本书认为，应将该期间解

---

[1] 值得注意的是，《民法典》仅就抵押权的实现规定了时间限制，其他担保物权的实现是否受主债权诉讼时效期间的限制，《民法典》未明确。《民法典有关担保制度解释》第44条以担保物权的公示方式予以分别规制，以登记为公示方式的担保物权的实现受主债权诉讼时效的限制，以占有为公示方式的担保物权的实现不受主债权诉讼时效的限制。这种区别规制的合理性何在？可能的解释路径是权利人是否占有权利客体对权利人而言具有不同的情感意义，权利人占有权利客体时，权利人对其可以行使权利具有更强的心理期待，这种心理期待需要法律特别保护。对以占有为公示方式的担保物权的实现不受主债权诉讼时效限制这一规则的辩护，参见杨巍：《质权行使期间之立法检讨与规则解释——兼评"及时行使质权规则"》，载《南大法学》2023年第5期，第20~34页。

[2] 参见郑永宽：《论抵押期间的性质与效力》，载《法学家》2022年第3期，第160~172、196页。

[3] 参见程啸：《担保物权研究》（第2版），中国人民大学出版社2019年版，第100~103页。

释为除斥期间，期间届满，将导致不动产抵押权消灭。在诉讼时效说的脉络下，不动产抵押权人因期间届满而享有抗辩权，如前文所述，这与不动产抵押权的绝对权性质相冲突。在除斥期间说的脉络下，不动产抵押权人未在主债权人诉讼时效期间内行使不动产抵押权的，期间届满，不动产抵押权消灭，因此人民法院不予保护。并且不动产抵押人有权向人民法院确认不动产抵押权消灭，并依据法院的裁判文书办理不动产抵押权注销登记。

当事人能否通过约定更改《民法典》第419条规定的不动产抵押权实现期间？约定的内容可以为延长法定实现期间，可以为缩短法定实现期间，甚至可以是废除实现期间。本书认为，当事人就不动产抵押权实现期间的约定属于当事人意思自治的范畴，并不违反物权法定的要求。若当事人约定缩短不动产抵押权的实现期间，甚至可以督促不动产抵押权人及时行使抵押权。

（四）不动产抵押权的实现方式

根据是否需要法院的介入，不动产抵押权的实现方式有私的实现和公的实现之别。[1]私的实现成本低效率高，但有可能损害不动产抵押人其他债权人的利益。公的实现成本高效率低，但对不动产抵押人其他债权人较为公平。根据《民法典》第410条的规定，私的实现方式有折价、拍卖或变卖，公的实现方式有拍卖和变卖，并且私的实现优先于公的实现。[2]在我国司法实践中，若抵押不动产被查封，当事人不可以私的方式实现不动产抵押权，而只能由查封法院以公的方式实现不动产抵押权。

1. 折价方式

所谓折价方式，是指抵押权人和抵押人协议，以抵押不动产折价，清偿被担保债权的一种方式。也就是抵押权人和抵押人协议，参照市场价格确定一定的价款将抵押不动产的所有权移转给不动产抵押权人，以实现债权。折价协议损害不动产抵押人其他债权人利益的，其他债权人可以行使债权人撤销权撤销折价协议。撤销权自债权人知道或者应当知道撤销事由之日起1年内行使。自债务人的行为发生之日起5年内没有行使撤销权的，该撤销权消

---

[1] 关于私的实现，德国法和奥地利法采禁止的态度，不过多数国家采取允许的态度，比如英国、法国、瑞士、韩国等。

[2] 关于公的实现方式，比较法上还存在强制管理方式。所谓强制管理，是指由法院或聘任一名强制管理人管理抵押财产获取收益，债权人以此收益获得满足，强制管理一般表现为出租抵押财产。

灭。在同一不动产上存在多项抵押权时，后顺位不动产抵押权的实现不能采用折价方式，否则将导致先顺位不动产抵押权人的利益无法实现。

2. 拍卖方式

拍卖，是指以公开竞价的方式，将抵押不动产转让给最高应价者的买卖方式。拍卖具有公开、公平竞争的特点，对抵押不动产通过公开竞价方式公开进行拍卖，有利于实现价格的最大化。不动产抵押权的实现条件具备时，不动产抵押权人有权申请法院拍卖抵押不动产，也有权自行委托拍卖行拍卖抵押不动产。

3. 变卖方式

所谓变卖方式，是指以一般买卖形式出卖抵押不动产，以其变价清偿被担保债权的方式。抵押不动产变卖的，应当参照市场价格。不动产抵押权的实现条件具备时，不动产抵押权人有权申请法院变卖抵押不动产，也有权自行变卖抵押不动产。

（五）抵押不动产变价款的分配

抵押不动产被拍卖或变卖后，所得价款的具体分配顺序如下：

1. 实现费用

拍卖、变卖所得价款应首先用于支付不动产抵押权实现的费用，其中包括委托拍卖、组织变卖抵押不动产等发生的费用。之所以要优先清偿实现费用，主要是因为这些费用的支出对于全体债权人都具有利益，属于共益性费用，应当优先支付。

2. 建设用地使用权出让金

《城市房地产管理法》第 51 条规定："设定房地产抵押权的土地使用权是以划拨方式取得的，依法拍卖该房地产后，应当从拍卖所得的价款中缴纳相当于应缴纳的土地使用权出让金的款额后，抵押权人方可优先受偿。"

3. 被担保债权

抵押不动产拍卖、变卖的价金用于清偿前述实现费用、建设用地使用权出让金之后，按照不动产抵押权的顺位依次清偿各不动产抵押权所担保的债权。

抵押不动产拍卖、变卖后所得的价款清偿了不动产抵押权担保的债权之后仍剩余的，归不动产抵押人所有，不足部分由债务人负责清偿，此时剩余的债权与债务人的普通债权人的债权处于平等受偿地位。

（六）与人的担保并存时的实现

被担保的债权既有不动产抵押权又有人的担保的，如果不动产抵押权和人的担保的实现条件均具备，债权人应如何实现债权？根据《民法典》第392条的规定，应当按照如下规则实现债权：首先，债权人应当按照约定实现债权，所谓约定可以是不动产抵押合同中的约定，也可以是保证合同的约定，也可能是债权人与不动产抵押人、保证人间达成的协议。其次，债务人自己为不动产抵押人的，债权人应当先就不动产抵押权实现债权。再次，第三人为不动产抵押人的，债权人可以就不动产抵押权实现债权，也可以请求保证人承担保证责任。承担担保责任的第三人有权向债务人追偿。须注意，我国法律在此场合禁止不动产抵押人和保证人之间追偿，与比较法上普遍承认追偿权，存在较大差异。

第五节　特殊不动产抵押权

一、不动产共同抵押权

（一）概念和性质

不动产共同抵押权，又称总括不动产抵押权或聚合不动产抵押权，是指为担保同一债权而在数项不动产上设立的抵押权。例如，债务人甲为担保乙的3000万元债权，提供各值1500万元的别墅A和别墅B设立不动产抵押权，该不动产抵押权即为不动产共同抵押权。不动产共同抵押权制度能够聚集多项不动产的交换价值，确保被担保债权获得清偿，能够克服单一抵押不动产的交换价值无法满足被担保债权的局限。即便单一抵押不动产的交换价值能够满足被担保债权，但若抵押不动产发生毁损、灭失、跌价等情形，将使被担保债权的清偿受不测之风险，不动产共同抵押权能够分散此等风险。关于不动产共同抵押权的法律性质，分述如下：

第一，各抵押不动产担保的是同一债权。所谓同一债权，是指基于同一原因而发生的债权。就债权人而言，所谓同一性无需该被担保债权的债权人为一人，被担保债权嗣后经分割或让与一部分给他人，不动产共同抵押权不受影响。就债务人而言，所谓同一性亦无需该被担保债权的债务人为一人。就给付内容而言，债权的给付内容必须同一。不过，数抵押不动产所担保的债权额彼此不一致，不影响不动产共同抵押权的成立。

第二，作为抵押不动产的数项不动产，可以为同一主体所有，也可以为不同主体所有。

第三，基于物权客体特定原则，不动产共同抵押权的本质是数项不动产抵押权的聚合，换言之，存在数项不动产抵押权，而非一项不动产抵押权。[1]因此，不动产共同抵押权不同于财团抵押权，后者为一项抵押权。

第四，不动产共同抵押权实现时，不动产共同抵押权人享有自由选择权，即有权就其中任何一项抵押不动产或全部抵押不动产或部分抵押不动产实现不动产共同抵押权。换言之，任何一项抵押不动产都对被担保债权的全部承担责任。如果当事人就各抵押不动产所担保的债权额作出了约定，则不动产共同抵押权实现时，不动产共同抵押权人只能按照约定的数额优先受偿各抵押不动产变卖的价款。严格地说，如果当事人约定了各项抵押不动产所担保的债权金额，实际上已经使不动产共同抵押权单独化，则不再是典型的不动产共同抵押权。

（二）设立

不动产共同抵押权的设立，在我国现行法上，有根据法律的直接规定设立的，如《民法典》第 397 条规定，以建筑物抵押的，该建筑物占用范围内的建设用地使用权一并抵押。以建设用地使用权抵押的，该土地上的建筑物一并抵押。抵押人未一并抵押的，未抵押的财产视为一并抵押。由于建设用地使用权和建筑物分别为独立的不动产，在它们共同担保同一债权时，成立不动产共同抵押权。不动产共同抵押权，大多通过法律行为的方式设立，具体设立方式与不动产抵押权的设立方式基本相同，差别在于不动产共同抵押权的设立需要办理数项登记，而非仅需办理一项登记。须注意，不动产共同

---

　　〔1〕 关于不动产共同抵押权的性质，存在单数抵押权说、复数抵押权说和折中说三种学说。单数抵押权说认为，虽然不动产共同抵押权中抵押不动产为复数，但不动产抵押权仍为单一，是多物一权，乃物权客体特定原则的例外。《瑞士民法典》第 798 条第 1 款、《德国民法典》第 1132 条第 1 款等采单数抵押权说。折中说认为，不动产共同抵押权的重点在于保障债权人的自由选择权，只要具备该特征即可成立，至于其性质为单数还是负数，并非所问。折中说的本质是回避不动产共同抵押权的性质问题。

抵押权可通过追加的方式设立，即为担保某一项债权设立不动产抵押权后，另增加一项或数项不动产共同为该项债权的担保。

（三）效力

不动产共同抵押权的效力与普通不动产抵押权的效力基本相同，但也有特殊之处。因数项抵押不动产担保同一债权，各项抵押不动产就被担保债权应负担的金额如何，属于不动产共同抵押权的特殊问题。

1. 当事人明确约定了各项抵押不动产所担保的债权金额

如果当事人就各项抵押不动产所担保的债权金额已有明确的约定，且未超过被担保债权的额度，应当按照当事人约定的各项抵押不动产所担保的债权金额，负其担保责任。如果当事人就各项抵押不动产所担保的债权金额之和超过了被担保债权的额度，应当按照各项抵押不动产所担保债权金额的比例降低相应的金额。如前文所述，如果当事人明确约定了各项抵押不动产所担保的债权金额，则不再是典型的不动产共同抵押权。

2. 当事人未约定各项抵押不动产所担保的债权金额

如果当事人未约定各项抵押不动产所担保的债权金额，不动产共同抵押权人如何实现不动产共同抵押权，需要平衡不动产共同抵押权人、不动产共同抵押人以及抵押不动产上其他不动产抵押权人的利益。对此，比较法上存在不同的模式。

第一，自由选择权保障主义与限制主义。以不动产共同抵押权人选择拍卖抵押不动产受偿的自由，法律上有无限制为标准，可分为自由选择权保障主义和对该项自由加以限制的限制主义。《德国民法典》第 1132 条第 1 款第 1 句采自由选择权保障主义，该句规定，为同一债权的担保，于数土地上设定一抵押权，各个土地就全部债权负其责任。《瑞士民法典》第 816 条第 3 款采限制主义，该款规定，为担保同一债务于数土地上设立抵押权的，于实现抵押权时，应同时对所有抵押财产为之。但变价仅得依执行机关的指示，于必要限度内为之。

第二，分配主义与分割主义。不动产共同抵押权于实现前，就各抵押不动产应负担的债权金额予以分割或限定的，称为分割主义。分割主义又称分担主义、限定主义。分割主义又可以分为任意分割主义和强制分割主义。在前者，是否分割以及分割的比例皆由债权人自行决定。比如《德国民法典》

第 1132 条第 2 款第 1 句规定："债权人得就各个土地，分配其债权额，而限定每一土地，仅就其分配额负担责任。"在后者，于一定条件下，债权人不仅没有分割自由，并且在分割时必须按照抵押不动产的价额分割。比如《瑞士民法典》第 798 条第 2 款和第 3 款规定："在其他情形，以数宗不动产担保同一债权时，各不动产应分别设定担保，并各负担一部分债权。前款负担，除另有约定外，依各宗不动产的价值，按比例确定之。"不动产共同抵押权人于实现不动产共同抵押权时，始就各抵押不动产应分担的债权额予以分配的，称为分配主义。分配主义又称分配时分割主义、实现时分配主义。比如《日本民法典》第 392 条第 1 款规定："债权人，作为同一债权的担保在数个不动产上享有抵押权的情形，应同时分配其代价时，按各不动产的价额，按份分担其债权的负担。"

分割主义的本质是当事人以特约将不动产共同抵押权单独化，与前述"当事人明确约定了各项抵押不动产所担保的债权金额"相同。因此，严格意义上的不动产共同抵押权采纳的是分配主义，而非分割主义。

第三，价值额比例分担主义和优先负担主义。价值额比例分担主义，是指不动产共同抵押权实现时按照各抵押不动产的价值额比例分担债权金额。优先负担主义，是指在抵押不动产中若有债务人所有的，则该抵押不动产应优先负担清偿之责。

第四，调整主义与非调整主义。不动产共同抵押权人行使其自由选择权，就部分抵押不动产优先受偿时，对该抵押不动产的后顺位不动产抵押权人或所有人将造成重大影响。所谓调整主义，是指如果不动产共同抵押权人仅就数项抵押不动产中的部分实现其不动产共同抵押权时，此等抵押不动产的后顺位抵押权人有权在其他不动产抵押人应承担责任的限度内代位行使不动产共同抵押权人的抵押权，以及此等不动产抵押人有权对其他不动产抵押人在其应承担责任的限度内求偿并代位行使不动产共同抵押权人的抵押权。调整主义可分为不动产抵押人之间的调整主义和对后顺位抵押权人的调整主义。所谓非调整主义，是指不允许实现不动产共同抵押权的抵押不动产的后顺位不动产抵押权人代位行使不动产共同抵押权人的抵押权，也不允许被实现不动产共同抵押权的不动产抵押人向其他不动产抵押人求偿以及代位行使不动产共同抵押权人的抵押权。

上述诸模式不是非此即彼的关系，而是在不同层面发挥作用。本书认为，就不动产共同抵押权的实现而言，为充分保障不动产共同抵押权的担保作用，应采自由选择权保障主义。就被担保债权额在数抵押不动产上的分配而言，如果被实现不动产共同抵押权的抵押不动产中有为债务人所有的，应就债务人所有的抵押不动产的变价优先受偿，对于非债务人所有的抵押不动产，按照实现不动产共同抵押权时抵押不动产的价值比例分担被担保债权额。不动产共同抵押权人若仅就部分抵押不动产实现不动产共同抵押权，此等抵押不动产的后顺位不动产抵押权人有权在其他不动产抵押人应承担责任的限度内代位行使不动产共同抵押权人的抵押权。在不动产共同抵押权人仅就部分抵押不动产实现不动产共同抵押权时，此等不动产抵押人有无向其他不动产抵押人求偿的权利？从保障不动产共同抵押权中数不动产抵押人公平的角度看，应当允许被实现不动产共同抵押权的不动产抵押人求偿，但《民法典》第 392 条在混合共同担保的场合禁止保证人和物的担保提供人之间相互追偿，除非当事人之间存在追偿的约定，《民法典有关担保制度的解释》第 13 条将这一规定的适用范围扩展于所有第三人为同一债权提供担保的场合。据此，在解释论上应当得出，被实现不动产共同抵押权的不动产抵押人无权向其他不动产抵押人追偿，除非不动产共同抵押人之间存在追偿约定，在无追偿权的场合，被实现不动产共同抵押权的不动产抵押人也无权代位行使不动产共同抵押权人的抵押权，因为代位行使的目的在于保障追偿权的实现。

二、不动产财团抵押权

（一）概念

所谓不动产财团抵押权，是数项不动产组成一个财团（集合物），并以之为客体设立不动产抵押权。不过，对财团抵押权而言，组成财团的财产一般不以不动产为限，更常见的情况是由企业的建设用地使用权、建筑物、生产设备、知识产权等财产组成一个财团。这与普通不动产抵押权的客体为一个单一不动产不同，与不动产共同抵押权为数个不动产抵押权的集合也有差异。因为不动产财团抵押权仅办理一次登记即可设立，并且财团的价值高于各项不动产的价值，因此不动产财团抵押权不仅有助于降低不动产抵押权的设立成本，而且有利于充分发挥不动产抵押权的融资作用。

《民法典》第 395 条第 2 款规定，抵押人可以将建筑物和其他土地附着物，建设用地使用权，海域使用权，生产设备、原材料、半成品、产品，正在建造的建筑物、船舶、航空器，交通运输工具，以及法律、行政法规未禁止抵押的其他财产，一并抵押。这种抵押权就属于财团抵押权。

（二）特征

不动产财团抵押权的特征主要有如下三点：其一，列入抵押财团范围的不动产仅限于企业现有不动产。其二，不动产财团抵押权的设定，须将组成财团的不动产做成目录，使不动产抵押客体的范围特定化。其三，不动产财团抵押权一经设立，企业对构成财团的不动产的处分即受到限制，即构成财团的不动产不得与财团分离。

（三）设立

我国现行法尚无不动产财团抵押权直接基于法律规定而设立的规定。对于以法律行为的方式设立不动产财团抵押权，其设立方式与不动产抵押权的设立方式相同。当事人不仅需要签订书面的不动产财团抵押权合同，还需要实施不动产财团抵押权设立行为，包括达成设立不动产财团抵押权的合意和办理登记手续。问题是，若财团中，既有不动产，又有动产，或者财团中只有动产，该财团抵押权应如何设立？对此，我国法律并无规定，本书认为，无论构成财团的财产为何，其设立方式均与不动产抵押权的设立方式相同，登记为生效要件。须注意，在实务上，我国至今尚未开展把财团作为一项抵押财产办理抵押登记的业务，当企业以其所有的不动产、动产及权利一并设立抵押权时，实际操作是设立数项抵押权，而非设立一项抵押权。

（四）效力

不动产财团抵押权的效力及于构成财团的各个不动产。

三、不动产最高额抵押权

（一）概念

不动产最高额抵押权，又称不动产最高限额抵押，是指在预定的债权的最高额限度内，为担保将来一定期间内连续发生的债权，由债务人或第三人提供抵押不动产而设立的特殊抵押权。债务人不履行到期债务或发生当事人约定的实现不动产抵押权的情形，不动产抵押权人有权在最高债权额限度内就该抵押不动产的变价优先受偿。

在交易活动中，最高额抵押权的优势在于，当事人可以通过设立最高额抵押权为将来连续发生的债权提供担保，对于这些将来连续发生的债权，如通过设立普通不动产抵押权加以担保，会不胜其烦，徒增交易成本。最高额不动产抵押权正好能克服普通不动产抵押权的这一缺陷和不足，当事人只需设立一项不动产最高额抵押权便可担保在一定期间内连续发生的一定限额的债权。不过，最高额不动产抵押权制度也有缺陷和不足，债权人为了担保其债权的实现，常常要求不动产抵押人设立巨额的最高额不动产抵押权，独占抵押不动产的交换价值，使不动产抵押人无剩余价值可资利用，从而妨害抵押不动产担保价值的发挥。债权人甚至可据此影响债务人的正常经济活动，甚至控制债务人的经济活动。

（二）特征

不动产最高额抵押权的特征可从两个方面论述：一是不动产最高额抵押权所担保的债权；二是不动产最高额抵押权的从属性。

1. 不动产最高额抵押权所担保的债权

不动产最高额抵押权所担保的债权应从如下三个方面理解：

第一，不动产最高额抵押权所担保的债权为将来债权。不动产最高额抵押权成立时，被担保的具体主债权尚未发生，甚至被担保主债权的发生原因尚未发生。虽然被担保的债权为将来债权，但当事人可基于书面合意将不动产最高额抵押权设立前已经存在的债权作为不动产最高额抵押权所担保的债权。

第二，不动产最高额抵押权所担保的债权种类。[1]根据《民法典》第420条第1款的规定，不动产最高额抵押权所担保的债权为债权人与债务人间将来连续发生的债权。换言之，只有债权人与债务人间将来连续发生的债权才能为不动产最高额抵押权所担保。连续发生的债权的不必为基于同一债之关系而生的债权。连续发生的债权可能因同一债之关系而发生，该债之关

---

[1]　哪些债权可以被不动产最高额抵押权所担保这一问题经常被描述为被担保债权的范围问题。本书不赞同这一表述，因为范围一词过于模糊，最高限额和被担保债权的发生期间也可以被范围一词所涵盖，但后两者与哪些债权可以被不动产最高额抵押权所担保这一问题属于不同的问题。

系一般为继续性债之关系，比如因劳动合同而生的工资债权、因继续性买卖合同而生之价金债权等。连续发生的债权也可能因不同债之关系而发生，比如当事人之间连续发生借款合同。值得思考的问题是，《民法典》将不动产最高额抵押权所担保的债权限于将来连续发生的债权，是否过于狭隘？相较于比较法，可以得出肯定结论。比如《日本民法典》第398条之二规定的最高额抵押权所担保的债权不以连续发生的债权为限，还包括票据上或者支票上的请求权或者电子记录债权，以及因与债务人间的一定类型的交易而发生的债权。

第三，不动产最高额抵押权所担保的债权为不特定债权。所谓不特定债权，是指不动产最高额抵押权成立时被担保的债权不特定。该不特定不仅因被担保债权的连续发生而不特定，还因被担保债权的消灭而不特定。如果不动产最高额抵押权所担保的债权完全不特定，则不动产抵押人将面临巨大的风险，这类合同也无法经受住公序良俗的审查。债权人和不动产抵押人可以通过如下两种方法对被担保的债权予以限定：一是约定被担保债权的最高限额；二是约定被担保债权的发生期间，所谓被担保债权的发生期间，也称被担保债权的确定期间。其中被担保债权的最高额属于不动产最高额抵押权合同的必备要素，被担保债权的发生期间不属于必备要素。如果债权人和不动产抵押人同时约定了被担保债权的最高限额和被担保债权的发生期间，则不动产抵押人仅对该期间内发生的且未超过最高限额的债权承担保证责任。

2. 不动产最高额抵押权的从属性已被最大限度地缓和

不动产最高额抵押权虽然具有从属性，但其从属性已被最大限度地缓和，主要表现在如下方面：其一，在发生的从属性方面，不动产最高额抵押权发生在先，被担保债权生成于后，而非被担保债权发生在前，抵押权发生在后。即便被担保债权发生后，被担保的债权也为不特定债权，与发生从属性所要求的债权特定原则不同。其二，在处分的从属性方面，在被担保债权确定前，不动产最高额抵押权所担保的部分债权让与的，不动产最高额抵押权不随同让与，除非当事人另有约定。被担保债权确定后，不动产最高额抵押权随着被担保债权的让与而让与。其三，在消灭的从属性方面，不动产最高额抵押权系担保将来不特定债权，在确定之前，被担保债权如因清偿、抵销、免除等原因而全部消灭，实际债权额为零时，不动产最高额抵押权仍为担保将来可能发生的不特定债权而继续存在，因此就具体的各个债权而言，不动产最高额抵押权没有消灭上的从属性。不过被担保债权确定后，确定后的被担保债权消灭的，不动产最高额抵押权随之消灭。

（三）设立

不动产最高额抵押权的设立方式与不动产抵押权的设立方式相同。当事人须签订书面的不动产最高额抵押权合同，并实施不动产最高额抵押权的设立行为，包括当事人达成设立合意和办理登记。

（四）变更

不动产最高额抵押权的变更属于物权变动的范畴，当事人通过法律行为变更的，除须达成变更合意外，还须办理变更登记，方生效力。根据《民法典》第422条的规定，不动产最高额抵押权担保的债权确定前，不动产最高额抵押权人和抵押人可以通过协议变更债权确定的期间、债权范围以及最高债权额，但变更的内容不得对其他不动产抵押权人产生不利影响。据此，不动产最高额抵押权的变更主要包括三种情况，分述如下。

1. 债权确定期间的变更

不动产最高额抵押权人和抵押人协议变更债权确定期间，可有三种情形：其一，将债权确定期间缩短，或表现为将该期间的始期延后，或表现为将该期间的终期提前。其二，将债权确定期间延长，表现为该期间的始期不变，终期延后。其三，将债权确定期间废止。

在不动产最高额抵押权场合，如果允许顺位在先的不动产最高额抵押权人可以与抵押人随意变更债权确定期间，由此产生的风险由顺位在后的不动产抵押权人承受，无疑是不公正的。有鉴于此，《民法典》第422条规定，变更债权确定期间不得对其他不动产抵押权人产生不利影响。基于《民法典》第424条的参引性规定，根据《民法典》第409条第1款第3句，若其他不动产抵押权人书面同意变更，则作出书面同意的其他不动产抵押权人须承受变更的不利后果。

2. 被担保债权范围的变更

不动产最高额抵押权人和抵押人协议变更被担保债权范围，可有三种形态：其一，取代型，例如原来约定担保因供用电合同所产生的价金债权，现在变更为因供用燃气合同所生的价金债权。其二，追加型，例如在原来约定担保因供用电合同所产生的价金债权之外，另追加担保因供用燃气合同所生的价金债权。其三，缩减型，例如原来约定担保因供用电合同所产生的价金债权和因供用燃气合同所生的价金债权，变更为仅担保因供用电合同所产生的价金债权。须注意，变更被担保债权范围不得对其他不动产抵押权人产生不利影响，具体规则如前述，此处不赘。

3. 最高债权额的变更

不动产最高额抵押权人和抵押人协议变更最高债权额限度，有两种情形，或者将最高债权额限度提高，或者将最高债权额限度降低。毫无疑问，当事人将最高债权额限度降低，对同一不动产上后顺位不动产抵押权人有益无害，法律没有禁止的理由。但若提高最高债权额限度，则必将对同一不动产上后顺位不动产抵押权人的利益造成损害。因此，若当事人将最高债权额提高，不得对其他抵押权人产生不利影响。

（五）让与

根据《民法典》第421条的规定，不动产最高额抵押担保的债权确定前，部分债权让与的，不动产最高额抵押权不随之让与，但当事人另有约定的除外。对该规定，本书从如下三个方面进行阐述：

第一，所谓部分债权让与，一般是指不动产最高额抵押合同约定的一定期间内发生的某个或某些债权的让与。

第二，不动产最高额抵押权担保的是将来发生的不特定债权。因此，不动产最高额抵押权担保的债权确定前，部分债权让与的，不动产最高额抵押权不随之让与。不过，当事人约定不动产最高额抵押权随部分债权的让与而让与的，法律没有必要干预。

第三，依当事人约定，不动产最高额抵押权随着部分债权的让与而让与的场合，由于让与的部分债权实际上为特定债权，不动产最高额抵押权因其从属于特定债权，而不再是不动产最高额抵押权，经变更登记后，成为普通不动产抵押权。

（六）被担保债权的确定

1. 确定的概念

不动产最高额抵押权所担保债权的确定，简称为债权的确定，或径称为确定，是指不动产最高额抵押权所担保的将来不特定债权，因一定事由的发生而归于特定。不动产最高额抵押权所担保债权的确定具有如下法律意义：其一，不动产最高额抵押权所担保债权的不特定性消失。不动产最高额抵押权所担保的债权一经确定，无论其原因如何，被担保债权由不特定债权变为特定债权。其二，最高额继续存在。确定后，由原债权所产生的利息、违约金、损害赔偿金等仍继续为不动产最高额抵押权所担保，但与原债权合计不得超过最高额限度，就是说被担保债权优先受偿的金额应受最高额限度的限制。就此看来，确定后不动产最高额抵押权与普通不动产抵押权仍有不同。因此确定后不动产最高额抵押权仍属不动产最高额抵押权之一种，可被称为确定不动产最高额抵押权。

2. 确定的事由

根据《民法典》第 423 条，不动产最高额抵押权所担保债权的确定事由有如下列：

第一，约定的债权确定期间届满。所谓约定的债权确定期间届满，是指债权人与不动产最高额抵押人在不动产最高额抵押合同中约定的被担保债权的产生期间届满。比如约定债权确定期间届满日为 2022 年 5 月 3 日，于 2022 年 5 月 4 日零点，不动产最高额抵押权所担保的债权确定。此后产生的债权不再被不动产最高额抵押权所担保。

第二，没有约定债权确定期间或约定不明确，不动产最高额抵押权人或抵押人自最高额抵押权设立之日起满 2 年后请求确定债权。在当事人没有约定债权确定期间或约定不明确时，虽然法律同时赋予不动产最高额抵押权人和抵押人请求确定债权的权利，但该权利对不动产最高额抵押人具有特别重要的意义。因假如任凭不动产最高额抵押权存续下去，就意味着只要债务人仍继续从债权人处得到融资，不动产最高额抵押人就不能摆脱担保责任，不动产最高额抵押人将处于极为不利的境地，需要法律为不动产最高额抵押人提供保护措施。不动产最高额抵押人享有的请求确定债权的权利不允许当事人通过特约加以排除。若存在排除特约，该特约将因违背公序良俗而无效，不影响确定请求权的存在。另外，该两年期间是个固定期间，不存在中止、中断的问题，其起算点是不动产最高额抵押权设立之日。

第三，新的债权不可能发生。所谓新的债权不可能发生，是指产生被担保债权的基础法律关系已经消灭，不可能发生属于不动产最高额抵押权担保的新债权。例如，甲公司和乙银行就1亿元人民币的授信设立不动产最高额抵押权，后来因甲公司经营不善，乙银行解除了授信合同，此时新的贷款债权不再产生。新的债权不可能发生，最高额抵押权所担保的债权即告确定。

第四，不动产最高额抵押权人知道或应当知道抵押不动产被查封、扣押。抵押不动产因财产保全或执行程序而被查封、扣押时，不动产最高额抵押权所担保的债权确定。其原因在于，查封、扣押抵押不动产的根本目的就是防止被申请人转移、隐匿或毁损财产导致将来判决难以执行情况的出现。若抵押不动产被查封、扣押后被担保债权仍不特定，不动产最高额抵押权人和抵押人就可能恶意串通，在抵押不动产被查封、扣押后连续制造虚假的债权，如此财产保全的目的就落空了。

第五，债务人、不动产最高额抵押人被宣告破产或者解散。在债务人被宣告破产的场合，如果不动产最高额抵押权所担保的债权不确定，依然变动，必然损害其他破产债权人的合法权益。在债务人被宣告解散的场合，依法应当清算，所以不动产最高额抵押权所担保的债权也必须确定。在不动产最高额抵押人被宣告破产的场合，被宣告破产的不动产最高额抵押人为破产人，其财产称破产财产，不动产最高额抵押权人虽然针对抵押财产享有别除权，但是如果任由债权继续增加，将会损害其他破产债权人的合法权益，因此也必须确定。在不动产最高额抵押人被宣告解散的场合，依法应当清算，所以不动产最高额抵押权所担保的债权也必须确定。

第六，法律规定债权确定的其他情形。除上述五种债权确定的事由以外，如果还有法律规定的债权确定的其他事由，则相应的事由发生时，被担保的债权确定。

3. 确定的效果

（1）被担保债权确定。不动产最高额抵押权所担保的债权确定时，已经存在的并且符合约定的被担保债权标准的债权，属于不动产最高额抵押权担保的债权。就时间点而言，不动产最高额抵押权担保的债权，在确定时发生截断的作用，截断前的债权被不动产最高额抵押权担保，截断后的债权则否。须注意，经确定的不动产最高额抵押权所担保的债权不以确定时已经发生的债权为限，确定时尚未发生的附条件债权、将来债权或其他发生原因事实已经存在的债权，也可以包括在内。另外，确定时的被担保债权，如其债权总额已经超过了最高额限度，可以列入最高额限度内的债权，按照债权清偿的抵充顺序加以确定。

（2）被担保债权确定后，当事人不得再实施下列行为：变更被担保债权的范围、变更债务人、变更债权确定期日、行使被担保债权确定请求权、约定被担保债权的特别确定事由等。

（3）被担保债权确定后，不动产最高额抵押权的从属性与普通不动产抵押权相同，可以适用法律关于普通不动产抵押权从属性的规定。

（七）实现

不动产最高额抵押权的实现，除与普通不动产抵押权相同的以外，尚需说明如下几点：

第一，债务人不履行到期债务，被担保债权尚未实现，固为不动产最高额抵押权实现的条件之一，只是因不动产最高额抵押权所担保的债权为不断发生的不特定债权，因而该项实现条件通常仅以被担保债权中有一项债权已届清偿期而未受偿，就算满足了实现的条件。其道理在于，被担保的不特定债权系分别发生的，每项债权的清偿期不尽相同，只得按照每项债权的实际情况判定。

第二，不动产最高额抵押权设立之时，可能尚不存在被担保债权，甚至一直没有债权发生，或者即使已经发生，但又消灭了。有鉴于此，不动产最高额抵押权实现时，不动产最高额抵押权人必须证明存在着被担保债权。

第三，如果有第三人申请查封抵押不动产，致使不动产最高额抵押权所担保的债权归于确定的，只要被担保债权符合不动产最高额抵押权所担保债权的资格，且于确定时存在，即可在强制执行程序中列入分配，至于是否已届清偿期，则非所问。此类债权确有未届清偿期的，当事人预先约定有于此场合债务人丧失期限利益的，不动产最高额抵押权人可径直优先受偿，若无此类约定的，就不动产最高额抵押权人所能优先受偿的数额，债务人可以提存的方式履行债务。

第四，不动产最高额抵押权所担保的不特定债权，在确定后，债权已届清偿期的，不动产最高额抵押权人可以根据普通不动产抵押权的规定行使其抵押权。抵押权人实现不动产最高额抵押权时，如果实际发生的债权余额高于最高限额，以最高限额为限，超过部分不具有优先受偿的效力；如果实际发生的债权余额低于最高限额，以实际发生的债权余额为限对抵押不动产优先受偿。

第五章

动产抵押权

第一节　动产抵押权概论

　　动产抵押权乃指以动产为客体所设定的抵押权。虽然动产抵押权和不动产抵押权均为抵押权，但二者存在较大的不同，动产抵押权可作为一种特殊种类予以讨论。本书在对比不动产抵押权的基础上，讨论动产抵押权的法律问题，并对重大问题进行专题讨论。

　　第一，动产抵押权的设立采债权意思主义物权变动模式，不同于不动产抵押权设立所采的有因物权形式主义物权变动模式。对此，本书将专题讨论。设立动产抵押权的客体仅为动产所有权，而不动产抵押权的客体不仅包括不动产所有权，还包括不动产用益物权。

　　第二，与不动产抵押权效力所及的客体范围相同，动产抵押权效力所及的客体范围也包括附合物、从物、从权利、孳息、代位物。此外，动产抵押权效力所及的客体范围还可以涵盖混合物和加工物。

　　第三，就动产抵押人的权利而言，动产抵押人有权在同一抵押动产上设立数动产抵押权，动产抵押人有权出租、出借抵押动产，也有权让与抵押动产。在出租、出借的场合，动产抵押权人能否对抗承租人、借用人，根据动产抵押权是否登记而有不同。在让与抵押动产的场合，动产抵押权能否对抗受让人，因动产抵押权是否登记而有不同，即便动产抵押权已经登记，也不得对抗正常经营买受人。对此，本书将专题讨论。

　　第四，动产抵押权人的权利与不动产抵押权人的权利基本相同，区别在于抵押权顺位的确定。因动产抵押权采债权意思主义的物权变动模式，登记仅为对抗要件，所以存在登记的动产抵押权和未登记的动产抵押权之别。根据《民法典》第414条第1款和第415条的规定，[1]若动产抵押权均已登记，按照登记的时间先后确定顺位，登记在先，权利在先，已经登记动产抵押权优先于未登记的动产抵押权，若动产抵押权均未登记，权利无先后之别，按照债权比例清偿。在动产抵押权的场合，可能存在动产抵押权和动产质权的竞存，此时按照公示（登记、交付）时间确定权利间的顺位，公示在先，权利在先，若动产抵押权未登记，动产质权优先于动产抵押权。另外，在动产抵押权的场合，还存在价款超级优先权的问题，对此，本书将专门讨论。

第五，与不动产共同抵押权相比，动产共同抵押权在设立方式上采债权意思主义的物权变动模式，其他方面没有不同。不过常见情况是，共同抵押权中既有不动产抵押权又有动产抵押权。与不动产最高额抵押权相比，动产最高额抵押权在设立、变更等采债权意思主义的物权变动模式，在其他方面没有不同。动产财团抵押权与不动产财团抵押权没有不同。另外，动产抵押权中，存在动产浮动抵押权这一特殊种类。对此，本书将专题讨论。

第六，因《民法典》就动产和权利担保借鉴了功能主义的立法模式，动产抵押权的一些规则适用于具有担保功能的交易。未登记动产抵押权的效力规则、正常经营买受人规则、购置款抵押权的超级优先效力规则适用于所有权保留、租赁期间届满后租赁物归承租人所有的融资租赁交易[2]。动产抵押权竞存时的顺位规则、动产抵押权的实现规则不仅适用于所有权保留、租赁期间届满后租赁物归承租人所有的融资租赁交易，还适用于有追索权的保理。针对不动产抵押权，则不存在这一现象。

---

[1] 须注意，动产抵押权的顺位确定不考虑动产抵押权人的善意或恶意，换言之，动产抵押权的顺位确定不适用《民法典》403条，而是适用第414条第1款和第415条。对此问题的讨论，参见高圣平：《民法典动产担保权优先顺位规则的解释论》，载《清华法学》2020年第3期，第93～115页。

[2] 须注意，"售后回租"型的融资租赁交易，不适用购置款抵押权的超级优先顺位规则。

第二节　动产抵押权的设立

动产抵押权的设立采债权意思主义物权变动模式，登记仅为对抗要件。

一、动产抵押合同

（一）概述

与不动产抵押合同相同，动产抵押合同也属于要式合同，应当采用书面形式，可以是单独签订的书面合同，也可以是主合同中的抵押条款，抵押合同一般在成立时生效，除非受制于生效条件、始期、国家机关批准或被代理人（被代表人）追认。当事人在动产抵押合同中约定的流抵押条款的有效性亦不被法律承认。受制于物权变动模式的不同，动产抵押合同的效力与不动产抵押合同不同，动产抵押合同产生创设动产抵押权的效果，具有处分意义。因此，不能将动产抵押合同定性为负担行为。

（二）合同条款

动产抵押合同具有处分的意义，但法律并不要求动产抵押合同对抵押财产进行具体描述，而是仅要求对抵押财产进行概括描述，只要对抵押财产的描述能够在客观上识别抵押财产即可，不要求达到特定化的程度。[1]因在客观上能够识别抵押财产，所以动产抵押权在实现时抵押财产能够被确定。抵押财产的概括描述在客观上不能实现可识别性时，动产抵押合同和动产抵押权均不成立。

从描述技术上讲，为实现最低程度的可识别性，概括描述一般使用"种类+数量"的描述技术，前者决定抵押财产是什么，后者决定抵押财产数量有多少。《民法典》第400条第2款第3项采纳了这一描述技术，要求描述抵押财产的名称和数量。须注意，对动产浮动抵押合同来说，因抵押财产的数量变动不居，因此在适用"数量"这一描述技术时，或者使用"所有"或"全部"表达数量，或者使用一定范围表达数量，总之，不能使用具体的

---

〔1〕　因为仅要求对抵押财产进行概括描述，所以在动产抵押权的情形，特定物抵押权、固定的集合物抵押权和浮动的集合物抵押权的已无较大区分意义，物权客体的特定性原则在动产抵押权中的意义亦极度式微。

数字表达数量。另外，在描述抵押财产时无须根据《民法典》第 396 条的规定使用"现有的以及将有的"的表达，因为对于库存或存货来说，其性质决定了它在担保人经营过程中必然变动不居、不断循环，所以仅用库存或存货描述抵押财产亦成立动产浮动抵押权，除非当事人以往的交易习惯和过程均表明，存货不包括嗣后取得的存货。

虽然动产的特性不适宜具体描述，但具体描述具有反欺诈的价值。即通过具体描述抵押财产，使抵押人的其他债权人能够清楚地了解抵押人的责任财产信息，进而采取合理措施保护自己的合法权益，若不作具体描述，则债权人能够了解到的抵押人的责任财产信息并不充分，这为抵押人欺诈债权人提供了空间。概括描述如何避免欺诈或者从社会整体效益的角度如何将欺诈控制在可接受的程度内，是动产抵押必须解决的问题。对此问题讨论如下：

第一，19 世纪以来，工商业的迅猛发展创造了前所未有的信贷需求，不动产担保不足以支撑信贷需求，急需盘活另外一种财产形式——动产，并且对于中小企业来说，其主要财产形式就是动产。传统的动产质押制度虽然能够防止欺诈，但因需要移转动产的占有，是一种效率低下的担保制度。因此，法律亟须设计出一种非移转占有的动产担保制度，动产抵押制度是一种理想的担保形式。

第二，动产抵押权登记后方可获得完整的对抗效力，虽然对抵押财产仅作概括描述，但足以对抵押人的债权人作足够的警示。

第三，概括描述有助于提高设立动产抵押权的效率。其一，因无需具体描述抵押财产的物理属性，抵押权人不必亲临动产所在现场，更无需收集动产描述所必需的信息。其二，允许概括描述为动产浮动抵押的产生创造了空间，在动产浮动抵押中，当事人可通过订立一个动产抵押合同、一次登记就涵摄不断变化的抵押财产，毋庸不断变更动产抵押合同、登记或重新订立动产抵押合同、撤销登记并再登记。在循环信贷情形并配合最高额担保时，更有助于减少交易成本。

第四，概括描述有助于保护担保人的商业秘密。任何登记制度都以披露利害关系人的隐私、信息、商业秘密为代价，理想的登记制度都应以比例原则为理念，一方面要求登记内容必须准确和完整，以满足潜在利害关系人的知情权；另一方面可以保障当事人的隐私、信息和秘密。概括描述无需披露抵押人设定担保的具体财产信息，对抵押人的隐私、信息、商业秘密保护更为到位。

二、动产抵押权登记

与不动产抵押登记不同，动产抵押登记采声明登记制（filing system）。声明登记制源自美国，被我国《动产和权利担保统一登记办法》（中国人民银行令〔2021〕第 7 号）借鉴。[1] 声明登记制有如下特点：[2]

第一，登记内容仅表明当事人正在或将要进行融资交易的文件（例如融资声明书），该文件由当事人双方签名。因此，登记的有效性及第三人对抗效力，可与具体的动产抵押合同相分离，不受具体动产抵押合同的影响。只要在登记有效期间内，当事人日后成立的动产抵押权亦受该登记效力保护，无须再另行登记。

第二，登记文件仅需对抵押财产作概括描述。只要抵押人的动产能够被概括描述所涵盖，无论是现有动产还是将来获得的动产，均被登记效力所及。

第三，登记文件无须表明担保债权或其数额。被担保债权的信息应于具体的动产抵押合同中充分揭露。

第四，可在动产抵押合同成立前登记，因为登记的并非动产抵押合同，而是融资交易文件。据此，只要动产抵押合同生效，抵押权人即获得具有完整效力的抵押权。

第五，抵押权人对担保人以外者不负提供抵押权内容资讯的义务。虽然登记文件载明抵押权的基本信息，可向其查询动产抵押的相关资讯，但除非其愿意提供，否则，对抵押人以外之人不负提供义务。因抵押权人并无需用自己的劳费准备详细的动产抵押信息满足好管闲事者好奇心、营业竞争者、资讯搜集者的理由。但动产抵押权的详细信息对抵押人获取其他融资或信用，密切相关，因此抵押权人对抵押人负有提供该信息的义务，换言之，潜

---

〔1〕　对于特殊动产抵押，《机动车登记规定》《船舶登记条例》《民用航空器权利登记条例》未采纳声明登记制。

〔2〕　参见谢在全：《担保物权制度的成长与蜕变》，载《法学家》2019 年第 1 期，第 35~56、191~192 页。

在信用授予人或其他利害关系人可经由抵押人获取动产抵押权详细信息。

第六，登记机构对登记内容仅负一定程度的形式审查义务，登记内容的真实性、完整性和合法性均由当事人负责。

第七，动产抵押权登记簿不具有公信力，登记对第三人只具有警示效力，警示第三人注意抵押人正在或预计将参与动产抵押交易过程。换言之，登记只是确认动产抵押权的一个起点，抵押财产的种类和数量还必须通过深入调查才能查知。

第三节　动产抵押权的效力

动产抵押权的设立采债权意思主义物权变动模式，登记仅具有对抗效力。因此动产抵押权的效力应分两种情况讨论，未登记动产抵押权的效力和登记动产抵押权的效力。

一、未登记动产抵押权的效力

根据《民法典》第 403 条第 2 分句的规定，未登记动产抵押权不得对抗善意第三人。所谓对抗，讨论的是动产抵押权人与抵押人之外的第三人之间的关系，该第三人不以物权人为限，还包括特定物债权人。学说上主张对《民法典》第 403 条第 2 分句中的第三人进行限缩解释，仅指抵押动产的受让人和动产抵押权设立后抵押动产的承租人。与其他第三人的对抗关系是否考虑第三人的主观状态，又可分为绝对可对抗第三人和绝对不可对抗第三人，所谓绝对意指不考虑第三人的主观状态。[1]

（一）绝对可对抗第三人

动产抵押权虽未登记，但在性质上仍为物权，而非债权，只不过其物权效力不完备。绝对可对抗第三人包括侵权人等完全无权利人、动产抵押人的

---

[1]　讨论这一问题的中文文献主要有：参见高圣平：《民法典动产担保权登记对抗规则的解释论》，载《中外法学》2020 年第 4 期，第 951~972 页；龙俊：《中国物权法上的登记对抗主义》，载《法学研究》2012 年第 5 期，第 136~153 页；庄加园：《登记对抗主义的反思与改造：〈物权法〉第 24 条解析》，载《中国法学》2018 年第 1 期，第 207~224 页；等等。

无担保债权人、动产抵押人的继承人、抵押动产的无偿受让人〔1〕等。严格意义上，动产抵押权人和侵权人等完全无权利人、动产抵押人的无担保债权人之间并无对抗关系，因为他们之间并不存在关于抵押动产的争夺关系。不过，若将对抗广义地理解为物权人可以对世界上任何人主张其物权且任何人都不能予以剥夺的话，动产抵押权人和侵权人等完全无权利人、动产抵押人的无担保债权人之间的关系也可以在对抗的框架下讨论。

侵权人等完全无权利人属于绝对可对抗第三人，较好理解。因为未登记的动产抵押权是受法律保护的权利，当然可以对抗侵权人等完全无权利人。对动产抵押人的无担保债权人来说，其仅对动产抵押人的一般责任财产享有请求权，并不支配作为抵押动产的责任财产，与作为物权的动产抵押权所具有的支配性不在同一层次，基于物权优先于债权的法理，未登记的动产抵押权可绝对对抗动产抵押人的无担保债权人。对动产抵押人的继承人来说，基于继承法理，继承人在继承抵押动产的所有权时，亦应承受抵押动产上的负担，因此动产抵押权可绝对对抗动产抵押人的继承人。对动产抵押人的无偿受让人来说，是否要区分受让人的善意和恶意分别对动产抵押权的对抗效力？回答这一问题的关键是法律是否需要保护无偿受让人的信赖利益，对此，本书持否定态度，因为信赖利益保护的核心功能是保护交易安全，而动产抵押人与抵押动产的无偿受让人之间的关系不属于交易关系。

（二）绝对不可对抗第三人

所谓绝对不可对抗第三人，是指即便此等第三人恶意，未登记动产抵押权亦不可对抗。此等第三人包括查封债权人、扣押债权人、强制执行债权人、参与分配债权人、破产债权人。〔2〕这些债权人对抵押动产所享有权利的本质是法定担保物权，因此，未登记动产抵押权人与这些第三人间对抗关系

---

〔1〕《民法典有关担保制度的解释》第54条第1项未区分无偿受让人和有偿受让人，一概认为需区分受让人的善意和恶意来判断未登记动产抵押权是否可对抗受让人，本书不赞同这一观点，而是认为应对第1项作目的性限缩解释，仅包括有偿受让人。

〔2〕《民法典有关担保制度的解释》第54条第3项和第4项，仅规定了查封债权人、扣押债权人、强制执行债权人、破产债权人，未规定参与分配债权人。对于参与分配债权人，应类推适用第3项。

的实质是担保物权的顺位问题，并不涉及否定未登记动产抵押权的问题。根据《民法典》第414条的价值选择，动产担保物权的顺位确定不考虑权利人主观上的善意或恶意，查封债权人、扣押债权人、强制执行债权人、参与分配债权人、破产债权人就抵押动产所享有的法定担保物权优先于未登记的动产抵押权，而不考虑前述债权人主观上的善意或恶意。按此思路，未登记动产抵押权绝对不可对抗第三人以及同一抵押动产上已登记的动产抵押权。

（三）区分第三人的善意或恶意确定是否可对抗

区分善意或恶意确定是否可以对抗的第三人为已经取得抵押动产所有权的有偿受让人和已经取得占有的抵押动产的承租人。[1]如果抵押动产的有偿受让人为善意，则动产抵押权消灭。如果抵押动产的承租人善意，则动产抵押权人实现动产抵押权时，不得终止租赁关系。对于有偿受让人和承租人之所以要区分善意和恶意，主要原因在于，处于交易关系中的有偿受让人和承租人若为善意，法律要对之进行特别保护，以保护交易安全。

所谓"善意"，是指不知道动产上存在动产抵押权，且无重大过失。受让人或承租人不知道且存在一般过失者的，不在此限，否则无异于强制性地要求所有动产交易的相对人均须注意交易标的物上是否存在动产担保权，害及大量动产交易的效率和安全。动产抵押权既未登记，第三人亦难以注意到动产上存在动产抵押权，为贯彻登记对抗制度的规范意旨，应将"善意"限定在重大过失，不强求第三人在登记簿之外再作详尽的调查，以降低交易成本、促进交易效率。

二、登记动产抵押权的效力

登记动产抵押权具有完备的物权效力。但即便办理了登记，动产抵押权也不得对抗动产抵押人正常经营活动中的买受人（buyer in ordinary course of business），申言之，即便动产抵押权已经登记，正常经营活动中的买受人亦

---

〔1〕 参见《民法典有关担保制度的解释》第54条第1项和第2项，本书主张应对第1项作目的性限缩解释，仅包括有偿受让人。另外，第1项和第2项均规定了占有要件，但这两处的占有具有不同的含义，第1项中的占有要件应理解为作为动产所有权转移公示方法的交付，第2项中的占有要件不涉及买卖标的物所有权的移转，该占有要件应理解为《民法典》第703条规定的出租人交付义务的履行。

取得无抵押权负担的所有权，动产抵押权的追及效力被切断。当然，未登记的动产抵押权也不能对抗动产抵押人正常经营活动中的买受人。

《民法典》并未限制充任抵押财产的动产范围。只要法律上未禁止让与的动产均可作为抵押财产。如此，是否接受某一动产为抵押财产，全由债权人自行判断。由此出现的问题是，在动产抵押人的正常经营活动（如正常销售存货）中，交易相对人是否有义务事先查询登记簿以探知动产上是否存在抵押权负担？动产种类众多、交易频繁，且大多属于日常生活必需品，如强制性地要求交易相对人在每一笔交易中均要查询动产抵押权登记簿，耗时费力，不仅增加交易成本，而且影响交易便捷、危害交易安全。为维护基本的交易秩序，应对正常经营活动中的买受人提供更好的保护。当然，也应存在一个强势的体制以增加交易结果的确定性。基于此，《民法典》第404条规定："以动产抵押的，不得对抗正常经营活动中已支付合理价款并取得抵押财产的买受人。"对正常经营买受人规则的适用条件阐释如下：

第一，买受人须是正常经营活动中的买受人。其一，"正常经营活动"是指动产抵押人的正常经营活动，而非买受人的正常经营活动。其二，该动产抵押人须以销售与抵押动产同种类的动产为业，即动产抵押人的经营活动属于其营业执照明确记载的经营范围，并且持续销售与抵押动产同种类的动产。

第二，正常经营买受人规则仅适用于在存货（原材料、半成品、产品）上设立的动产抵押权，虽然《民法典》第404条没有明确这一点，但从正常经营活动的概念中可以推论出来。当然，交易的动产是否构成存货，尚需对所销售的动产与动产抵押人的正常经营范围进行比较，如出卖人是销售洗衣机等家用电器的销售商，则家用电器构成存货，该销售商销售家用电器，即构成正常经营活动，但如其销售家用电器的生产设备，则生产设备不具有存货性质，就不构成正常经营活动。当然，该生产设备对于生产该类生产设备的制造商来说，就可能构成存货。

《民法典有关担保制度的解释》第56条第1款第2项实际想表达的意思就是，正常经营买受人规则仅适用于在存货（原材料、半成品、产品）上设立的动产抵押权。因为原材料、半成品、产品出卖人的生产设备不属于存货，不适用正常经营买受人规则。不过该项规定存在缺陷，因为生产设备也可能属于产品，构成存货。

因为在存货上既可以设立固定抵押权又可以设立浮动抵押权，若正常经营活动买受人仅能对抗浮动抵押权人，不能对抗固定抵押权人，就意味着正常经营活动中的所有第三人在交易之前均有查阅担保登记簿的义务。若如此，将损害交易效率，增加交易成本，也不合交易习惯和市场交易主体的合理商业预期。因此，正常经营买受人规则的适用不以浮动抵押为限，固定抵押的场合也有其适用。

第三，买受人已支付合理价款。在比较法上，《美国统一商法典》和《联合国动产担保立法指南》均不要求正常经营活动买受人规则的适用以买受人已支付合理价款为前提，但《欧洲示范民法典草案》要求受让人为取得动产已经支付对价。规定"已支付合理价款"要件在一定程度上可以防止动产抵押人与他人合谋欺诈动产抵押权人。不过，对"已支付合理价款"这一要件亦应契合商业实践作出灵活解释。"已支付合理价款"不应以支付金钱为限，各种替代金钱的方式均在其列。例如买受人与动产抵押人将作为种类物的抵押动产进行互换，也应当认定这种互易行为是一种支付对价的交易行为，买受人取得的抵押动产亦不受动产抵押权的追及。

第四，买受人善意。《民法典》第404条非如《美国统一商法典》一样要求正常经营活动买受人在主观上须为善意。不过学说上认为，正常经营活动中的买受人规则本质上是一种特殊的善意取得，自应以买受人的善意为前提。[1]只不过，此时的善意，并非指买受人不知道也不应当知道其受让的动产上存在动产抵押权负担，而是指买受人不知道也不应当知道动产抵押权人不允许动产抵押人无负担地让与抵押财产。因此，受让人虽然对标的物上存在动产抵押权并非善意（尤其是在动产抵押权已经登记的情形之下），但可善意信赖动产抵押权同意动产抵押人可以无负担地处分该动产。[2]此即为对

〔1〕参见纪海龙、张玉涛：《〈民法典物权编（草案）〉中的"正常经营买受人规则"》，载《云南社会科学》2019年第5期，第106~115页。不同观点，参见高圣平：《民法典动产担保权登记对抗规则的解释论》，载《中外法学》2020年第4期，第951~972页。

〔2〕《民法典有关担保制度的解释》第56条第1款第5项将"买受人应当查询抵押登记而未查询的其他情形"作为排除正常经营买受人规则的理由。首先，正常经营买受人规则的规范目的是为减轻买受人查询抵押登记簿的负担，而该项将未查询抵押登记簿作为排除事由，与规范目的相冲突。其次，登记簿记载的事项为动产抵押权的权利事项，买受人通过查询登记簿能够了解的信息为交易动产上存在抵押权，而买受人即便知晓动产抵押权的存在，也不能排除其善意的构成。

处分权限的信赖。另外，正常经营买受人的"善意"是推定的。若动产抵押权人有证据证明买受人知悉其禁止动产抵押人的特定销售行为，则不适用正常经营活动买受人规则，动产抵押权人的权利不受影响。因买受人的内心状态很难被他人知悉并加以证明，《民法典有关担保制度的解释》第56条第1款第1项和第4项降低了动产抵押权人的证明负担，只要能够证明"购买商品的数量明显超过一般买受人"或"买受人与出卖人存在直接或间接的控制关系"就推导出买受人恶意，排除正常经营买受人规则的适用。

第五，买受人已经取得动产所有权。[1]动产抵押人已经与买受人实施了买卖动产的所有权让与行为，不仅达成了所有权让与合意，还实施了交付行为。

三、购置款抵押权的超级优先顺位效力

购置款抵押权，又称购买价金抵押权，比较法上多称为"purchase money security interest"（PMSI），是指债权人在动产之上取得的担保因购买该动产所生的价金给付义务的抵押权。动产抵押权的顺位规则原则上按照《民法典》第414条确定，即登记在先权利在先，但购置款抵押权的顺位则根据《民法典》第416条的规定，适用即便登记在后权利依然在先的规则。基于此，这一优先顺位的例外规则多被称为"超优先顺位规则"或"超级优先顺位规则"（super priority）。

（一）正当性

购置款抵押权超级优先顺位的承认对于各方当事人均为有利。其一，新的信用提供者因超级优先顺位的保障，无需担心其债权担保落空，从而提高了为债务人提供信用支持的积极性。其二，动产抵押人（债务人）因此也可以继续展开正常经营或者扩大再生产，充实其责任财产，增强偿债能力。其三，抵押动产上的其他抵押权人的信用期待也未受到不利影响，因为动产抵押人责任财产的增加是因新的信用提供者的介入所致，否则动产抵押人将无

---

[1] 《民法典有关担保制度的解释》第56条第1款第3项将"订立买卖合同的目的在于担保出卖人或第三人履行债务"作为排除正常经营买受人规则的理由，对该项的理解应从买受人未取得所有权的角度展开。基于《民法典》就动产和权利担保的功能主义思路，第3项中的买卖合同实为担保合同，买受人不能取得买卖标的物的所有权，买受人就买卖标的物所享有的权利是一种担保性权利，买受人和动产抵押权人的关系依照《民法典》第414条的顺位规则处理。

法取得新的财产，通过出卖并转移相关财产给买受人，出卖人对买受人最终作为偿债基础的责任财产作出了直接贡献。由于没有出卖人的贡献，其他动产抵押权人或非担保的债权人就不会从出卖的财产中获得清偿，出卖人优先于其他动产抵押权人，更为公平。

购置款抵押权超级优先顺位的承认在浮动抵押的场合尤其具有正当性。若浮动抵押权已经登记，即具有优先于后设立的动产抵押权的效力，所有的新增财产自动"流入"已设定浮动抵押权。此时，该浮动抵押权已经事实上形成了对其后信用提供者的垄断性权利，甚至构成对债务人经营活动的过度控制。债务人就这些未来财产的购置寻求新的融资之时，信用提供者即使在这些财产上设立动产抵押权，因这些权利的登记劣后于在先浮动抵押权的登记而只能屈居第二顺位，如此这些新信用提供者提供购置款融资的积极性将大为降低。承认购置款抵押权的超级优先效力能够有效防止所有的新增财产自动"流入"已设定的动产抵押权，促进为动产抵押人（债务人）购置资产提供新的信贷支持，拓宽再融资渠道。

（二）适用条件

购置款抵押权的超级优先顺位效力规则奉行"后登记者优先"，虽属一般优先顺位规则的例外，但也破坏了信贷担保规则的既有体系，应予严格适用。根据《民法典》第416条的规定，适用购置款抵押权的超级优先顺位效力规则，应满足以下条件：

第一，动产抵押权是为了动产抵押人购置动产且在该动产上设立，旨在担保该动产的全部或部分价款的清偿。提供购置款融资的人可以是出卖人（赊购），也可以是第三人，比如银行等。须注意，在第三人提供购置款融资时，购置款抵押权的产生以贷款已经发放为前提，并且该笔贷款还必须实际用于债务人购置抵押动产。

第二，动产抵押权人应在动产交付后10日内办理动产抵押登记。这是购置款抵押权取得超级优先顺位的程序要件。所谓交付是指移转动产所有权意义上的交付。规定宽限期的正当性在于，出卖人不必等到自己或其他购置款融资提供者登记，即可向买受人交付动产，从而促进动产的有效流动。

须注意，若购置款融资债权人的动产抵押权未登记，购置款融资债权人仍然享有动产抵押权，只是仅发生未登记动产抵押权的效力。若购置款融资债权人的动产抵押权在宽限期期满后才登记，该动产抵押权就不构成购置款抵押权，不能依据《民法典》第416条取得超级优先顺位，只能根据《民法典》第414条确定顺位。

第三，同一动产买受人为他人设立了购置款抵押权和其他竞存的动产抵押权。虽然《民法典》第416条并未明确此点，但从购置款抵押权超级优先顺位的规范目的出发，不同的债务人在同一动产上为不同的债权人分别设立购置款抵押权和其他竞存动产抵押权的，购置款抵押权不享有超级优先顺位。例如，甲在丙的动产上设立了动产抵押权，并办理了动产抵押登记，其后，丙将该动产出卖于丁，出卖该动产不属于丙债务人的正常经营活动，乙为丁购置该动产提供贷款，且及时登记从而取得购置款抵押权。此时，竞存的动产抵押权并不是由同一债务人所设立，因此，乙并不能取得足以对抗甲的购置款抵押权。

（三）竞存购置款抵押权间的优先顺位规则

若购买动产（如大型成套设备、大宗原材料等）的价值较大，单一融资人难以满足买受人的所有融资需求，同一动产上同时存在数个购置款抵押权就成为可能。此时，针对数个购置款抵押权之间的冲突，第416条并无适用空间。基于平等对待融资人的立场，适用《民法典》第414条第1款第1项确定竞存购置款抵押权间的优先顺位，即登记在先权利在先。《民法典有关担保制度的解释》第57条第3款采纳了这一立场。

第四节　动产浮动抵押权

一、动产浮动抵押权的概念

所谓动产浮动抵押权，是指企业、个体工商户、农业生产经营者为担保其债务的清偿而以其现有的及将有的生产设备、原材料、半成品、产品作为抵押财产而设立的抵押权。动产浮动抵押权有美国模式和英国模式之别。[1]

---

[1] 对美国模式和英国模式的比较分析，参见李敏：《论我国浮动担保制度的系统性完善——以适用实况为切入点》，载《法学》2020年第1期，第60~78页。

在美国模式中，动产浮动抵押权依登记先后确定优先效力，登记在先的动产浮动抵押权优先于登记在后的动产浮动抵押权。在英国模式中，抵押财产确定前，动产浮动抵押权仅在当事人之间有效。在抵押财产确定后，经登记的动产浮动抵押权获得优先效力，即动产浮动抵押在抵押财产确定前不具有优先效力，故可能劣后于其后设立的动产抵押权。

二、动产浮动抵押权的性质

（一）动产浮动抵押人限于企业、个体工商户、农业生产经营者

固定抵押权场合的抵押人不受限制，可以是自然人、法人或非法人组织，而动产浮动抵押场合的抵押人只能是企业、个体工商户、农业生产经营者。企业和个体工商户的范围都较为明确，均须依法登记领取营业执照，其主体资格易于证明，但农业生产经营者的范围并不确定，任何主体在从事农业生产经营时均属之。

（二）抵押动产为企业、个体工商户、农业生产经营者的变动不居的动产

根据《民法典》第396条，动产浮动抵押权的客体仅限于动产抵押人现有的及将有的生产设备、原材料、半成品、产品。对动产浮动抵押权的客体应从如下三个方面把握：其一，动产浮动抵押权的客体为集合动产，而非单一动产。其二，动产浮动抵押权的客体，既包括抵押人现有的动产，也包括抵押人将有的动产。其三，动产浮动抵押权的客体具有浮动性。抵押财产在确定前具有流动性，由企业、个体工商户、农业生产经营者向外流出的财产自动从浮动抵押权的效力范围中解脱，由外部流入企业、个体工商户、农业生产经营者的财产当然为浮动抵押权的效力所及。[1]从这个角度来说，在《民法典》第396条所列举的四类抵押财产中，原材料、半成品、产品对动产浮动抵押人来说是变动不居的财产，而生产设备对动产浮动抵押人来说并不会变动，除非其构成产品。申言之，动产浮动抵押权的客体一般是原材料、半成品、产品，即库存。

---

[1] 在我国争论较大的问题是，流出动产的对价是否自动构成抵押财产。对此问题，《民法典》并未表明态度。本书持否定态度，除非当事人另有约定并登记。在我国持肯定态度的文献，参见李敏：《论我国浮动担保制度的系统性完善——以适用实况为切入点》，载《法学》2020年第1期，第60~78页；庄加园：《动产担保物权的默示延伸》，载《法学研究》2021年第2期，第35~54页。

（三）动产浮动抵押权因抵押财产的确定转化为固定动产抵押权

动产浮动抵押权因发生确定事由而转化为固定动产抵押权，转化后的抵押权，可能是单一动产抵押权，也可能是固定集合动产抵押权。这表现出动产浮动抵押权的抵押动产在性质上的可转化性。

三、动产浮动抵押权的设立

动产浮动抵押权的设立为基于法律行为而设立，我国法律上尚无法定动产浮动抵押权。基于法律行为而设立动产浮动抵押权的方式与动产抵押权相同，均采债权意思主义的物权变动模式，登记仅产生对抗效力。未登记动产浮动抵押权的效力和登记动产浮动抵押权的效力亦与动产抵押权相同。

四、抵押动产的确定

所谓抵押财产的确定，又叫抵押财产的结晶或封押，是指动产浮动抵押权的客体因抵押财产的确定而不再具有流动性，动产浮动抵押权因此成为固定动产抵押权。在我国法上，抵押财产的确定是动产浮动抵押权人实现抵押权的前提条件，并且仅就确定时的动产实现抵押权。

根据我国法律规定，抵押财产的确定事由为法定事由，不得由当事人约定。若出现确定事由，抵押财产自动确定，无须当事人主张。对于确定事由，《民法典》第411条规定，发生下列情形之一的，抵押财产确定：①债务履行期届满，债权未实现；②抵押人被宣告破产或解散；③当事人约定的实现抵押权的情形；④严重影响债权实现的其他情形。所谓严重影响债权实现的其他情形，需要结合其他法律的规定并通过司法实践不断细化。例如，动产浮动抵押人因经营管理不善而导致经营状况恶化或严重亏损，或动产浮动抵押人为了逃避债务而故意低价转让财产或隐匿、转移财产等。

第六章

质　权

第一节　质权的概念和种类

一、质权的概念

质权，是指为担保债权的实现，债权人依法占有债务人或第三人的动产，或控制债务人或第三人的可让与的财产权，债务人不履行到期债务或发生了当事人约定的实现质权的情形时，债权人就该动产或财产权变价并优先受偿的担保物权。其中，提供动产或财产权设立质权的债务人或第三人叫作出质人，债权人称作质权人；供设立质权的财产称为质押财产。

与抵押权相比，质权有如下特征：其一，在客体方面，质权的客体不包括不动产。在不动产物权上只能设立抵押权，而不得设立质权，但在债权、股权、知识产权等财产权上只能设立质权，不得设立抵押权。另外，《民法典》对抵押权的客体持开放态度，只要法律未禁止抵押的财产均可作为抵押财产，但对质权的客体持封闭态度，只有法律规定可以出质的财产才可以作为质押财产。[1]其二，在生效要件方面，动产抵押权自抵押合同生效时设立，不以登记为生效要件。不动产抵押权均以登记为生效要件，动产质权则以质权人占有质押财产为生效要件，有些权利质权以登记为生效要件，有些权利质权以占有权利凭证为生效要件，有些权利质权以背书为生效要件。其

---

[1] 《民法典》第 440 条第 7 项规定，法律、行政法规规定可以出质的其他财产权利。这一规范模式与第 395 条第 1 款第 7 项完全不同。

·136·

三，在担保作用方面，动产质权和某些权利质权不但具有使被担保债权优先受偿的效力，而且具有留置的效力，抵押权只有使被担保债权优先受偿的效力，没有留置的效力。

二、质权的种类

（一）动产质权、不动产质权与权利质权

以质押财产的形态不同为区分标准，质权可以分为动产质权、不动产质权和权利质权。以动产为客体的质权是动产质权，以不动产为客体的质权为不动产质权，以权利为客体的质权为权利质权。比较法上，有全部承认三种质权的，比如《法国民法典》和《日本民法典》，有仅承认动产质权和权利质权的，比如《德国民法典》。我国《民法典》仅承认动产质权和权利质权。

（二）占有质权、用益质权与归属质权

以质权的内容不同为区分标准，质权可以分为占有质权、用益质权和归属质权。占有质权，又称占有质，是指质权人对于质押财产仅有权占有，原则上不得使用收益的质权。占有质权是近现代民法上最常见的质权。用益质权，是指质权人不仅占有质押财产，还有权取得质押财产收益的质权。用益质权又可进一步区分为销偿质权和利息质权。所谓销偿质权，是指质押财产的收益不仅抵充被担保债权的利息，还抵充被担保债权的本金，质权可能因被担保债权被抵充完毕而消灭。《法国民法典》第2381条第1款规定，债权人受领用于设立担保的不动产的孳息；如果债权应付利息，债权人负责将受领的孳息首先指定清偿利息，辅助清偿债务的本金。利息质权，是指以质押财产的收益抵充被担保债权利息的质权。归属质权，是指质权人有权取得质押财产以抵充被担保债权的质权。

我国《民法典》承认占有质权。《民法典》第428条不承认流质条款的效力，因此不存在承认归属质权的空间。虽然《民法典》第430条第1款允许质权人收取质押财产的孳息，但未规定收取的孳息可以抵充被担保的债权或其利息，另外，《民法典》第431条原则上禁止质权人使用质押财产，因此我国《民法典》未承认销偿质权。至于利息质权，在我国民法上不见踪影。

（三）民事质权和商事质权

以质权所适用的法律的不同作为标准，质权可分为民事质权和商事质权。民事质权，是指适用民法规定的质权。商事质权，是适用商事法律规定的质权。

采取民商分立主义的国家或地区存在民事质权和商事质权的区分，民事质权适用于普通民事主体之间，制度设计上侧重维护交易安全，商事质权适用于商人之间，制度设计上侧重维护交易效率。比如《日本民法典》第349条对于民事质权不承认流质契约的效力，但《日本商法典》第515条对于商事质权承认流质契约的效力。我国采民商合一的立法模式，在立法上不存在民事质权和商事质权的区分，不过，这并不影响在学说上讨论民事质权和商事质权的区分。

（四）意定质权与法定质权

以质权成立的原因不同，质权可分为意定质权和法定质权。意定质权，是指当事人以法律行为设立的质权。法定质权，是指依据法律的规定直接发生的质权。我国《民法典》规定的动产质权和权利质权均为意定质权。

（五）一般质权与特殊质权

以质权的典型性为区分标准，质权可分为一般质权和特殊质权。一般质权就是传统形态的质权，即动产质权和权利质权。就我国当下的立法和法律实践而言，特殊质权包括最高额质权和存货动态质押。最高额质权为《民法典》第439条所规定，最高额质权除适用质权的有关规定外，还应参照适用最高额抵押权的有关规定。所谓存货动态质押，是以储放在仓库中的粮食、钢铁、煤炭等批量货物为标的物的质押，在质押期间，质押财产可以增加、置换、部分解押。存货动态质押的特征有二：一是质押财产具有流动性，形成动态的担保结构，即在质押期间，出质人能根据约定提取、置换或增加货物，质权并不因此而变更；二是监管人介入交易，形成质押与监管并存的局面，即出质人、质权人和监管人共同订立监管合同，监管人在质权设立和质押财产流通上起着重要作用。《民法典有关担保制度的解释》第55条对存货动态质押进行了规定。

第二节　动产质权

一、动产质权的概念

动产质权，是指为担保债权的实现，债权人占有债务人或第三人的动产，于债务人不履行到期债务或发生当事人约定的实现质权的情形时，有权就该动产变价并优先受偿的担保物权。其法律特征如下：

（一）动产质权以债务人或第三人所有的动产为客体

动产质权的客体为动产，为债务人或第三人所有，并且具有可让与性。如果出质人为债务人，则质押财产必须归债务人所有，如果出质人为第三人，则质押财产必须归第三人所有，这是动产质权具有留置效力的要求。质押财产之所以必须具有让与性，是因为动产质权在实现时需要将质押财产拍卖、变卖或折价，从而发生所有权人的变化。须注意的是，货币能否为质权的客体？因货币具有高度的可替代性，货币原则上不得作为质权的客体，但若货币以封金、特定账户等形式特定化后，可以作为质权的客体。另外，在动产按份共有的场合，应有部分亦可作为质押的客体。

（二）动产质权以质权人占有质押财产为生效要件和存续要件

动产质权以质权人占有债务人或第三人的动产为生效要件，这是由动产物权变动以占有为生效要件的立法模式所决定的。动产质权以质权人占有质押财产为存续要件，是由动产质权以留置效力实现其担保功能的性质决定的。但质押财产的交付，亦即质押财产占有的移转，不以现实交付为限，简易交付、返还请求权让与也为法律所认可，但占有改定不在其中，这亦是由质权的留置效力所要求的。

（三）动产质权的内容包括对质押财产的留置权、换价权和优先受偿权

因动产质权属于担保物权，动产质权的内容亦包括换价权和优先受偿权。在债务人不履行到期债务或发生当事人约定的实现质权的情形时，动产质权人可以与出质人协议以质押财产折价，也可以就拍卖、变卖质押财产所得的价款，使被担保债权优先受偿。除此之外，动产质权的内容还包括留置权。

二、动产质权的取得

(一) 取得方式

动产质权的取得包括基于法律行为的取得和非基于法律行为的取得。基于法律行为而取得动产质权，包括动产质权的设立和动产质权的让与。非基于法律行为的取得主要表现为通过继承取得动产质权和基于法律规定取得动产质权。另外，动产质权还可以善意取得。善意取得的构成要件为：其一，质押人无处分权；其二，取得人基于交易行为取得动产质权；其三，取得人善意；其四，完成交付。动产质权的让与，属于动产质权的效力，将在下文讨论。关于法定质权，我国现行法上尚付阙如，本书不予讨论。以下集中讨论动产质权的设立。

(二) 动产质权的设立

基于要因的物权形式主义变动模式，动产质权的设立分两个步骤：一是缔结质押合同；二是实施动产质权设立行为。

1. 质押合同

质押合同，又称质权合同，是质权人和出质人间缔结的旨在设立质权的合同。质押合同在性质上为负担行为。质押合同在外形上可以是独立于主债权合同的质押合同，也可以是主债权合同中的质押条款。质押合同应当采取书面形式。

根据《民法典》第 427 条第 2 款的规定，质押合同一般包括以下条款：①被担保债权的种类和数额；②债务人履行债务的期限；③质押财产的名称、数量等情况；④担保的范围；⑤质押财产交付的时间、方式。其中前四项与不动产抵押合同相同，应作相同解释。第五项的实质是作为质押合同出质人主给付义务的质权设立义务的一部分的交付义务的履行时间和履行方式，交付方式，除现实交付外，还包括简易交付和返还请求权让与，但不包括占有改定。第五项不属于质押合同的必备条款，若当事人未约定，根据《民法典》第 511 条第 4 项和第 5 项确定。根据《民法典》第 428 条的规定，当事人在质押合同中约定的流质条款的效力与不动产抵押合同中当事人约定的流抵押条款的效力相同。

2. 实施动产质权设立行为

质权设立行为包括当事人间达成设立质权的合意和完成交付两部分。质权设立行为在性质上属于处分行为。交付完成时质权设立。

三、动产质权的效力

（一）所担保的债权范围

动产质权所担保的债权范围可由当事人约定，若无约定，则根据《民法典》第 389 条第 1 句确定，包括主债权及利息、违约金、损害赔偿金、质押财产保管费用和实现质权的费用。

与抵押权所担保的债权的范围相比，动产质权所担保的债权的范围具有特殊之处：其一，动产质权场合，质权人负有妥善保管质押财产的义务，因而质押财产的保管费用，应当纳入质权担保的债权范围。其二，在抵押权的场合，除非因抵押权实现条件具备，抵押财产被人民法院依法扣押，否则不生对抵押财产的保管费用问题。其三，动产质权的设立须移转质押财产的占有，当质押财产具有隐蔽的瑕疵并致质权人遭受损害时，出质人应当承担赔偿责任，该赔偿责任虽与原债权无关，但与质押财产有密切关系，亦构成质权所担保的债权范围。但是，质权人在质押财产交付时明知质押财产有瑕疵而予以接受的除外。在抵押权的场合，不存在这个问题。

（二）动产质权效力所及的客体范围

动产质权和抵押权效力所及的客体范围大体相同，但动产质权因以占有质押财产为生效要件和存续要件，在客体范围方面也就有些差异。通说认为，动产质权效力所及的客体范围包括从物、孳息、物上代位物和添附物。兹分别说明如下：

1. 从物

质押财产的从物是否为质权的效力所及，理论上有不同的见解。一种观点认为，主物的处分及于从物，因而质权的效力及于从物，无论从物是否交付质权人。另一种观点认为，质权的效力并非当然及于从物，只有当从物交付给质权人时，才为质权的效力所及。后者为多数说，且符合质权的生效要件，值得赞同。所谓质权的效力不及于从物，是指虽然质权人可将质物及其从物一并处分，但不得就从物所换得的价金优先受偿。

2. 孳息

动产质权场合，质权人占有质押财产，孳息原则上由质权人收取，因此孳息为质权的效力所及，但孳息应当优先充抵收取孳息的费用，尚有剩余的，质权人可主张优先受偿。但上述规则属于任意性规定，当事人可以约定排除其适用。

3. 代位物

动产质权具有物上代位性，因此动产质权的效力及于质押财产的代位物。

4. 添附物

质押财产所有人为附合物、混合物或加工物的所有人的，质权的效力及于附合、混合、加工后形成的附合物、混合物或加工物。

（三）出质人的权利

1. 收取质押财产孳息的权利

如果当事人约定，由出质人收取质押财产的孳息，那么出质人因此而享有收取质押财产孳息的权利。

2. 保全质押财产的权利

质权人负有妥善保管质押财产的义务，若质权人的行为可能使质押财产毁损、灭失，出质人可以要求质权人将质押财产提存，或者要求提前清偿债务并返还质押财产。

3. 请求返还质押财产的权利

债务人清偿了债务或者出质人提前清偿所担保的债权的，出质人有权请求质权人返还质押财产。

4. 请求质权人及时行使质权的权利

被担保债权到期后或者当事人约定实现质权的条件具备后，出质人可以请求质权人及时行使质权。质权人不行使的，出质人可以请求人民法院拍卖、变卖质押财产。

5. 质押财产处分权

动产质权的设立，并未使出质人丧失对质押财产的所有权，出质人仍可处分质押财产。这里的处分是指处分行为意义上的处分。问题是，出质人处分权是否应当受到限制？本书认为，出质人可在质押财产上设立抵押权，抵押权的顺位劣后于在先的质权。出质人是否有权将质押财产再次出质？本书认为，虽然出质人可通过返还请求权让与的方式完成再次出质中的交付，但以这种方式设立的质权对债权人并无吸引力，因为债权人无法有效控制质押财产，其质权不能得到有效保障。实务中出现的做法是，出质人在取得质权人的同意后再次出质，由质权人和再次出质中的质权人共同占有质押财产。本书认为，这种情况构成质权准共有，而非两个质权。出质人是否有权让与质押财产？因《民法典》未作规定，从解释论上看，对此问题的回答取得于能否类推适用《民法典》第406条第1款规定的抵押人让与抵押财产的规则？本书的看法是肯定的。其一，从法技术上讲，出质人可以通过返还请求权让与的方式完成质押财产所有权移转中的交付。其二，从价值层面上看，因质权人有效占有质押财产，出质人让与质押财产并不会对其质权造成影响，若受影响，可类推适用《民法典》第406条第2款第2句的规定对质权人予以保护。

（四）出质人的义务

1. 损害赔偿义务

若因质押财产瑕疵造成质权人其他财产损害的，出质人应承担赔偿责任。但是，质权人在质押财产交付时明知质押财产有瑕疵而予以接受的除外。

2. 偿还质押财产保管费用的义务

出质人为被担保债权债务人时，出质人应偿还质权人因保管质押财产支出的费用。

（五）质权人的权利

1. 质押财产的留置权

被担保债权清偿期届满后，质权人未受清偿的，质权人有权继续留置质押财产，对抗出质人的质押财产返还请求权。

2. 质押财产的孳息收取权

质权人对其占有的质押财产有收取孳息的权利，除非当事人另有约定。

3. 换价权和优先受偿权

被担保债权清偿期届满后，质权人未受清偿的，质权人有权依法就质押财产换价并就换得的价款优先受偿，质权人也可就质押财产折价受偿。

4. 转质权

（1）概述

转质（pignus pignoris），是指质权人在质权存续期间，以质押财产为他人设定质权，以担保自己或他人的债务。例如，甲为了担保欠乙的100万元债务，而将豪车一辆为乙设立质权。其后，质权人乙为了担保欠丙的90万元债务，又以该车为丙设立质权。在这种场合，就原质权而言，甲为出质人，乙为质权人，就转质来说，乙为转质人，丙为转质权人。

转质有责任转质和承诺转质之分。所谓责任转质，是指质权人于质权存续期间，不经出质人同意，为了担保自己或他人的债务而以质押财产向第三人设立质权。所谓承诺转质，又称同意转质，是指质权人在征得出质人的同意后，为了担保自己或他人的债务而以质押财产向第三人设立质权。对于转质，我国《民法典》第434条规定："质权人在质权存续期间，未经出质人同意转质，造成质押财产毁损、灭失的，应当承担赔偿责任。"该条规定了责任转质中转质人的责任，未正面规定责任转质，但该条也未禁止责任转质。基于法无禁止则自由的精神，在解释论上应当允许责任转质。对于承诺转质，我国实证法未涉及，既然在承诺转质中转质行为已经取得了出质人同意，法律自无禁止的道理。

（2）责任转质

第一，责任转质的性质。关于责任转质的性质，存在四种学说。[1] 一是质权债权共同入质说，该说认为转质为以质权与被担保主债权一同入质的行为。二是附解除条件的质权让与说，该说认为转质系以质权附解除条件移转于转质权人，即以转质权所担保之主债权消灭为解除条件成就，条件成就后，质权复归质权人。三是质权设质说，该说认为转质系质权人为担保自己或他人债务的债务，以自己的质权为客体再行设质，属于权利质权之一种。四是质押财产再度出质说，该说认为转质系质权人以自己的责任于质押财产上设定新质权，原质权为对于质押财产之交换价值予以直接支配的权利，转质权乃就原质权人所得直接支配的交换价值，更优先地为直接支配的权利。

---

〔1〕 参见史尚宽：《物权法论》，中国政法大学出版社2000年版，第364~365页。

质押财产再度出质说为通说。〔1〕本书亦赞同通说，据此，责任转质的本质是质权人就质物所得直接支配的交换价值加以处分，转质权的内容受制于原质权。

第二，责任转质的构成要件。责任转质的构成要件有三：其一，必须具备质权的一般成立要件。其二，责任转质必须在质权存续期间内设立，质权尚未设立的，无转质权可言，如果质权消灭，转质权也相应地消灭，质权人仍为转质的，不成立转质权。其三，转质权所担保的债权额必须小于或等于质权所担保的债权额。

第三，责任转质的效力。〔2〕其一，责任转质对于出质人的效力如下：转质权系质权人的法定权利，无须出质人同意，即发生转质的效力，出质人应受转质效力的约束。其二，若质权关系中被担保债权的债务人与出质人不是同一人，责任转质对债务人的效力如下：质权所担保债权关系中的债务人即使不是出质人，也是质权关系的一环，在质权人将质押财产转质时，债务人应受转质效力的约束。因而，该债务人若未经转质权人同意，而向质权人清偿时，也不得以此拒绝转质权人请求他履行债务，不过，在质权人或转质权人未将转质的事实通知债务人时，不在此限。其三，责任转质对于质权人的效力如下：转质后，质权人对于质押财产因不可抗力所遭受的损害，也应负责，但对于与转质无因果关系的损害，质权人无须负责；质权人应受转质的拘束，无实现质权的权限，就质押财产变价后的优先受偿权也因而受到限制，在转质期间，质权人不得有影响转质权人受偿的行为，比如不得免除质权所担保的债权。其四，责任转质对于转质权人的效力如下：转质权人对于质押财产取得质权，享有一般质权人所享有的权利，同时负有一般质权人所负担的义务；转质权人实现其质权须其债权与原质权所担保的主债权均到期，因为转质权为质押财产的再度出质，需受原质权内容的限制；转质权人就质押财产所卖得的价金可优先于质权人受偿，质押财产卖得的价金若仅足够清偿转质权人的债权，于转质权人所受清偿的范围内，转质权所担保的债权与质权所担保的债权均归于消灭，转质权人受偿后仍有剩余的，由原质权

〔1〕　参见郑冠宇：《民法物权》，新学林出版股份有限公司2019年版，第637页。
〔2〕　参见谢在全：《民法物权论》（下册），中国政法大学出版社2011年版，第991~993页。

人受偿，再有剩余，须返还于出质人。

（3）承诺转质

在承诺转质中，出质人同意的意义为处分权的授予，即质权人基于质押财产权利人授予的处分权，为担保自己或他人的债务，于其所占有的质押财产上设立优先于自己质权的新质权。基于承诺转质，转质权与原质权为两个独立的质权，彼此间互不影响，转质权不受原质权的限制。承诺转质的构成要件有二：一是必须具备质权设立的一般要件；二是取得出质人同意。

在承诺转质，转质权因与原质权各自独立，故转质权人于其债权到期时，即可实现转质权。质权所担保债权的债务人也可对质权人为清偿，以消灭其债务，质权因债务消灭而消灭的，质权人对出质人负有返还质押财产的义务，但由于转质权并不因此而消灭，转质权人于转质权所担保的债权未受清偿前，仍得占有质押财产。

5. 质权的保全权

与抵押权的保全权不同的是，质权的保全权仅包括增加担保请求权。因不可归责于质权人的事由可能使质押财产毁损或者价值明显减少，足以危害质权人权利的，质权人有权请求增加相应的担保。增加担保请求权的义务人可以是出质人也可以是债务人，然而《民法典》第433条第1分句仅将义务人限定为出质人。如果质权人或债务人不提供相应担保，质权人有权实现质权，以质押财产所换得的价款提前清偿被担保债权或者将变价款代充质押财产予以提存。[1]

本书认为授予动产质权人就变价款提前受偿权有待商榷。原因是质押财产的变价款已经作为质押财产的代位物继续担保动产质权人的债权，动产质权人的质权并未受影响，债权的实现有充分的保障，授予动产质权人提前受偿权，没有理由。

---

〔1〕《民法典》第433条第2分句中的"提存"应如何解释？不无疑问。若解释为债权消灭意义上的提存，可以与提前清偿债务相协调，二者均涉及债权的消灭，但如此解释与文义相矛盾，因为第2分句规定的是质权人与出质人协议提存。若不从债权消灭意义上解释提存，即质权人将作为质押财产代位物的价款提存，待质权实现条件具备时，质权人就提存的价款优先受偿。但如此解释提存，将与提前清偿债务存在体系冲突，从实际效果看，当事人选择提存的可能性不大，因为债权人有权即时受偿。本书基于从文义解释出发的立场，不将该句中的提存解释为债权消灭意义上的提存。

6. 物权请求权

质权人对于质押财产的占有被侵害或者质权被妨害或有妨害之虞时，质权人可行使物权请求权。

7. 抛弃质权的权利

质权人有权抛弃质权。抛弃的意思需向出质人发出，并返还质押财产的占有。债务人以自己的财产出质的，质权人抛弃该质权法，其他担保人在质权人丧失优先受偿权益的范围内免除担保责任，但是其他担保人承诺仍然提供担保的除外。

（六）质权人的义务

1. 妥善保管质押财产

质权人负有妥善保管质押财产的义务；因保管不善致使质押财产毁损、灭失的，应当承担赔偿责任。

2. 不得擅自使用、处分质押财产

质权人在质权存续期间，不得擅自使用质押财产，未经出质人的同意，擅自使用、处分质押财产，给出质人造成损害的，应当承担赔偿责任。

3. 以自己的注意收取质押财产的孳息

对于质押财产的孳息，质权人应以自己的注意予以收取，并为出质人的利益着想。例如，质押财产为乳牛时，质权人每日获取乳汁之量，应当保证乳牛的健康，如同该牛为自己所有的那样饲养和取奶。否则，给出质人造成损害时，应当承担损害赔偿责任。

4. 赔偿因怠于行使质权造成的损失

出质人请求质权人及时行使质权，因质权人怠于行使权利造成损害的，由质权人承担赔偿责任。所谓怠于行使权利，是指质权人因可归责于自己的原因而不及时行使权利。例如，质权人明知作为质押财产的某电子产品的升级产品即将上市，若在新产品上市后再变卖质押财产所获价款将明显降低，但却基于质押财产的变价款减少也足以使其债权获得清偿的考虑，而没有及时将质押财产变卖。

5. 返还质押财产

债务人履行债务或出质人提前清偿所担保的债权的，质权人应当返还质押财产。

四、动产质权的实现

所谓动产质权的实现，是指债务人不履行到期债务或发生当事人约定的实现质权的情形，质权人与出质人协议以质押财产折价，也可以将质押财产拍卖或变卖并就拍卖、变卖质押财产所得的价款优先受偿的行为。动产质权的实现规则与抵押权的实现规则基本相同。差别在于，根据《民法典有关担保制度解释》第44条第3款的规定，动产质权的实现不受被担保主债权诉讼时效期间的限制，即便被担保主债权的诉讼时效期间经过，债务人主张了时效期间届满的抗辩权，动产质权人仍然有权实现质权以满足自己的债权。这一规定在一定程度上突破了动产质权的从属性，因为被担保主债权的效力减损后，动产质权的效力不发生相应的缩减。须注意，根据《民法典》第437条第1款第1分句的规定，质权人负有在债务履行期限届满后及时行使质权的义务。该规定的规范目的并非为质权人行使质权划定时间界限，而是为了尽快终结质权法律关系或者为了实现质物价值的最大化。质权人违反及时行使质权义务的后果有二：一是根据《民法典》第437条第1款第2分句的规定，出质人可以请求法院拍卖、变卖质押财产；二是根据《民法典》第437条第2款的规定，因质权人怠于行使权利造成出质人损害的，质权人应承担损害赔偿责任。

五、动产质权的消灭

（一）所担保债权消灭

动产质权所担保的债权消灭，从属于该债权的动产质权随之消灭。

（二）质押财产的返还

质权人占有质押财产为动产质权的成立要件和存续要件，且质权人不得以占有改定的方法设立动产质权，因此，质权人将质押财产返还出质人，动产质权归于消灭。

（三）丧失对质押财产的占有

质押财产因遗失、被盗、被侵夺或其他原因，致使质权人事实上丧失了对质押财产的占有，且不能请求返还时，动产质权消灭。若质权人虽然丧失了对质押财产的占有，但如能依原物返还请求权或占有物返还请求权返还的，质权仍不消灭，不过若质权人的原物返还请求权的诉讼时效期间届满且义务人主张抗辩权或占有物返还请求权的除斥期间届满的，质权消灭。

（四）质押财产灭失

质押财产灭失，动产质权消灭。若质押财产灭失后存在代位物，就代位物上成立的质权为新的质权，而非原质权的延续。

（五）动产质权的抛弃

质权人抛弃动产质权，动产质权自然归于消灭。

（六）动产质权的实现

动产质权的实现，无论被担保债权是否获得全部清偿，动产质权均告消灭。

第三节　权利质权

一、权利质权的概念和本质

（一）权利质权的概念

权利质权，是指以所有权以外的可让与的财产权为客体而设立的质权。其法律特征如下：

1. 权利质权为质权

在权利质权中，质权人实际控制财产权的行使，并且以支配财产权的交换价值以供债权之优先受偿为目的，因此属于质权的一种。

2. 权利质权的客体是具有让与性的财产权

与动产质权的客体为动产不同，权利质权的客体是财产权。其一，作为权利质权客体的财产权不是所有权。其二，作为权利质权客体的财产权须为与质权性质不相冲突的财产权。不动产财产权不得作为权利质权的客体，在不动产财产权上，成立的担保物权为不动产抵押权。其三，作为权利质权客体的财产权具有让与性，这是由质权实现时需要变卖或拍卖质权客体所决定的。

3. 权利质权的设立的公示方式具有多元性

与动产质权的设立以动产的交付为公示方式不同，权利质权的设立，有的以登记为公示方式，有的以背书并交付票据等为公示方式，有的以交付权利凭证为公示方式。

（二）权利质权的本质

权利质权的本质如何，存在着权利让与说和权利客体说的对立。权利让与说固守质权的客体为有体物的教条，权利不得作为质权的客体，从而认为权利质权实质上是为了担保而为的权利让与，是出质人将出质的权利让与质权人，以实现担保债权。关于权利质权的法律构造，权利让与说内部又存在附停止条件的权利让与、权利部分权能让与以及以担保为目的的权利让与三种不同观点。权利客体说认为，权利质权是在权利上设立质权，出质的权利仍存在于出质人之手，质权人取得的权利与出质的权利不同。权利让与说实际上是将权利质权解释为让与担保，不符合当下学说对质权的认识。权利客体说符合当下学说对质权的认识，为通说。本书亦赞同权利客体说。《民法典》所理解的权利质权与动产质权并无不同，质权实现的条件具备时，质权人可以与出质人协议以质押权利折价，也可以就拍卖、变卖质押财产所得的价款优先受偿。换言之，《民法典》就权利质权的本质采纳了权利客体学说。《票据法》就票据质权本质的理解不同于《民法典》就权利质权本质的理解，《票据法》第 35 条第 2 款第 2 句规定："被背书人依法实现其质权时，可以行使汇票权利。"换言之，《票据法》就票据质权的本质采纳了权利让与说。

二、票据质权

（一）票据质权的概念和特征

票据，是指发票人依据法律的规定发行的，由自己无条件支付或者委托他人无条件支付一定金额的有价证券。我国法上的票据包括本票、汇票和支票。票据质权，是指为了担保主债权的实现，由作为持票人的债务人或第三人将其票据债权作为质押财产而设立的质权。须注意，票据上所载债权具有可转换性，可根据票据当事人的意思在票据债权和一般民事债权之间转换，如果构成票据债权须满足票据债权的构成要件，若不满足票据债权的构成要件，票据上所载债权可构成一般民事债权。票据质权的客体为票据债权，而非一般民事债权。如果票据质权的设立行为不符合票据行为的要求或者作为票据质权的客体不符合票据债权的构成，并不意味着债权人未取得质权，如果符合一般民事债权质押的构成，则债权人取得以一般民事债权为客体的质权。[1]在我国学说上，债权人在此场合取得的质权也被称为票据质权，为避免混淆，本书不赞同这一术语使用。

票据质权的特征如下：其一，票据质权为权利质权。票据为以请求支付金钱为债权内容的金钱证券，票据上体现的法律关系是一种债权债务关系。因此，票据质权本质上属于债权质权。其二，作为票据质权客体的票据权利须具有可让与性。票据本来以流通性为其本旨，自此意义上而言，所有种类的票据皆可出质。不过，若出票人在票据上记载"不得让与"字样，票据不得让与。因此，以注明"不得让与"的票据债权质押的，票据质权无效，当事人不能取得票据质权。其三，票据质押行为具有连带性。票据质权实现时，质权人享有的票据权利，包括付款请求权和追索权。当质权人作为持票人行使付款请求权遭到拒绝后，可对票据的出票人及其所有前手行使追索权。票据的出票人、背书人、承兑人、保证人等所有于票据上签章的人对持票人承担连带担保付款责任。持票人可以不依照签章的顺序而自由选择追索的对象，被追索人对持票人受到拒绝承兑或拒绝付款承担无条件给付票据全部金额的责任。

（二）票据质权的取得

1. 取得方式

票据债权可基于其从属性而取得，包括票据质权可因受让被担保债权而法定取得，以及票据质权还可因继承被担保债权而取得。当然，最常见的取得是设立取得。以下专门讨论。

2. 票据质权的设立

基于有因的物权形式主义物权变动模式，票据质权的设立要经过两个步骤：一是票据债权人与债权人订立书面质押合同；二是实施票据质权的设立行为。因为票据债权的让与采背书加交付的方式，所以同为处分票据债权的质权设立行为亦应通过背书加交付的方式实施。[2]所谓背书，是指在票据背

---

[1] 参见陈甦：《票据质押效力范畴界分辨析》，载《政法论坛》2022年第5期，第116~129页。

[2] 《民法典有关担保制度的解释》第58条规定："以汇票出质，当事人以背书记载'质押'字样并在汇票上签章，汇票已经交付质权人的，人民法院应当认定质权自汇票交付质权人时设立。"

面或者粘单上记载有关事项并签章的票据行为。所谓交付，是指票据占有的移转。问题是，实施背书行为时是否须记载"质押"字样？对此，《票据法》第35条第2款第2分句规定，质押时应当以背书记载"质押"字样。就《民法典》而言，票据质权的设立属于第441条第2句"法律另有规定的，依照其规定"的情形。所谓法律另有规定，具体是指《票据法》第27条第1款和第3款、第35条第2款、第80条第1款、第93条第1款。

（三）票据质权的效力

1. 出质人的权利义务

第一，处分权受到限制。票据质权的设立不同于票据债权的让与，出质人仍为票据债权人，对出质的票据债权，出质人依然享有处分权。只不过为了质权人的利益，须限制其处分权。具体表现在：其一，由于票据是完全有价证券，权利随票据，只要质权人持有票据，出质人即不能依法律行为消灭质权；其二，票据是文义证券，票据债权的变更只能通过更改票据上的文字来实现，质权人虽然现实地持有票据，但却不享有更改权，享有更改权的出质人却未持有票据，故此，未经质权人的同意，也不能变更票据债权；其三，由于质权人持有票据，未获其同意，票据质权的出质人不可能让与票据债权。

第二，根据《民法典》第442条，如果出质的票据债权到期日先于被担保债权的到期日，质权人可将票据债权兑现，使该被担保债权提前受偿或向与出质人约定的第三人提存。[1] 所谓提存是指将兑现款项代充质押财产提存，是担保物权物上代位性的体现。

第三，质权消灭后，出质人有请求质权人返还票据的权利。

第四，在质权人依法行使质权时，若票据债权金额超过了被担保债权的数额，出质人对于多余的票款有返还请求权。

2. 质权人的权利义务

质权人除享有对票据的留置权、转质权、对票据质权的保全权、物权请求权等权利外，尚有下列两项重要权利：

---

〔1〕 本书不赞同被担保债权人有提前受偿权。具体分析参见本书在不动产抵押场合关于《民法典》第406条第2款第2句的分析。

第一，行使票据权利。质权人实现质权时，可以行使票据权利。

第二，对抗票据债务人抗辩。票据质权人（被背书人）有权对抗票据债务人援用其对出质人（背书人）的抗辩，除非票据质权人于取得票据时存在有害于出质人的故意。票据质权人的这一抗辩学理上称为切断人的抗辩。设质背书的被背书人系以自己的名义为自己的利益行使票据债权，背书人和被背书人系在票据法上人格与利益分离的两个独立的主体，票据债务人不能像委托取款背书一样以对背书人的抗辩事由来对抗被背书人。其理由在于，设质背书的目的是以票据债权的安全性和信用性作为债权担保，如果允许以对背书人的抗辩对抗被背书人，使其妨碍质权的行使，即破坏了票据作为权利证券的安全性和作为流通证券的信用性，与票据行为的独立性原则不相吻合，票据作为质权的客体就失去其特有的意义。

（四）票据质权的实现

主债务人不履行到期债务致使票据质权人的被担保债权未获清偿，或发生当事人约定的实现票据质权的情形时，票据质权人实现质权的方式主要有两种：其一，向付款人请求付款，并以所得款项优先满足自己的债权；其二，行使票据追索权，并以所得款项优先满足自己的债权。

三、债券质权

（一）债券质权的概念

债券是指依照法定程序发行的，约定于一定期限内还本付息的有价证券。在债券关系中，发行人是债务人，持券人是债权人，债券是证明债权债务关系存在的凭证，具有可偿还性、收益性、可流通性等特点。根据发行主体的不同，债券可分为政府债券、金融债券、企业债券和公司债券等。政府债券，即由政府为筹措资金而向投资者发行的一种债券，包括国家债券和地方政府债券；金融债券是指由银行或非银行金融机构发行的债券；企业债券，是指由企业发行的债券；公司债券，是指由公司发行的债券。债券质权，即以债券为标的物而设立的质权，本质上属于债权质权。

（二）债券质权的取得

债券质权可基于其从属性而取得，包括债券质权因受让被担保债权而法定取得，以及因继承被担保债权而取得。当然，最常见的取得是设立取得。

基于有因的物权形式主义物权变动模式，债券质权的设立要经过两个步骤：一是债券权利人与债权人订立书面质押合同；二是实施债券质权的设立行为。就第二个步骤而言，除当事人达成债券质权设立合意外，债券质权的公示方式，因债券类别的不同而不同。有权利凭证（纸质债券）的，以交付权利凭证为公示方式，债券质权自权利凭证交付债权人时设立。没有权利凭证（纸质债券）的，比如记账式国家债券、在证券交易所上市交易的公司债券，以登记为公示方式，债券质权自办理出质登记时设立。债券质权的登记与动产抵押登记相同，均采声明登记制。

另外，根据《公司法》第200条第2款的规定，公司债券的转让应当符合法律、行政法规的规定。结合《证券法》第117条的规定，公司债券在证券交易所上市交易的，按照证券交易所的交易规则转让。根据《公司法》第201条的规定，公司债券由债券持有人以背书方式或者法律、行政法规规定的其他方式转让；转让后由公司将受让人的姓名或者名称及住所记载于公司债券持有人名册。因设立质权和转让同为处分行为，在以公司债券设立质押的场合，应类推适用前述两款规定。

（三）债券质权的效力

债券质权为质权，具有质权的效力。债券质权的特殊效力，主要有如下两项：

第一，根据《民法典》第442条的规定，如果出质的债券到期日先于被担保债权的到期日，质权人可就债券债务人清偿的款项提前受偿或向与出质人约定的第三人提存。[1]所谓提存是指将债券债务人清偿的款项代充质押财产提存，是担保物权物上代位性的体现。

第二，通知债券债务人。即债券质权人或出质人须将设立债券质权的事实通知债务人，否则，债券质权对债务人不生效力。所谓不生效力，是指债券债务人向出质人清偿仍构成有效清偿。债券质权人通知债券债务人的，应当表明债券质权人的身份并附必要的凭证。

----

〔1〕 本书不赞同被担保债权人有提前受偿权。具体分析参见本书在不动产抵押场合关于《民法典》第406条第2款第2句的分析。

四、存款单质权

存款单，也称存单，是指存款人于银行或者其他储蓄机构存了一定数额的款项后，由银行或者其他储蓄机构开具的到期还本付息的债权凭证。活期存款凭证（存折）因可随时存取，所以不宜质押。存款单质权的本质属于债权质权。

存款单质权的取得除可基于从属性、继承而取得外，典型表现为设立取得。基于有因的物权形式主义变动模式，存款单质权的设立要经过两个步骤：一是存款单债权人与债权人订立书面质押合同；二是实施存款单质权的设立行为。就第二个步骤而言，除当事人达成设立存款单质权的合意外，存款单债权人还应将权利凭证（存款单）交付债权人，存款单质权自权利凭证交付债权人时设立。

实务中，以存款单出质的，债权人应进行存款单核押。即债权人将存款单质押的情况告知开具存款单的储蓄金融机构，并就存款单的真实性向储蓄机构咨询，储蓄金融机构对存款单的真实性予以确认，并于存款单上签章或以其他方式签章。存款单经核押后，即便质押存款单系伪造、变造或者虚开，也不影响存款单质权。另外，存款单核押也具有向开具存款单的储蓄金融机构为质权设立通知的意义，存款单经核押后，存款人即成为"虚有权利人"，开具存款单的储蓄金融机构非经质权人同意不得再向存款人支付存款单载明的款项，更不允许挂失该存款单。

主债务人不履行到期债务致使被担保债权未获清偿，或者当事人约定的实现存款单质权的条件成就时，质权人可行使质权，直接向存款单债务人请求兑付，使其被担保债权就存款单兑付的款项优先获得清偿。如该储蓄金融机构拒绝兑付存款单，则质权人可向该储蓄金融机构提起给付之诉。根据《民法典》第442条的规定，如果出质的存款单债权到期日先于被担保债权的到期日，质权人可就存款单债务人清偿的款项提前受偿或向与出质人约定的第三人提存。〔1〕所谓提存是指将存款单债务人清偿的款项代充质押财产提

---

〔1〕　本书不赞同被担保债权人有提前受偿权。具体分析参见本书在不动产抵押场合关于《民法典》第406条第2款第2句的分析。

存，是担保物权物上代位性的体现。

五、仓单质权

（一）仓单质权的概念与取得

仓单质权，即以仓单为标的物而设立的质权。仓单质权本质上为债权质权。

仓单是指保管人应存货人的请求所填发的证明存货人所寄存物品的一种有价证券。根据《民法典》第910条的规定，仓单为提取仓储物的凭证，既可以让与也可以出质。仓单质权取得的典型为设立取得，基于有因的物权形式主义变动模式，仓单质权的设立要经过两个步骤：一是仓单债权人与债权人订立书面质押合同；二是实施仓单质权的设立行为。就第二个步骤而言，对于有权利凭证的仓单，当事人须实施背书行为，在背书行为中记载"质押"字样，并且还须保管人签章，设立仓单质权的公示方式为交付，仓单质权自仓单交付债权人时设立。对于没有权利凭证的仓单，当事人除达成设立仓单质权的合意外，设立仓单质权的公示方式为登记，仓单质权自出质登记时设立。仓单质权的登记与动产抵押登记相同，均采声明登记制。

（二）仓单质权对仓储物保管人的效力

仓单质权对仓储物保管人的效力主要表现为：其一，保管人负有见单即交付仓储物的义务。当质权人的债权到期不能获得清偿时，质权人可向保管人提示仓单请求提取仓储物。其二，保管人享有救济权。仓单持有人提前提取仓储物，保管人不减收仓储费。故此，质权人于实现质权时，尽管仓储期限尚未届满，保管人也不得拒绝交付仓储物。但是如果尚有未支付的仓储费，保管人可请求质权人支付未支付的仓储费。当然，质权人因此而为的支出应当于仓储物的变价之中扣除，由债务人最后负责。若质权实现时，仓储期限业已届满，保管人也享有同样的救济权，由质权人先支付逾期仓储费，债务人最后予以补偿。

（三）仓单质权与其他担保物权的冲突

根据《民法典有关担保制度的解释》第59条第2款的规定，出质人既以仓单出质，又以仓储物设立担保，按照公示的先后确定清偿顺序；难以确定先后的，按照债权比例清偿。根据同条第3款的规定，保管人为同一货物签发多份仓单，出质人在多份仓单上设立多个质权，按照公示的先后确定清偿顺序；难以确定先后的，按照债权比例受偿。

（四）仓单质权的实现

仓单质权的实现方法有三种：折价、拍卖及变卖。仓单作为提取仓储物的凭证，一般会有仓储期间记载其上。仓单质权实现时会因仓单上所记载的提货日期先于、后于或同时与仓单质权担保的债权的清偿期届至而有所不同。

（1）仓单所记载的提货日期先于质权所担保的债权到期日的，质权人可在债权清偿期届满前提取仓储物，并与出质人协议将提取的仓储物用于提前清偿所担保的债权，或向与出质人约定的第三人提存，质权的效力仍然及于该提存物上。在此情况下，仓单质权变为动产质权。如果在此情况下，债务人另行提供了担保，则不发生质权人提取仓储物的后果，而质权人应返还仓单给出质人，从而使仓单质权消灭。至于质权人返还仓单后出质人是否提取已届期的仓储物，则不属于仓单质权问题。应注意的是，在上述情况下，如果质权人与出质人不能就被担保债权提前清偿达成协议，则质权人只能将所提取的仓储物予以提存，而不能用于提前清偿所担保的债权。因若用于提前清偿所担保的债权，则势必会损害债务人所享有的期限利益，质权人将提取的仓储物提存之后，质权仍存在于该提存物上，如此债权人的债权依然能够得到有效的保障；同时债务人于履行期届至时依法履行了债务后，即可向提存人请求提取提存物，由此取回属于自己的物品。

（2）仓单所记载的提货日期后于质权所担保的债权到期日的，质权人无权在质权所担保的债权到期日提取货物，但质权人可以通过让与仓单，以此取得的价款优先受偿。

（3）仓单所载提货日期与质权所担保的债权到期日同时的，因为于所担保的债权的清偿期届至时，债务人未为债务的清偿，故此质权人自可依法实现质权。此时，以质权人向仓储物的保管人提示仓单为必要。质权人提示仓单请求提取仓储物，保管人不得拒绝交付仓储物。质权人可依法处分所提取的仓储物，优先清偿其到期债权。

六、提单质权

提单质权，是指以提单为客体而设立的质权。提单质权的本质是债权质权。所谓提单，是指用以证明海上货物运输合同和货物已经有承运人接收或者装船，以及承运人保证据以交付货物的单证。提单中载明的向记名人交付货物，或者按照指示人的指示交付货物，或者向提单持有人交付货物的条款，构成承运人据以交付货物的保证。货物由承运人接收或者装船后，应托运人的要求，承运人应当签发提单。提单可以由承运人授权的人签发。提单由载货船舶的船长签发的，视为代表承运人签发。根据《海商法》第79条的规定，记名提单不得让与，指示提单经过记名背书或者空白背书让与，不记名提单无须背书即可让与。因此，能够作为提单质权客体的提单，只能是指示提单和不记名提单两种。基于有因的物权形式主义物权变动模式，提单质权的设立，不仅需要当事人签订书面质押合同，还需要当事人就设立质权达成合意，并交付提单，提单质权自提单交付时设立。若提单权利的让与需要背书让与，则适用之。提单质权的效力与仓单质权基本相同，不再赘述。

七、股权质权

（一）股权质权的概念

股权质权，是指以股权为标的而设立的质权。股权系以股东资格为发生基础，既包括经济性质的权利，也包括非经济性质的权利，股权在民事权利体系中属于社员权的一种。由于股权中包含具有财产性质的权利（如股息分配请求权、剩余财产分配请求权、新股认购权等），具有经济价值且可依法让与，故《民法典》允许债务人或者第三人以依法可以让与的股权设立质权。即便股东未履行或者未全面履行出资义务，股东仍然有权将其股权出质。至于股权依法不得让与的，则不能出质。例如，《公司法》第162条第5款规定："公司不得接受本公司的股份作为质权的标的。"可见以股权出质，既应满足《民法典》的要求，也应满足《公司法》的要求。

在我国，公司包括有限责任公司和股份有限公司。有限责任公司股东的股权是通过公司签发的出资证明书来体现的，股份有限公司股东的股权是通过公司签发的股票来体现的。根据《公司法》第55条的规定，有限责任公司成立后，应当向股东签发出资证明书，出资证明书由法定代表人签名，并由公司盖章。根据《公司法》第 147 条第 1 款第 2 句、第 149 条第 1 款以及第 150 条第 1 句的规定，股票是公司签发的证明股东所持股份的凭证，股票采用纸面形式或者国务院证券监督管理机构规定的其他形式，股份有限公司成立后，即向股东正式交付股票。总之，出资证明书和股票即是股东享有股权的法定凭证。

（二）股权质权的取得

股权质权的取得典型为设立取得。基于有因的物权形式主义物权变动模式，当事人除应当签订书面质权合同外，还须就质权设立达成合意，并登记，质权自办理出质登记时设立。股权质权的登记与动产抵押登记相同，均采声明登记制。

（三）股权质权的效力

1. 所及客体范围

股权质权的效力及于出质股权本身，以及股权出质后产生的法定孳息，包括现金红利、股息、红股、转增股等。如果公司以发行新股的方式分配股利的一部或全部，质权人对新股同样有收取权。对于股权的法定孳息，质权合同约定不在股权质权的效力范围之内的，依其约定。在公司清算而有剩余财产可分配于股东时，股权质权人有权收取该剩余财产。出质的股权因公司的合并或创设分立而失去效力，因此配发新股或现金，属于股权的代位物，应为股权质权的效力所及。至于若为配合股票公开上市，由大面额股票换发为小面额股票，或可转换的公司债券经转换为股份后的股票，或股票经除权判决宣告无效后换发的新股票等，虽然不是因质押股权消灭所获得的损害赔偿金，但这些新股票和原股票应被视为同一物，该新股票相对于原股票的代位物而言，更应为股权质权的效力所及。

2. 质权人的权利

质权人的权利，除享有对股票、出资证明书的留置权，对股权法定孳息的收取权，物上代位权，基于股权质权的物权请求权，以及在股权质权消灭后将保管的股票或出资证明书返还给出质人的义务外，尚有股权质权的保全权、保管义务（在出质的股权有股票或出资证明书交付给质权人的情况下，质权人有保管此类股票、出资证明书的义务），以及股权质权的实现权。也就是说，主债务人不履行到期债务，或当事人约定的实现股权质权的情形出现时，质权人有权行使其质权，就出质股权的价值优先受自己债权的清偿。股权质权的实现方法可以是拍卖、变卖出质的股权，也可以经出质人和质权人协商将出质股权折价，使被担保债权优先受偿。变价款超过被担保债权的部分归出质人所有，不足部分由债务人清偿。

3. 出质人的权利义务

（1）处分权受到限制。股权出质后，出质人对于股权不得以法律行为使其绝对消灭或变更，除非质权人同意。至于相对消灭，如股权让与，亦同。不过出质人对股权作担保性让与无须经过质权人同意，比如让与担保，因为担保性让与属于出资人以出质股权为客体再次为他人设立担保权，质权人可基于其质权的优先顺位获得充分保护。

（2）继续享有和行使于公司中的表决权。出质人于股权出质后，有权继续出席股东大会，并对股东大会的决议进行表决。

八、基金份额质权

基金份额质权，是指以基金份额为客体而设立的质权。《民法典》第443条允许以可以让与的基金份额设立质权。质权的设立，除当事人签订书面的质押合同外，还需要当事人就设立质权达成合意，并登记，质权自办理完毕出质登记时设立。基金份额质权的登记与动产抵押登记相同，均采声明登记制。

《民法典》第443条规定的"基金"，仅指通过公开发售基金份额募集证券投资基金，由基金管理人管理，基金托管人托管，为基金份额持有人的利益，以资产组合方式进行证券投资活动的信托契约型基金，包括投资于不同对象的信托契约型基金、采用不同运作方式的信托契约型基金和选择不同投资收益与风险的信托契约型基金，但不包括私募基金和公司型基金。

基金份额质权的效力与股权质权的效力基本相同，不再赘述。

九、知识产权质权

（一）知识产权质权的概念

知识产权质权，是指以知识产权为客体而设立的质权。知识产权，主要包括三类权利：商标权、专利权及著作权。商标权也称注册商标专用权，是法律赋予商标所有人对其注册商标（包括商品商标、服务商标和集体商标、证明商标）所享有的专有使用权。商标权是一种纯粹的财产权利，不包含人身权利在内，由此商标权原则上可以让与。因此，商标权原则上可以质押。专利权是指国家专利主管机关依法授予专利申请人或其继受人于一定期限内实施其发明创造的独占性权利，包括发明专利权、实用新型专利权和外观设计专利权。专利权涵括人身权利与财产权利两部分，人身权利是指发明人、设计人的署名权，而财产权利包括专利申请权、专利许可权、专利让与权。因此，可以让与的专利权中的财产权可以质押。著作权是指基于文学、艺术和科学作品依法产生的权利，具体包括下列人身权和财产权：发表权、署名权、修改权、保护作品完整权、复制权、发行权、出租权、展览权、表演权、放映权、广播权、信息网络传播权、摄制权、改编权、翻译权、汇编权，以及应当由著作权人享有的其他权利。这些权利中，除发表权、署名权、修改权和保护作品完整权属于人身权外，其他的皆为财产权利。著作权人可以将这些财产权全部或者部分地加以让与，并依照约定或者《著作权法》的有关规定获得报酬。因此，可让与的著作权中的财产权可以质押。

（二）知识产权质权的取得

知识产权质权的典型取得方式是设立取得。设立取得，当事人除签订书面质押合同外，还应达成质权设立合意，并登记，质权自办理出质登记时设立。知识产权质权的登记与动产抵押登记相同，均采声明登记制。

（三）知识产权质权的效力

1. 所及客体的范围

知识产权质权的效力及于出质知识产权自身。如质押合同未有相反的约定，知识产权质权的效力也及于出质的知识产权让与时产生的转让费、许可他人使用时产生的许可费。

2. 出质人的权利义务

出质人的权利义务包括两个方面：一是以注册商标专用权、专利权和著作权中的财产权设立质权后，出质人仍可继续使用知识产权；二是除非经质权人同意，出质人不得让与或者许可他人使用出质的知识产权。不过出质人对知识产权作担保性让与无须经过质权人同意，比如让与担保，因为担保性让与属于出资人以出质知识产权为标的再次为他人设立担保权，质权人可基于其质权的优先顺位获得充分保护。

3. 质权人的权利义务

（1）收取出质知识产权转让时产生的转让费、许可他人使用时产生的使用费。特别是知识产权人在出质前与他人订立的许可使用合同，其效力不因知识产权的出质而受影响，使用人仍有权继续使用。如果许可使用费于知识产权出质时还未收取，质权人有权收取该许可使用费。此外，出质知识产权被转让时产生的转让费，质权人也有权收取。

（2）实现知识产权质权。知识产权质权担保的债权届清偿期而未获清偿，或当事人约定实现质权的情形出现时，质权人有权实现知识产权质权，并从卖得价金中优先受自己债权的清偿。实现的方法主要有三种：拍卖、变卖出质的知识产权质权，或者经出质人和质权人协商将出质知识产权折价，使被担保债权优先受偿。

（3）不得擅自使用出质知识产权的客体。质权人不得凭借其法律地位而擅自使用出质知识产权的客体——商标、专利技术或作品，如欲使用，须获得出质人的许可。

（4）允许被许可使用人在原使用范围内继续使用。知识产权人于出质前已许可他人为某种使用的，其对知识产权客体的使用，不因出质而受影响，被许可人仍有权于原使用范围内继续使用。

（5）被担保债权因清偿、抵销等原因而消灭时，质权人有通知质押登记机关注销质押登记的义务。

十、应收账款质权

（一）应收账款质权的概念

应收账款质权，是指以现有的或将有的应收账款为客体而设立的质权。应收账款质权本质上为债权质权。应收账款质权的客体为现有的或将有的债权，因此，应收账款质权的客体具有不特定性。在应收账款质权关系中，应收账款债权人为出质人，绝大多数情况下也是质押所担保的主债权债务关系中的主债务人，主债务人的债权人为质权人。根据《动产和权利担保统一登记办法》（中国人民银行令［2021］第7号）第3条的规定，应收账款是指应收账款债权人因提供一定的货物、服务或设施而获得的要求应收账款债务人付款的权利以及依法享有的其他付款请求权，包括现有的以及将有的金钱债权，但不包括因票据或其他有价证券而产生的付款请求权，以及法律、行政法规禁止转让的付款请求权。具体包括：其一，销售、出租产生的债权，包括销售货物，供应水、电、气、暖，知识产权的许可使用，出租动产或不动产等；其二，提供医疗、教育、旅游等服务或劳务产生的债权；其三，能源、交通运输、水利、环境保护、市政工程等基础设施和公用事业项目收益权；[1]其四，提供贷款或其他信用活动产生的债权；其五，其他以合同为基础的具有金钱给付内容的债权。[2]

应收账款质权具有三项法律特性：其一，应收账款质权的客体是未被证券化的以合同为基础的具有金钱给付内容的债权。虽然在证券化的以合同为基础的具有金钱给付内容的债权上不得设立应收账款质权，但可设立票据质权或债券质权。另外，作为应收账款质权客体的应收账款须具有可转让性，法律或行政法规禁止转让的，不能作为应收账款质权的客体。若应收账款债权人和债务人约定禁止转让的，在该应收账款上仍然可以设立应收账款质权，因为根据《民法典》第545条第2款第2句的规定，当事人约定金钱债权不得转让的，不得对抗第三人。其二，应收账款质权的设立不以交付权利凭证为要件。作为应收账款质权客体的应收账款是一种未被证券化的具有金钱给付内容的债权，无证券载体，因此在设立应收账款质权时无须交付权利凭证。当然，根据当事人意思自治原则，质权人可以要求出质人于订立应收账款质押合同时转移合同书或其他凭证，增加其私下让与、处置应收账款的难度，尽可能维护质权效能。其三，应收账款质权的实现受制于应收账款义务人的清偿能力。

（二）应收账款质权的取得

应收账款质权的典型取得方式为设立取得。为设立应收账款质权，当事

---

〔1〕　不同观点认为，基础设施和公用事业项目收益权是一种独立的不动产权利，不属于应收账款的范畴，参见李鸣捷：《不动产收益权担保规范构造论》，载《政治与法律》2024年第2期，第162~176页。

〔2〕　须注意，法律上的应收账款的概念不同于会计学上应收账款的概念。会计学上的应收账款，仅包括企业在正常经营过程中因提供商品或服务而产生的债权。

人除应签订书面质押合同外，还应达成设立应收账款质权的合意，并登记，应收账款质权自登记时设立。应收账款质权的登记与动产抵押登记相同，均采声明登记制。

以现有应收账款出质的，债权人取得应收账款质权不以通知应收账款债务人为要件，但不通知应收账款债务人，应收账款质权不得对抗应收账款债务人，即应收账款债务人向应收账款债权人清偿仍然构成有效清偿，债权因此而完全消灭或部分消灭的，应收账款质权也相应地消灭。[1]应收账款债权人受领的清偿构成其一般责任财产，债权人不得主张优先受偿，除非当事人就应收账款债权人受领的清偿另设了质权，一般表现为当事人为应收账款设立了由债权人控制的特定账户。

以现有应收账款出质的，现有应收账款必须真实存在。若现有应收账款不存在，即便办理了登记，债权人也不取得应收账款质权。不过，出质人以虚假应收账款出质的，不得对抗善意相对人。所谓善意，是指相对人不知道且不应当知道出质应收账款的虚假性。善意的判断时点为应收账款出质登记完成时。所谓不得对抗，是指善意相对人取得质权。《民法典有关担保制度的解释》第 61 条第 1 款规定："以现有的应收账款出质，应收账款债务人向质权人确认应收账款的真实性后，又以应收账款不存在或者已经消灭为由主张不承担责任的，人民法院不予支持。"该款规定并未切中要害，会带来保护恶意相对人的效果。因为根据该款规定，如果应收账款债务人基于某种考虑向相对人确认了应收账款的真实性，即便相对人明知该应收账款的虚假性，相对人仍然能够取得质权。另外，对相对人善意的判断而言，并不意味着其取得应收账款债务人的真实性确认，就意味着相对人不应当知道应收账款的虚假性。

（三）出质人的义务

根据《民法典》第 445 条第 2 款第 1 句的规定，应收账款出质后，应收账款不得让与，除非经过质权人同意。如果出质人擅自让与应收账款，受让人仍然能够取得应收账款，并且质权人的质权不受影响，不过，若因出质人擅自让与应收账款给质权人造成损失，质权人有权主张损害赔偿。根据《民

---

〔1〕 参见《民法典有关担保制度的解释》第 61 条第 3 款前段。

法》第 445 条第 2 款第 2 句的规定，出质人转让应收账款所得价款，应当向质权人提前清偿债务或者提存。本书认为，课与出质人提前清偿债务的义务有待商榷。主要理由为，质权人的质权不因出质应收账款的转让而受影响，换言之，质权人的利益不受影响，使其利益提前实现，没有道理。所谓提存，是指将转让所得价款代出质应收账款予以提存，进而质权存在于被提存的转让所得价款上，是担保物权物上代位性的体现。若转让所得价款足以清偿被担保的债权，则应收账款质权消灭，若不足以清偿被担保的债权，则应收账款质权仅担保转让价款不能清偿的部分。

需注意，若出质人对应收账款作担保性让与无须经质权人同意，比如有追索权的保理，因为担保性让与的实质是出质人以出质应收账款为标的再次为他人设立担保权，质权人基于其质权的优先顺位获得了充分的保护。

（四）应收账款质权的实现

主债务人不履行到期债务致使质权人的被担保债权未获清偿，或发生当事人约定的实现应收账款质权的情形时，质权人可将应收账款折价，或者以拍卖、变卖应收账款所得价款优先受偿。不过，质权人有权在被担保债权的范围内请求应收账款债务人向其履行债务，并以收取的款项优先受偿。以现有应收账款出质的，应收账款质权人的收取权以通知应收账款债务人为要件。根据《民法典有关担保制度的解释》第 61 条第 3 款后段的规定，应收账款债务人接到质权人要求向其履行的通知后，应收账款债务人向出质人的清偿不发生效力。如果应收账款先于主债权到期，应类推适用《民法典》第 442 条，质权人可与应收账款债权人协议将应收账款债务人清偿的款项提前清偿债务或者提存。所谓提存，是指当事人协议将应收账款债务人清偿的款项代质押应收账款予以提存，进而质权存在于被提存的款项上，是担保物权物上代位性的体现。

根据《民法典有关担保制度的解释》第 61 条第 4 款的规定，当事人以将有应收账款出质的，当事人为应收账款设立特定账户的，发生法定或者约定的质权实现事由时，质权人有权就该特定账户内的款项优先受偿，特定账户内的款项不足以清偿债务的，质权人有权折价或者以拍卖、变卖将有应收账款所得款项优先受偿。如果当事人未为应收账款设立特定账户，质权人只能就应收账款折价或者以拍卖、变卖将有应收账款所得款项优先受偿。

第七章

留置权

第一节　留置权的概念和特征

一、留置权的概念

留置权，是指债权人合法占有他人的动产时，债务人不履行到期债务，债权人依法享有留置该动产，并可以该动产折价或以拍卖、变卖该财产的价款使其债权优先受偿的权利。债权人合法占有的动产为留置物，亦称留置财产，留置物一般属于债务人所有但也可为第三人所有。实施留置的债权人为留置权人。

二、留置权的特征

（一）留置权具有留置效力

所谓留置效力，是指留置权人对动产权利人的返还请求权予以拒绝的效力。留置权人通过留置他人动产剥夺其利用权，以造成债务人心理压力，迫使债务人清偿到期债务。

（二）留置权以他人的动产为客体

留置权的客体为动产，不动产、权利在我国现行法上均不得作为留置权的客体。该动产为他人所有的动产。所谓他人，是指债权人以外的人，可以为债务人，亦可为债务人以外的第三人，比如驾驶他人汽车时途中抛锚，请求修理厂修理，待修理完毕后却拒付修理费，成立留置权。

（三）留置权为担保物权

留置权起源于罗马法中恶意抗辩（exceptio doli）。[1]近现代大陆法系国家的民事立法对于留置权是否为一种独立的担保物权，立场不一。德国法等坚守罗马法传统，留置权效力仅在于对抗返还请求权，即债权人有权拒绝给付，属于债权性质的抗辩权，所谓留置权即留置抗辩权。法国法和日本法中所规定的留置权的效力与德国法相同，仅具有对抗请求权的效力，但属于物权性质的抗辩权，赋予留置权人物权法的保护。[2]瑞士法规定的留置权，不仅具有对抗请求权的效力，而且还赋予留置权人换价权和优先受偿权，属于担保物权的一种。我国民法规定的留置权为担保物权的一种。

（四）留置权为法定担保物权

与抵押权和质权大多基于当事人的约定而设立不同，留置权于法律直接规定的要件具备时当然成立。因此留置权为法定担保物权。

（五）留置权具有从属性

留置权从属于被担保的债权，若不存在被担保债权，就不成立留置权。

（六）留置权具有不可分性

留置权的不可分性，是指留置权担保债权的全部，而非部分，留置权的效力及于留置物的全部，而非部分。考虑到留置物的价值远远超过被担保债权时仍固守不可分性，对留置物的所有权人过于苛刻，在一定条件下缓和留置权的不可分性也有必要，《民法典》第450条规定："留置财产为可分物的，留置财产的价值应当相当于债务的金额"。

（七）留置权具有物上代位性

留置权是否具有物上代位性，存在着分歧。肯定说依逻辑主张，因留置权为担保物权，自具有物上代位性。否定说则认为，留置权是把物的占有作为效

---

　　[1]　恶意抗辩在后来发展成两种制度，一个是双务合同关系中的同时履行抗辩权，另一个是不以合同关系为前提的留置权（留置抗辩权）。另外，留置权在罗马法中的起源与发展，参见［意大利］马西米利亚诺·文奇：《论留置权制度的历史发展——罗马法、意大利法与中国法之比较》，李云霞译，载《厦门大学学报（哲学社会科学版）》2013年第2期，第97～104页。

　　[2]　参见［日］近江幸治：《留置权"抗辩"功能的含义》，徐肖天、张尧译，载《山东大学法律评论》2019年第0期，第2页。德国法和法国法、日本法的不同源于两国采取不同的物权变动模式，具体论述，参见章程：《论我国留置权的规范适用与体系整合——民法典时代的变与不变》，载《法商研究》2020年第5期，第19～32页。

力的本体，故不得承认它有物上代位性。折中说认为，若留置物完全变形为他种性质之物，如汽车被毁灭，转换成保险金，则留置权因留置物的占有彻底消失而归于消灭，物上代位性无从谈起，若留置物只是遭受了些许损坏仍为同种之物，变形物产生，如投保的汽车被他人刺破轮胎而产生保险金，留置权并未消灭，其效力同时及于保险金上，表现出物上代位性。[1]本书赞同肯定说。

第二节　留置权的取得

一、取得方式

留置权属于法定担保物权，即留置权是基于法律的规定而直接取得。当然，留置权也可基于继承而取得。但无论如何留置权不可基于当事人间的法律行为而取得。以下讨论留置权取得的法定条件。

传统民法通常将法律关于留置权的产生条件划分为积极条件和消极条件。所谓积极条件，是指留置权产生所必须具备的条件。所谓消极条件，是阻止留置权成立的条件，只有这些限制条件不存在时留置权才能成立。

二、积极要件

（一）债权人已合法占有他人的动产

留置权为担保物权，具有从属性，所以留置权人必须为债权人。债权人所留置的动产为其合法占有的他人动产。所谓他人动产，一般为债务人所有的动产，但也可以为第三人所有的动产。[2]在商事留置中，若第三人所有的

---

〔1〕参见崔建远：《物权：规范与学说——以中国物权法的解释论为中心》（下册）（第2版），清华大学出版社2021年版，第612~613页。

〔2〕《民法典》第447条第1款将可留置的动产限于债务人所有的动产，但第783条、第836条、第903条和第959条所规定的留置权均不以债务人所有的动产为限。如何解释这一体系矛盾？有观点认为，第447条第1款规定的是一般留置，第783条、第836条、第903条和第959条规定的留置权属于特殊留置权，不过对于一般留置权而言，若债权人不知道且不应当知道留置的动产为第三人所有人的，亦可成立留置权。参见章程：《论我国留置权的规范适用与体系整合——民法典时代的变与不变》，载《法商研究》2020年第5期，第19~32页。在一般留置权场合，善意债权人在第三人所有的动产上取得的留置权，在学说上也被称为留置权善意取得，参见常鹏翱：《留置权善意取得的解释论》，载《法商研究》2014年第6期，第116~125页。

动产与被担保的债权间不具有牵连关系，债权人不得留置该第三人所有的动产。

债权人必须已经合法占有他人的动产，即债权人对他人动产处于占有状态。此等占有状态不仅是留置权的成立要件，亦为留置权的存续要件。留置权人对他人动产的占有不以直接占有为限，间接占有或利用占有辅助人而为占有，与第三人共同占有，均无不可。间接占有虽属少见，但仍可能存在，比如保管人将保管物交由第三人保管的场合，保管人对寄存人就保管报酬主张保管物留置权。但留置权人对他人动产的占有不得为以占有改定方式成立的间接占有，因为在此场合，留置权的留置效力无法保障。

（二）债权的发生与留置的动产间具有牵连关系

1. 牵连关系要件的意义

留置权的构成需平衡各方利益。一方面通过留置债务人或第三人的动产，迫使债务人清偿其债务，确保债权实现。另一方面也要考虑到债务人或第三人的利益，以及债务人或第三人的债权人的合法权益。假如允许债权人任意留置债务人或第三人所有却与债权的发生无关的动产，很可能破坏债务人就生产或生活的预先安排，带来较为严重的损害，甚至牺牲了债务人或第三人的债权人的合法权益，从整个社会的层面考虑，缺乏效率，甚至有失公正。有鉴于此，比较法上一般将留置权的成立限定在债权的发生与被留置的动产间有牵连关系的场合。

《民法典》第448条前段规定，债权人留置的动产应当与债权属于同一法律关系。比如保管人、承运人、承揽人、行纪人基于保管合同、运输合同、承揽合同、行纪合同而享有的债权与占有保管物、运输物、工作物、委托物属于同一法律关系，可发生留置权。有疑问的是，我国法上的同一法律关系和比较法上的牵连关系是否具有相同的规范意义？有学说认为它们二者具有相同的规范意义，[1]有学说认为牵连关系的外延大于同一法律关系，牵连关系除包括同一法律关系外，还包括同一事实关系等。[2]本书赞同第一种

---

〔1〕　参见梁慧星、陈华彬：《物权法》（第7版），法律出版社2020年版，第392页。

〔2〕　参见崔建远：《物权：规范与学说——以中国物权法的解释论为中心》（下册）（第2版），清华大学出版社2021年版，第624页；王利明：《物权法研究》（下卷）（第3版），中国人民大学出版社2013年版，第1410页；郝丽燕：《〈民法典〉第447—452条（一般留置权的成立要件与效力）评注》，载《南大法学》2023年第2期，第128~148页。

观点，同一法律关系不限于同一合同关系，扩张解释同一法律关系，使之与牵连关系同义。

2. 牵连关系的判断标准

牵连关系是留置权成立的核心要件，其功能在于贯彻留置权的价值，属于不确定法律概念。关于牵连关系的判断标准，学说纷呈，概括起来，有两种学说，分述如下。[1]

（1）单一标准说。单一标准说认为动产与债权发生有无牵连关系，可由单一标准判断。但单一标准为何，仍有不同见解。其一，动产如为构成债权发生法律要件之一项法律事实时，该债权的发生与动产之间即有牵连关系。其二，动产须为构成债权发生的基础，亦即动产须为债权的唯一发生原因，或诸发生原因中的一项基础，且两者间具有因果关系存在时，该债权的发生与动产之间即有牵连关系。其三，动产与债权的发生须有相当因果关系，而且社会一般观念认为此时也有必要存在留置权时，债权与该动产之间才应认为存在牵连关系。其四，债权与动产须由于某种经济关系而发生，债务人如自己不履行债务，而只请求交还其物，在社会观念上认为不当时，即可认该动产与债权的发生有牵连关系。

（2）两项标准说。该学说认为动产与债权的发生存在直接原因时，自应认为二者存在牵连关系，即便债权的发生与动产之间存在间接原因，也可认为有牵连关系。至于间接原因的判断标准，又有不同主张：其一，认为债权与取得动产的占有，系因同一交易关系或同一目的而生时，二者即有牵连关系。其二，动产为与该债权基于同一原因而生而为他债权的标的物时，该动产与债权即有牵连关系。其三，债权因动产而发生时，即可谓两者有牵连关系。债权与动产的返还请求权自同一生活关系而生且符合公平的观念时，具有牵连关系。其四，认为债权因物之关系而发生，或债权与动产返还请求权系基于同一法律关系或同一生活关系而生的，均可认为有牵连关系。其五，就动产所生的事实，为债权发生的直接或间接原因之一的，该动产与债权的发生，即有牵连关系。

以上诸学说，以两项标准说中的第四种学说为通说。依此说，有下列三

----

〔1〕 参见谢在全：《民法物权论》（下册），中国政法大学出版社2011年版，第1066~1070页。

种情形之一时，即认为债权的发生与该动产存在牵连关系：

第一，债权因该动产本身而生。此种场合，债权与动产的牵连关系，又可进一步区分为两种情形：其一，对动产的支出费用所生的费用偿还请求权；其二，因动产所生的损害赔偿请求权。[1]例如，踢球房屋所有人因足球破窗而入享有损害赔偿请求权时，对于该球有留置权。

第二，债权与该动产的返还义务基于同一法律关系而生。由此而发生的牵连关系，为社会生活中最为常见。比如，甲将汽车交由乙修理店修理，在甲未清偿修理费之前，乙得留置该汽车。

第三，债权与该动产的返还义务基于同一事实关系而生。所谓同一事实关系，又称同一生活关系，指无法律关系而仅有事实关系的情形。例如，甲、乙二人彼此错骑对方自行车，则双方的返还请求权，即系基于同一事实关系而生，从而各自可就对方的自行车享有留置权。

至于债权的种类，系金钱债权抑或非金钱债权，债权发生的原因为合同、无因管理、不当得利抑或侵权行为，以及债权与动产的返还之间有无对价关系，皆非所问。

判断有无牵连关系时，还须注意以下两点：

第一，留置权人的债权，通常是留置权人取得动产的占有后才发生。有疑问的是，对于取得动产的占有前发生的债权，可否认为该债权与动产之间存在牵连关系，从而主张留置权。对此，有肯定与否定两说。肯定说认为，债权与动产的牵连关系，不因债权发生于债权人取得动产之前或之后而有差异；否定说认为，占有动产之前发生的债权，因与现在所占有的动产之间毫无关系，故不得发生留置权。此两说中，学理多采肯定说，并认为该项争论的关键，不在于债权发生于何时，而在于债权是否与动产有牵连关系，如有牵连关系，即便债权发生于取得动产的占有之前，也对留置权的成立未有影响。

第二，与动产有牵连关系的债权发生后，如债权人将占有的动产返还给债务人或因其他原因而丧失对动产的占有，之后又因故恢复对该动产的占有

---

[1] 在罗马法中，留置权主要适用于这两种情形，参见［意大利］马西米利亚诺·文奇：《论留置权制度的历史发展——罗马法、意大利法与中国法之比较》，李云霞译，载《厦门大学学报（哲学社会科学版）》2013年第2期，第97~104页。

的，该动产与原债权间可否认为有牵连关系。对此，有肯定与否定两说。本书认为，留置权人丧失对留置物的占有后，留置权应当归于消灭。不过，若之后留置权人重新取得动产的占有，就同一债权，其对于该动产原则上仍应取得留置权。至于留置权人任意将留置物返还给债务人，而之后又重新取得留置物的占有的，可否复取得留置权，则应分别不同情形而定：其一，留置权人明知自己对留置物享有留置权而仍返还留置物的，应认为留置权人放弃留置权，留置权人的留置权终局地归于消灭，即使之后复取得留置物，留置权也不得再生；其二，留置权人不知有留置权存在的情形下将留置物返还给债务人，而之后复取得动产时，应认为得重新取得留置权。

3. 商事留置权的发生不以具有牵连关系为要件

根据《民法典》第 448 条后段，企业之间留置的，无须要求留置物与债权间具有牵连关系。但为限制商事留置权的发生，《民法典有关担保制度的解释》第 62 条第 2 款和第 3 款规定，商事留置权所担保的债权须是企业持续经营中发生的债权，商事留置权所留置的动产须是债务人的动产，不能是第三人的动产。实际上，在商事留置权中，因营业关系而占有的债务人的动产与其因营业关系所生的债权，无论实际上有无牵连关系，皆视为有牵连关系而成立留置权。此系因企业相互之间的交易频繁，若必须证明每次交易所生的债权与所占有的动产有牵连关系，有时较为不便。当代法律为加强商业上的信用，保护债权人的利益，确保交易的迅速、安全，于是特别扩大牵连关系的范围，以促进工商业的繁荣、发展。

（三）债权已届清偿期

债权已届清偿期通常为担保物权的实现要件，然而留置权却以之为成立要件，乃因留置权制度系为维护公平而设置，假如允许债权人在债权未届清偿期前可留置他人的动产，属于迫使债务人期前清偿债务，既不符合债务履行期的意义，也违反了留置权制度的立法目的。因此，留置权的发生不仅需要债权已经存在，而且必须已届清偿期。

留置权的发生以债权已届清偿期为必要，仅为原则，在紧急留置权的场合，债权人纵于其债权未届清偿期前，亦有留置权。所谓紧急留置权，是指在债权到期前，债务人丧失清偿能力。所谓丧失清偿能力，是指依债务人的财产状况，包括其信用能力，已达不能清偿债务的情形，如仅一时的周转困难，尚不包括在内。债务人丧失支付能力时，若仍必使债权人因债权未届清偿期而须返还所占有的具有牵连关系的动产，不足以保障债权人的利益，有违公平价值。《民法典》第 447 条将留置权的成立严格限定在债务人不履行到期债务，笔者认为应在紧急留置权的场合作扩张解释。

三、消极要件

留置权成立的消极要件，即阻止留置权成立的情形或因素。《民法典》第 449 条规定："法律规定或者当事人约定不得留置的动产，不得留置。"

所谓法律规定不得留置动产，在我国现行法上包括以下情形：其一，债权人通过侵权行为而占有动产。由于《民法典》第 447 条第 1 款只允许债权人"留置已经合法占有的债务人的动产"，通过侵权行为而占有的动产是非法的，不属于合法占有，不得留置。其二，动产的留置，与债权人承担的义务相抵触。所谓与债权人承担的义务相抵触，是指债权人如留置其所占有的动产，就与其所负担的义务的本旨相违背。例如，承揽人主张定作人没有按照约定先付 1/3 的报酬，而将定作人交付的材料加以留置，拒绝完成工作成果。此种行为本身就与承揽人依据合同负有的完成工作成果的义务相抵触，承揽人应当在按照合同要求完成工作成果之后，如果定作人未按约定支付报酬，则可就已完成的工作成果享有留置权。其三，动产的留置违反了公序良俗。例如，骨灰盒的承运人不得以运费未付而对骨灰盒主张留置权。另外，如果留置的物品足以造成债务人社会交往上的障碍，或为维持债务人生活或职业所必需，也应认为违反公序良俗而不得留置。前者如留置债务人的身份证、居民户口簿等，后者如留置作为残疾人的债务人的辅助器具、留置作为律师的债务人的律师资格证等。

所谓当事人约定不得留置动产，包括在特定条件下暂时地不得留置动产和终局地不得留置动产。前者如债务人将汽车交由债权人修理，双方约定汽车修复后必须交给债务人试用 5 日，债权人不得于修复该车后即以债务人未给付修理费为由留置该车。后者如甲请乙清除衣服上的污渍，约定清除后务必将该衣服返还自己，乙于清除后以甲未付报酬为由留置该衣服，属于违反了当事人关于不得留置的约定。

第三节　留置权的效力

一、所担保债权范围

确定留置权所担保债权的范围，相较于确定抵押权、质权所担保债权范围，有两点特殊之处：一是当事人不得约定留置权所担保债权范围；二是债权必须与留置物具有牵连关系。在此前提下，适用《民法典》第 389 条第 1 句关于"担保物权的担保范围包括主债权及其利息、违约金、损害赔偿金、保管担保财产和实现担保物权的费用"的规定。

二、所及客体范围

留置权的效力及于留置物自身，不成问题。其一，从物。留置物如为主物的，依"从随主"的原则，其从物也应为留置权的效力所及。但留置权因以占有动产为成立要件，故该从物也须已由债权人占有方可为留置权的效力所及。否则，留置权人虽可就从物变价，但无优先受偿权。其二，孳息。债权人有收取留置物所生孳息的权利。故留置物的孳息，也为留置权的效力所及，但应先充抵收取孳息的费用。其三，代位物。基于留置权的物上代位性，留置权灭失所得受的保险金、赔偿金或补偿金，也为留置权的效力所及。

三、留置权人的权利义务

（一）留置权人的权利

1. 留置物的占有权

留置权人于其债权未获清偿时，享有留置他人的动产的权利。并且，留置物为不可分的，留置权人于其债权未获清偿时，可就留置物的全部行使留置权。留置物为可分物的，留置物的价值应当相当于债务的金额。基于留置权为物权的本质，留置权人占有留置物的权利，不仅可以对抗所有权人，也可以对抗第三人，除非第三人享有的权利顺位在留置权之前。

2. 保管费用的求偿权

留置权人占有留置物，负有妥善保管的义务。留置权人因保管留置物所支出的费用，有权请求留置物的所有权人予以偿还。须注意，这一请求权预设的前提是留置物所有权人与被担保债权的债务人为同一人，若非为同一人时，留置权人应向债务人请求返还保管留置物的费用。

3. 留置物所生孳息的收取权

留置权人有权收取留置物的孳息，无论该孳息为法定孳息还是天然孳息，留置权人均有收取的权利。留置权人收取留置物所生孳息的时间点应为留置权成立之时。应注意的是，留置权人收取的孳息，应当先充抵收取孳息的费用，有剩余的，用于清偿被担保的债权。

4. 保管留置物所必需的使用权

一般说来，留置权人无权使用留置物，原因在于留置权为担保物权而非用益物权。不过，保管留置物所必需的使用也被剥夺的话，对留置物所有权人却有害无益。例如，对留置的自行车，适当地利用，会阻止锈蚀；留置的赛马被适当地骑乘，有助于保持其最佳的状态。当然，超过保管的必要的使用范围而加以使用的，不仅不允许，且如因此致留置物所有人遭受损害时，尚应承担损害赔偿责任；如因此而获得利益，尚须依不当得利的规定，将所得的利益返还给留置物所有人。

5. 损害赔偿请求权

留置权受不法侵害，致使留置物的交换价值不足清偿被担保债权的，如第三人故意毁灭留置物，留置权人有权请求该第三人承担侵权损害赔偿责任。

6. 物上请求权

留置物被侵夺时，留置权人可依据返还原物请求权和占有回复请求权请求侵害占有人返还留置物。留置权被妨害或有妨害之虞的，留置权人可基于其留置权主张排除妨害或妨害防止请求权，当然，留置权人亦可基于其对留置物的占有主张排除妨害或妨害防止请求权。

7. 实现留置权的权利

当债务履行期限届满而债务人仍不履行债务时留置权人在符合法定条件下有权将留置物变价并就所得价款优先受偿。

（二）留置权人的义务

1. 妥善保管留置物的义务

留置权人负有妥善保管留置物的义务，因保管不善致使留置物毁损、灭失的，应当承担赔偿责任。留置权人在留置权存续期间，未经留置物所有人的同意，擅自使用、出租、处分留置物，因此给留置物所有人造成损失的，留置权人应当承担赔偿责任。所谓妥善保管，是指以善良管理人的注意予以保管。

2. 返还留置物的义务

留置权因债务人清偿被担保债权而消灭时，或因债务人另行提供相应的担保并被债权人接受而消灭时，留置权人负有将留置物返还给留置物所有权人的义务。

四、留置物所有权人的权利义务

（一）留置物所有权人的权利

1. 损害赔偿请求权

在留置权人未尽善良管理人的注意义务导致留置物毁损、灭失的情况下，留置物所有权人有权请求留置权人承担赔偿责任。

2. 留置物返还请求权

在留置权消灭时，留置物所有权人有权基于物权请求留置权人返还留置物。

3. 留置物的处分权

留置物的所有权人可将其留置物让与给他人，甚至把留置物抵押给他人。

4. 留置权的消灭请求权

留置物的所有人有提供相应的担保以消灭留置权的权利。

5. 请求行使留置权的权利

在留置物的所有权人就是债务人的情况下，他可以请求留置权人在债务履行期届满后行使留置权；留置权人不行使的，他可以请求人民法院拍卖、变卖留置财产。

（二）留置物所有人的义务

1. 返还保管费用的义务

留置物所有权人为被担保债权的债务人时，留置物所有权人负有偿付留置权人因保管留置物而支出的费用的义务。

2. 损害赔偿义务

留置物因隐有瑕疵而给留置权人造成损害的，留置物所有权人应当负责赔偿。该损害赔偿债权的发生与留置物属于同一法律关系，属于留置权所担保债权的范围。

五、留置权与动产抵押权、质权的竞存

《民法典》第 456 条规定："同一动产上已经设立抵押权或者质权，该动产又被留置的，留置权人优先受偿。"此外，《海商法》第 25 条规定："船舶优先权先于船舶留置权受偿，船舶抵押权后于船舶留置权受偿。前款所称船舶留置权，是指造船人、修船人在合同另一方未履行合同时，可以留置所占有的船舶，以保证造船费用或者修船费用得以偿还的权利。船舶留置权在造船人、修船人不再占有所造或者所修的船舶时消灭。"

六、留置权的实现

（一）概述

与抵押权、质权相比，留置权在效力方面的一个显著特点是，存在着第一次效力和第二次效力。所谓第一次效力，是指留置权人留置与被担保债权具有牵连关系的他人动产。该效力原则上以债务人不履行到期债务致使被担保债权未获清偿为发生条件。所谓第二次效力，是指自留置效力发生后的一定期间届满债务人仍不履行其债务致使被担保债权未获清偿时，留置权人可将留置物折价或变价并使其债权优先受偿的效力。该效力以自留置效力发生后的一定期间届满债务人仍不履行其债务致使被担保债权未获清偿为发生条件。

就担保物权实现的法律意义来讲，留置权发生留置的效力，留置权人拒绝返还与被担保债权具有牵连关系的他人动产，可以叫作留置权的实现。不过，人们通常所谓的留置权实现，非指留置他人的动产，而是留置权人将留

置物变价并使被担保债权优先受偿。如此，所谓留置权实现的条件，指的是留置权人将留置物折价或变价并使其债权优先受偿的条件。

（二）留置权实现的条件

留置权实现的条件，在特别法有特别规定时，优先适用其规定，在特别法无特别规定时，适用《民法典》第453条第1款的规定："留置权人与债务人应当约定留置财产后的债务履行期限；没有约定或者约定不明确的，留置权人应当给债务人六十日以上履行债务的期限，但鲜活易腐等不易保管的动产除外。债务人逾期未履行的，留置权人可以与债务人协议以留置财产折价，也可以就拍卖、变卖留置财产所得的价款优先受偿。"根据《民法典有关担保制度解释》第44条第2款的规定，即便被担保债权的诉讼时效期间届满后，留置权人仍然有权实现留置权。

（三）留置权的实现方法

按照《民法典》第453条等规定，留置权的实现方法有留置权人和债务人协议以留置物折价，或留置权人将留置物拍卖、变卖，就所得价款使其债权优先受偿。需要指出的是，协议将留置物折价的当事人，在留置物属于债务人以外的第三人所有的情况下，应当是留置权人和该第三人，而不再是留置权人和债务人。

七、留置权的消灭

担保物权消灭的事由，如物权的抛弃、被担保债权消灭、担保物权的实现等，也是留置权消灭的事由，不再赘述。以下只介绍另行提供了相应的担保、丧失了对留置物的占有、债务履行期已经延缓三项事由。

（一）另行提供了相应的担保

留置权的作用在于确保债权实现，债务人或第三人若已另行提供了相应的担保，所起作用与留置权的作用相同，不仅对留置权人没有损害，而且可避免债务人或第三人因突然不能使用、收益其物所遭受的损失，法律应予允许。何况留置权的发生乃基于法律的直接规定，大多不是债务人或第三人的本意。基于此，《民法典》第457条规定，留置权人接受债务人另行提供担保的，留置权消灭。

所谓相应的担保，意指所提出的担保与留置物在价值额方面相当。是否相当，首先由留置权人认定，若留置权人与提供担保者的意见相左，再按照客观的社会观念加以决定。所谓另行提供了担保，是指已经为担保债权人的债权设立了担保物权，或保证人已经与债权人签订了保证合同。

（二）丧失了对留置物的占有

留置权以权利人对留置物的占有为成立要件和存续要件，该占有丧失，留置权归于消灭。对此，《民法典》于第457条有明文规定。不过，此处所谓留置权人丧失对留置物的占有，没有字面所显示的意思宽泛，应予限缩。如果留置权人基于原物返还请求权或占有回复请求权重新获得了占有，留置权并不消灭。如果原物返还请求权的时效期间届满且义务人主张了抗辩权或者占有回复请求权的除斥期间届满，则留置权消灭。

（三）债务履行期已经延缓

留置权的成立，原则上以债务人不履行到期债务致使被担保债权未获清偿为条件，于是，债权人同意延缓债务的履行期，留置权成立和存续的要件不复存在，留置权已无存在的余地，应归消灭。不过，留置权消灭后，债务人没有请求返还留置物，延缓的债务履行期又届满时，仍未履行债务，债权人可主张成立新的留置权。

第八章

权利移转型担保

第一节　保留所有权买卖

一、概念和性质

所谓保留所有权买卖（retention of title），是指附有保留所有权约款的买卖。所谓保留所有权约款，是指当事人约定在买受人未履行支付价款或者其他义务前，出卖人保留买卖标的物所有权作为买受人履行支付价款或者其他义务的担保。保留所有权买卖仅适用于动产买卖，不适用于不动产买卖。保留所有权买卖在美国法中称为附条件买卖。保留所有权买卖属于复杂交易，法律应作书面形式之要求。

关于保留所有权买卖的性质，主要有所有权构成说、担保权构成说和折中说。所有权构成说认为，出卖人保留的所有权是在法律形式上是真正的所有权，只是其只具有担保的经济功能。随着买卖合同的生效，出卖人即负担了交付买卖标的物的义务，买受人基于该义务的履行取得买卖标的物的占有，但出卖人移转买卖标的物所有权的义务被附加了停止条件，若买受人履行了支付价款或者其他义务，则条件成就，出卖人即负担移转买卖标的物所有权的义务，买受人基于出卖人移转所有权的行为而取得所有权，在停止条件成就前，买受人对买卖标的物的所有权享有期待权。所有权构成说是德国法上的通说。担保权构成说认为，出卖人保留的所有权虽然在形式上为所有权，但实质上是担保权，适用担保物权的规则，出卖人在交付买卖标的物时已经将买卖标的物的所有权移转于买受人，不得对标的物进行再次处分。担保权构成说是美国法上的通说。折中说认为，保留所有权究竟为所有权还是担保权应根据具体的法律关系具体考虑，换言之，保留所有权不具有一个统一的性质，而是取决于具体法律关系中的规范目的。[1]保留所有权经过折中后的基本样态是所有权效力因其担保功能而被弱化，相反买受人的权利被强化。[2]

我国现行法就保留所有权的性质摇摆不定。采担保权构成说的条文有《民法典》第 642 条、第 643 条，《民法典有关担保制度的解释》第 56 条、第 57 条、第 64 条、第 67 条以及最高人民法院《关于人民法院民事执行中查封、扣押、冻结财产的规定》第 16 条。采所有权构成说的条文有最高人民法院《关于审理买卖合同纠纷案件适用法律问题的解释》（以下简称《买卖合同司法解释》）第 26 条、《最高人民法院关于人民法院民事执行中查封、扣押、冻结财产的规定》第 14 条以及最高人民法院《关于适用〈中华人民共和国企业破产法〉若干问题的规定（二）》第 34 条。本书认为，保留所有权应采担保权构成说。主要理由是《民法典》采纳了担保权构成说，[3]部分司法解释采所有权构成说属于对《民法典》的误读，应予以纠正。当然，采担保权构成说意味着《民法典》中的所有权具有两种完全不同的含义，一种是完整物权意义上的所有权，一种是担保权意义上的所有权，伤害了《民法典》体系的融贯性。不过这种伤害属于理论向实践的妥协，是可以原谅的。

二、保留所有权买卖的效力

第一，保留所有权的登记。出卖人可将其享有的保留所有权登记，以获得作为担保权的保留所有权的完整效力。保留所有权的登记制度与动产抵押权的登记制度相同，采声明登记制。具体根据中国人民银行发布的《动产和

---

〔1〕　参见周江洪：《所有权保留买卖的体系性反思——担保构成、所有权构成及合同构成的纠葛与梳理》，载《社会科学辑刊》2022 年第 1 期，第 82~92 页。

〔2〕　参见庄加园：《超越所有权保留的名实之争——选择性救济路径之证成》，载《法学研究》2023 年第 1 期，第 205~224 页。

〔3〕　对《民法典》采担保权构成说的证成，参见纪海龙：《民法典所有权保留之担保权构成》，载《法学研究》2022 年第 6 期，第 72~92 页。

权利担保统一登记办法》在中国人民银行征信中心建立的基于互联网的动产融资统一登记公示系统中登记。

第二，保留所有权的对抗效力。因保留所有权在性质上为担保权，因此保留所有权的对抗效力与动产抵押权的对抗效力相同。《民法典》第641条第2款规定，未登记的保留所有权不得对抗善意第三人，与《民法典》第403条第2分句相同，这两个条文应作相同解读。根据《民法典有关担保制度的解释》第56条第2款，《民法典》第404条规定的正常经营买受人规则也适用于所有权保留买卖，这意味着即便保留所有权经过登记，也不得对抗保留所有权买卖中买受人正常经营活动中的买受人。正常经营买受人规则在保留所有权买卖中的适用主要发生在生产商和销售商或者批发商和零售商之间因商品买卖而保留所有权的场合。

第三，保留所有权的担保顺位。同一标的物上存在数个担保物权时，数个担保物权必须按照一定的标准排序，如果买卖标的物上存在其他担保物权时，比如买受人在买卖标的物上设立动产抵押权，必须解决出卖人的保留所有权与其他担保物权的顺位问题。保留所有权作为一种可以登记的担保权，其担保顺位的确定应适用《民法典》第414条第2款。换言之，如果保留所有权已完成登记，则其优先于登记时间在后的其他担保物权和未登记的其他担保物权，劣后于登记时间在先的其他担保物权，如果保留所有权未登记，则其劣后于登记的其他担保物权，与未登记的其他担保物权处于同一顺位，出卖人按照其被担保的债权比例受偿。

如果保留所有权所担保的债权为买卖标的物的价款债权，则保留所有权担保顺位的确定还适用《民法典》第416条规定的超级优先顺位规则。即如果出卖人在买卖标的物交付买受人后10日内就保留所有权办理登记，保留所有权的顺位优先于买受人在买卖标的物上设立的其他担保物权，包括买受人设立的动产浮动抵押权、固定抵押权以及动产质权，但是保留所有权的超级优先顺位劣后于留置权。如果价款债权的担保除保留所有权外，买受人还在买卖标的物上设立了其他担保物权作为价款债权的担保并且均在买卖标的物交付买受人后10日内办理登记的，保留所有权和买受人在买卖标的物上设立的其他担保物权均享有超级优先顺位，保留所有权和买受人在买卖标的物上设立的其他担保物权间的顺位按照登记时间先后确定。

第四，保留所有权担保功能的实现。保留所有权的担保功能可通过三种方式实现，分别是出卖人解除保留所有权买卖合同、取回—再出卖以及类推适用民事诉讼法"实现担保物权案件"的有关规定。

（1）出卖人解除保留所有权买卖合同。在保留所有权买卖中，如果买受人迟延履行支付价款的义务或其他义务，符合《民法典》第 563 条第 1 款第 3 项或第 4 项规定的要件，出卖人有权解除买卖合同。在保留所有权买卖和分期付款买卖相结合的买卖中，符合《民法典》第 634 条第 1 款规定的要件的，出卖人也有权解除买卖合同。出卖人解除买卖合同后，作为担保权的保留所有权的命运如何？根据《民法典》第 566 条第 3 款的规定，合同解除后，担保人对债务人应当承担的民事责任仍应承担担保责任，除非担保合同另有约定。换言之，若无当事人特别约定，合同解除并不会导致作为担保权的保留所有权消灭，作为担保权的保留所有权仍然担保出卖人针对买受人享有的迟延损害赔偿请求权和在清算关系中出卖人针对买受人享有的损害赔偿请求权以及价值额返还请求权。在合同解除的场合，保留所有权的对抗效力与下文讨论的对抗效力相同。值得讨论的是，作为担保权的保留所有权是否因买受人返还买卖标的物导致的混同而消灭？本书认为，如果买受人在买卖标的物上又为他人设立了可对抗第三人的担保物权，则作为担保权的保留所有权不因混同而消灭，否则出卖人虽然取得标的物所有权，但因其担保权消灭，反而处于更加不利的地位。

（2）取回—再出卖。取回—再出卖方式为保留所有权担保功能实现的特有方式。须注意，出卖人的取回权和再出卖权源自保留所有权买卖合同，而非源自标的物的所有权，与基于所有权的原物返还请求权不同，因为在担保权构造说背景下出卖人交付标的物后已经不再享有标的物的所有权。

首先，取回权的要件。虽然保留所有权在性质上为担保权，但其实现要件与一般担保物权不同。《民法典》第 642 条第 1 款规定了取回权的构成要件。第 1 项规定的情形是，买受人未按照约定支付价款，经催告后在合理期限内仍未支付。第 2 项规定的情形是，买受人未按照约定完成特定条件。第

3 项规定的情形是买受人将标的物出卖、出质或者作出其他不当处分。[1]须注意,《买卖合同司法解释》第 26 条第 1 款为取回权设置了一项消极要件,买受人已经支付标的物总价款的 75% 以上,出卖人不得主张取回标的物。因为取回权只是保留所有权担保功能的实现方式,前述消极要件的设置毫无道理,只要出卖人的价款债权尚存,无论比例如何,法律都应当保障出卖人通过实现担保权获得完全清偿。

就《民法典》第 642 条第 1 款规定的三种情形而言,第 1 项和第 2 项规定的情形不存在重大疑虑,第 1 项规定的条件较担保物权实现的条件更加宽松,对买受人较为友好,在后者,只要债权到期即可主张实现担保物权,第 2 项规定的条件如同担保物权实现中的当事人约定实现担保物权的情形,但第 3 项该如何理解,存在重大争议。《买卖合同司法解释》第 26 条第 2 款基于所有权构成说,认为第 3 项规定的是买受人对标的物实施了无权处分,若受让人构成善意取得,则排除出卖人的取回权。不过若受让人不构成善意取得,则出卖人保留的所有权并未丧失或者未被设立负担,在保留所有权未受任何影响的情况下,出卖人取回标的物的意义何在?根据本书所持的担保权构成说,第 3 项的规定似乎也无道理,因为买受人作为所有权人,将标的物出卖、出质等不能被认为构成不当处分。对第 3 项的理解可参考《美国统一附条件买卖法》(UCSA) 第 13 条。第 13 条的大意是:其一,除当事人另有约定外,买受人本有权未经出卖人同意移动或处分(如出售或抵押)标的物。其二,买受人将标的物移出相关登记处的管辖区域,或出售、抵押或以其他方式转让标的物的,应提前 10 日通知出卖人,通知内容包括标的物被移至的地点以及转移时间,或受让人或抵押权人的名称和地址。其三,买受

---

[1]《民法典》第 642 条第 1 款将对出卖人造成损害规定为取回权的构成要件,这一规定没有道理。因取回权属于保留所有权担保功能的实现方式,而担保权的实现无须以债权人遭受损害为要件,而是以担保权人的债权未获得满足或当事人约定的实现担保权的情形出现为要件。第 642 条第 1 款将出卖人遭受损害规定为了保留所有权担保功能的实现条件,将导致与《民法典》第 410 条、第 436 条、第 453 条、第 681 条冲突。因此,本书认为第 642 条第 1 款将出卖人遭受损害规定为了保留所有权担保功能的实现条件。在解释论上,因保留所有权所担保的债权一般为金钱债权,只要买受人履行期限届满未履行债务,就应当认为出卖人遭受了损害。这也符合我国民法理论中关于迟延利息损害赔偿的一般认识,即债权人无须证明迟延利息损害的存在,即可主张损害赔偿。

人违反该通知义务的，出卖人可立即取回标的物。[1]申言之，在买受人处分标的物的场合，出卖人的取回权源自买受人通知义务的违反，而非源自买受人的处分行为本身，因为买受人享有处分权。《美国统一附条件买卖法》第13条之所以规定通知义务，与美国各州分散登记有关，若买受人将标的物从一州转让到另一州，可能导致保留所有权的担保功能无法实现。因《民法典》并未规定通知义务，出卖人取回权的构成与美国法并不相同，但不管如何，取回权并不源自买受人的处分行为本身，只有买受人的处分行为不当时，即买受人的处分行为危及出卖人保留所有权担保功能实现时，出卖人才享有取回权。当然，出卖人行使取回权须以其保留所有权能够对抗受让人为前提。

其次，取回权的行使。出卖人行使取回权应与买受人协商一致，协商不成的，出卖人向法院提起诉讼请求强制取回。

最后，再出卖权。出卖人取回标的物后，并不能立即将标的物再次出卖，而应当为买受人留下回赎标的物的机会。买受人在双方约定或者出卖人指定的合理回赎期限内，消除出卖人取回标的物的事由的，可以请求回赎标的物。买受人在回赎期限内没有回赎标的物的，出卖人可以将标的物以合理的价格再次出卖。出卖所得价款扣除买受人未支付的价款以及必要费用后仍有剩余的，应当返还买受人，不足部分由买受人继续清偿。

（3）类推适用民事诉讼法"实现担保物权案件"的有关规定。根据《民法典有关担保制度的解释》第64条第1款的规定，担保物权的实现规则可类推适用于所有权保留买卖。"在所有权保留买卖中，出卖人依法有权取回标的物，但是与买受人协商不成，当事人请求参照民事诉讼法'实现担保物权案件'的有关规定，拍卖、变卖标的物的，人民法院应予准许。"对该规定讨论如下：其一，所谓参照民事诉讼法"实现担保物权案件"的有关规定，即参照适用《民事诉讼法》第203条和第204条的规定，裁定拍卖、变卖保留所有权的标的物，出卖人以拍卖、变卖的价款优先受偿。换言之，类推适用担保物权公的实现的规定。其二，类推适用民事诉讼法"实现担保物

---

〔1〕　参见纪海龙：《民法典所有权保留之担保权构成》，载《法学研究》2022年第6期，第72~92页。

权案件"的有关规定不以当事人就取回标的物协商不成为前提，即便当事人未就取回标的物进行协商，也可以径直请求法院参照适用民事诉讼法"实现担保物权案件"的有关规定实现担保功能。其三，是否参照适用民事诉讼法"实现担保物权案件"的有关规定取决于法院，而非当事人。[1] 因为参照属于法律适用权的范畴，而适用法律的权力由法院享有。如果出卖人请求取回标的物，法院可以不参照适用担保物权的实现程序，判决支持出卖人的强制取回请求。虽然法院在是否参照适用问题上存在裁量空间，但核心考量应当是买受人对标的物有无特殊利益，因为若支持出卖人的取回权，买受人尚有回赎标的物的空间，而参照适用担保物权的实现程序，则买受人无法再次取得标的物。即便出卖人径直请求参照适用民事诉讼法"实现担保物权案件"的有关规定实现担保功能，法院在决定是否参照适用时，也应考虑买受人赎回标的物的特殊利益。如果买受人径直请求照适用民事诉讼法"实现担保物权案件"的有关规定，则法院可直接作出参照适用的决定。其四，虽然《民法典有关担保制度的解释》第 64 条第 1 款未规定类推适用担保物权私的实现规则，但作为担保物权实现的一种方式，无禁止类推的道理。不过，作为私的实现方式的作价，在所有权保留买卖中无类推适用空间，因为解除所有权保留买卖合同在本质上就是一种作价。

保留所有权担保功能实现的三种方式，出卖人可自由选择。但从出卖人利益实现的角度看，如果取回—再出卖方式和类推适用民事诉讼法"实现担保物权案件"的有关规定的方式能够确保出卖人价款债权等债权的实现，出卖人通过解除合同而寻求救济的意义不大，尤其是对于以通过销售标的物获取利润为业的出卖人而言，因为其主要目的在于获取出售标的物的价款而非再次取得标的物。

---

[1] 《民法典》第 642 条第 2 款规定："出卖人可以与买受人协商取回标的物；协商不成的，可以参照适用担保物权的实现程序。"该规定是否意味着出卖人在保留所有权担保功能实现上享有选择权，即出卖人既可以主张取回，又可以选择参照适用担保物权的实现程序。本书对此持否定态度。因为该款第 2 分句使用的表达是"可以参照适用担保物权的实现程序"，参照适用的主体只能是法院而不能是出卖人，出卖人无权参照适用担保物权的实现程序。当然，如果当事人约定保留所有权担保功能的实现采用担保物权的实现程序，此等约定有效，这意味着当事人约定排除了取回—再出卖程序的适用。

第二节 融资租赁

一、融资租赁的概念

根据《民法典》第 735 条的规定，融资租赁合同是指出租人根据承租人对出卖人、租赁物的选择，向出卖人购买租赁物，提供承租人使用，承租人支付租金的合同。从该概念可以看出，融资租赁合同的履行离不开一项买卖合同的缔结和履行，两个合同相互影响，相互作用，构成合同联立。融资租赁合同和买卖合同共同构成一个有机的交易整体，该交易整体称为融资租赁交易或融资租赁。[1]

融资租赁交易滥觞于 20 世纪 50 年代的美国。1952 年，H. 杰恩费尔德创立美国租赁公司，开始从事融资租赁业务。20 世纪 60 年代，融资租赁交易由美国扩展到欧洲、日本、加拿大等其他发达国家，70 年代又扩展到美洲、亚洲等发展中国家。20 世纪 80 年代初期，融资租赁交易传入我国，标志是 1981 年中国东方租赁有限公司和中国租赁有限公司的成立。融资租赁交易巧妙地实现了融资和融物的结合，有效满足了企业需求，从世界范围来看，融资租赁已经成为巨大的产业。融资租赁交易的产生和发展需要法律加以回应。1987 年修订的《美国统一商法典》将融资租赁作为一项独立的制度予以规定。为促进国际融资租赁业务的发展，国际统一私法协会推动实施了三个立法项目，分别是 1988 年 5 月 28 日在加拿大首都渥太华召开的国际外交会议上通过并开放签署的《国际融资租赁公约》、2001 年 11 月 16 日于开普敦开放签署的《移动设备国际利益公约》（也称《开普敦公约》）[2]和

---

〔1〕《国际融资租赁公约》第 1 条界定了融资租赁交易，在这种交易中，一方当事人（出租人）根据另一方当事人（承租人）的要求，与第三方当事人（供应商）订立协议（供应协议），依照承租人同意的条款在他们所关心的利益范围内根据协议获得工厂、资本物品或其他设备（设备），并与承租人订立协议（租赁协议），授权承租人使用该设备，并要求承租人支付租金。

〔2〕 为了确保适用性，《开普敦公约》本身是一个富有灵活性的规则集合，不仅为各缔约国提供了丰富的规则选项，而且根据适用对象的不同，通过议定书的形式对规则进行具体化规定，目前存在《移动设备国际利益公约关于航空器设备特定问题的议定书》《移动设备国际利益公约关于铁路车辆设备特定问题的议定书》《移动设备国际利益公约关于空间资产设备特定问题的议定书》三个议定书。

2008 年 11 月 13 日于罗马通过的《国际统一私法协会租赁示范法》。我国 1999 年《合同法》将融资租赁合同作为一个典型合同予以规定，《民法典》继承之。

二、融资租赁物所有权的担保权化

《民法典》第 388 条第 1 款第 2 句规定了"担保合同包括抵押合同、质押合同和其他具有担保功能的合同"，融资租赁合同为"其他具有担保功能的合同"中的一种类型。[1]《民法典有关担保制度的解释》第 1 条规定，融资租赁涉及担保功能发生的纠纷，适用本解释的有关规定。根据该司法解释第 56 条、第 57 条和第 65 条的规定，典型担保制度中的正常经营买受人规则、购置款抵押权的超级优先顺位规则、担保物权的实现规则适用于融资租赁。另外，担保物权的顺位规则、动产抵押权的对抗效力规则等亦适用于融资租赁。须注意，只有当事人约定租赁期限届满后租赁物所有权归承租人的融资租赁合同才具有担保功能。我国法律一概认为所有的融资租赁合同都具有担保功能。不过在法律适用中并不会因此而出现问题，根据《民法典有关担保制度的解释》第 1 条的规定，融资租赁中涉及担保功能的部分才适用典型担保制度中的相应规则，当事人约定租赁期限届满后租赁物所有权归出租人的融资租赁合同不具有担保功能，自然也就不存在适用典型担保制度中相应规则的空间。

在具有担保功能的融资租赁合同中，因出租人在租赁期间内对租赁物享有所有权的经济目的在于担保承租人租金支付义务等义务的履行，在法律层面，出租人享有的所有权应被理解为担保权，[2]而非《民法典》第 240 条意义上的所有权，以实现担保规则的统合，同时实现"法律手段"和"经

---

〔1〕 参见王晨：《关于〈中华人民共和国民法典（草案）〉的说明——2020 年 5 月 22 日在第十三届全国人民代表大会第三次会议上》，载《中华人民共和国全国人民代表大会常务委员会公报》2020 年第 S1 期，第 178~192 页。

〔2〕 在具有担保功能的融资租赁合同中，如何理解出租人就租赁物享有的所有权，存在三种观点。一种观点认为，出租人所享有的所有权为真正的所有权；一种观点认为，出租人所享有的所有权只是一种担保权；一种观点认为，出租人所享有的所有权仍为所有权，但因其具有担保功能，在权利内容方面向担保权靠拢。参见高圣平：《民法典担保制度体系研究》，中国人民大学出版社 2023 年版，第 448~451 页。

济目的"的一致，避免"法律手段"过剩，对承租人不利。

（一）设立

融资租赁合同的担保功能内嵌于融资租赁合同之中，随着出租人取得租赁物所有权而取得担保权。因此，出租人担保权的设立要件有二：一是当事人之间缔结融资租赁合同，并且约定租赁期限届满后租赁物归承租人所有；二是出租人取得租赁物的所有权，出租人取得租赁物所有权依赖于与融资租赁合同存在联立关系的买卖合同的履行。因融资租赁合同的标的物可以为不动产、动产、财产权利，出租人是否取得租赁物的所有权取决于相应的让与行为是否完成。对于不动产以及不动产权利而言，一般需完成《民法典》第209条规定的登记行为，对于动产而言，一般需完成《民法典》第224条规定的交付行为。

（二）标的物的限制

在法律禁止作为担保财产的财产上不得为出租人设立担保权，换言之，这些财产不得作为具有担保功能的融资租赁合同的标的物。法律关于禁止作为担保财产的财产范围的规定主要是《民法典》第399条关于禁止抵押的财产范围的规定，该规定应类推适用于具有的担保功能的融资租赁合同，具体分析如下。

（1）土地所有权。根据《土地管理法》第9条的规定，城市市区的土地属于国家所有。农村和城市郊区的土地，除由法律规定属于国家所有的以外，属于农民集体所有。除集体土地所有权可通过征收变动外，土地所有权不能发生变动。概言之，土地所有权不能进入市场流通。因此，土地所有权不得作为具有担保功能的融资租赁合同的标的物，当事人缔结的相应的融资租赁合同无效。

（2）宅基地使用权。宅基地使用权具有福利的性质，除因宅基地上建筑物的移转而导致宅基地使用权在本集体经济组织成员间的让与外，不得让与。因此，宅基地使用权不得作为具有担保功能的融资租赁合同的标的物，当事人缔结的相应的融资租赁合同无效。

（3）自留地、自留山等集体所有土地的使用权。自留地和自留山是农村集体化改造过程中留给社员自主经营的耕地和山岭。1955年《农业生产合作社示范章程》（已废止）第17条第3款第1句规定："为了照顾社员种植蔬菜或者别的园艺作物的需要，应该允许社员有小块的自留地。"1961 年《关于确定林权、保护山林和发展林业的若干政策的规定（试行草案）》（已废止）第 1 条第 5 项规定："……有柴山、荒坡的地方，可以根据历史习惯和群众要求划给社员一定数量的'自留山'，长期归社员家庭经营使用。"在《民法典》的框架下，所谓自留地、自留山等集体所有土地的使用权，即集体成员对集体所有的耕地和山岭享有的土地承包经营权。当事人以自留地、自留山等集体所有土地的使用权为标的物缔结的具有担保功能的融资租赁合同，无效。

（4）用于公益目的的财产。以学校、幼儿园、医疗机构等为公益目的成立的非营利法人的教育设施、医疗卫生设施和其他公益设施不得作为具有担保功能的融资租赁合同的标的物，因为若在此等财产上为出租人设定担保权，可能危及公益目的的实现，以此等财产为标的物的具有担保功能的融资租赁合同无效。但是，在以融资租赁方式承租教育设施、医疗卫生设施、养老服务设施和其他公益设施时，出租人为担保租金实现而在该公益设施上保留的所有权，有效。之所以如此，是因为非营利法人通过融资租赁的方式增加了用于公益目的的财产，对于公益目的的实现具有促进作用。总之，对于"存量"用于公益目的的财产，不得作为具有担保功能的融资租赁合同的标的物，对于"增量"用于公益目的的财产，可以作为具有担保功能的融资租赁合同的标的物。

（5）权属有争议的财产。以权属有争议的财产作为担保财产，难免发生纷争。《民法典》第 399 条第 4 项禁止此类财产抵押。然而，财产权属有争议，并不意味着不能设立抵押权，即便抵押人属于无权处分，债权人尚可通过善意取得的方式取得抵押权。《民法典》第 399 条第 4 项的规定是错误的，《民法典有关担保制度的解释》第 37 条第 1 款事实上已经作了纠正："当事人以所有权、使用权不明或者有争议的财产抵押，经审查构成无权处分的，人民法院应当按照民法典第三百一十一条的规定处理。"该款规定意味着在权属有争议的财产上仍然可以设立抵押权。因此，《民法典》第 399 条第 4 项不应类推适用于具有担保功能的融资租赁合同。若买卖合同中的出卖人非为融资租赁标的物的所有人，出租人尚可通过善意取得制度取得标的物，进而享有担保权。[1]在出租人因无法取得标的物而不享有担保权的场合，若承租人在融资租赁合同中就出租人应购买何物作了特别指示，出租人遭受的损害可向承租人主张违约损害赔偿。

（6）依法被查封、扣押、监管的财产。《民法典》第 399 条第 5 项禁止依法被查封、扣押的财产抵押。然而，该规定是错误的，《民法典有关担保制度的解释》第 37 条第 2 款和第 3 款事实上已经作了纠正："当事人以依法被查封或者扣押的财产抵押，抵押权人请求行使抵押权，经审查查封或者扣押措施已经解除的，人民法院应予以支持。抵押人以抵押权设立时财产被查封或者扣押为由主张抵押合同无效的，人民法院不予支持。以依法被监管的财产抵押的，适用前款规定。"这意味在依法被查封、扣押、监管的财产上可以设立抵押权。《民法典》第 399 条第 5 项不应类推适用于具有担保功能的融资租赁合同。然而，融资租赁合同包含融物的因素，如果因财产被依法查封、扣押、监管无法使承租人使用收益租赁物，则相应的融资租赁合同履行不能，因此，只有被"活封"的财产作为具有担保功能的融资租赁合同的标的物才有意义，并且只能作为售后回租型融资租赁合同的标的物，因为被"活封"的财产的归属不能发生改变，在具有担保功能的售后回租型融资租赁的场合，出租人所取得的所有权本质上为担保权，租赁物的归属未发生改变，不与"活封"制度相冲突。

（三）公示

在具有担保功能的融资租赁中，出租人可以将其享有的标的物所有权公示，以获得作为担保权的所有权的完整效力。法律要求公示的目的在于消除隐性担保，降低市场交易风险。公示的方式为登记。须注意，这里所讨论的公示不具有物权变动的意义，与作为物权变动组成部分的公示不同。不过，若出租人取得租赁标的物须办理登记，比如在以不动产为标的物的场合，办理一次登记即可，无须重复办理登记。若出租人取得租赁物无须办理登记，则就租赁物所有权的登记制度与动产抵押权的登记制度相同，采声明登记

---

[1] 在典型的具有担保功能的融资租赁交易中，如果承租人就出租人应购买何物作了特别指示，出租人是否构成善意取得，除须出租人善意外，还须承租人善意，否则，承租人将假借出租人之手行违背诚信之事。在售后回租型具有担保功能的融资租赁交易中，出租人是否构成善意取得，仅须出租人善意即可。

制，具体根据中国人民银行发布的《动产和权利担保统一登记办法》在中国人民银行征信中心建立的基于互联网的动产融资统一登记公示系统中登记。

（四）对抗效力

融资租赁物所有权的对抗效力与所有权保留买卖中保留所有权的对抗效力相同，此处不赘。

（五）顺位

同一标的物上存在数个担保物权时，数个担保物权必须按照一定的标准排序，如果租赁物上存在其他担保物权时，比如承租人在租赁物上设立动产抵押权，必须解决出租人的租赁物所有权与其他担保物权的顺位问题。出租人的租赁物所有权作为一种可以登记的担保权，其担保顺位的确定应适用《民法典》第414条第2款。换言之，如果租赁物所有权已完成登记，则其优先于登记时间在后的其他担保物权和未登记的其他担保物权，劣后于登记时间在先的其他担保物权，如果租赁物所有权未登记，则其劣后于登记的其他担保物权，与未登记的其他担保物权处于同一顺位，出卖人按照其被担保的债权比例受偿。

如果租赁物所有权所担保的债权为买卖动产租赁物的价款债权，则租赁物所有权担保顺位的确定还适用《民法典》第416条规定的超级优先顺位规则。如果出租人在租赁物交付承租人后10日内就租赁物所有权办理登记，租赁物所有权的顺位优先于承租人在租赁物上设立的其他担保物权，包括承租人设立的动产浮动抵押权、固定抵押权以及动产质权，但是租赁物所有权的超级优先顺位劣后于留置权。须注意，在具有担保功能的售后回租型融资租赁中，不适用《民法典》第416条规定的超级优先顺位规则，因为超级优先顺位规则的规范目的在于为当事人融资购入新财产提供便利，在具有担保功能的售后回租型融资租赁中，承租人的责任财产并未增加，而是利用"存量"财产进行融资。

（六）担保功能的实现

1. 实现条件

租赁物所有权所担保的租金债权为定期给付债权，若承租人拖延履行某一期债务，出租人并不能实现作为担保权的租赁物所有权，否则对承租人不公平，须待出租人可请求承租人支付全部租金时，出租人方可实现作为担保权的租赁物所有权,申言之,承租人未按照约定支付租金,经催告后在合理期限内仍不支付时,出租人可实现作为担保权的租赁物所有权。[1]《民法典有关担保制度的解释》第 65 条第 1 款第 1 分句对此予以明定。

2. 实现方式

融资租赁担保功能的实现方式有两种,分别是解除融资租赁合同、类推适用担保物权的实现规则。

(1) 解除融资租赁合同。《民法典》第 752 条第 2 句规定:"承租人经催告后在合理期限内仍不支付租金的,出租人可以请求支付全部租金;也可以解除合同,收回租赁物。"然而,《最高人民法院关于审理融资租赁合同纠纷案件适用法律问题的解释》(以下简称《融资租赁合同司法解释》)第 5 条第 1 项、第 2 项以及第 10 条第 2 款提高了《民法典》第 752 条第 2 句规定的解除权构成的门槛。如果当事人就承租人违反租金支付义务的情形约定了解除权,根据《融资租赁合同司法解释》第 5 条第 1 项的规定,出租人并不基于该约定取得解除权,[2]符合当事人约定的解除条件后,承租人经出租人催告后在合理期限内仍不支付的,出租人才有权解除合同。即便合同约定的解除条件包含了催告要件,出租人仍需再次催告,方取得法定解除权。如果当事人就承租人违反租金支付义务的情形未约定解除权,根据《融资租赁合同司法解释》第 5 条第 2 项的规定,承租人欠付租金达到两期以上,或者数额达到全部租金 15%以上,经出租人催告后在合理期限内仍不支付的,出租人有权解除合同。承租人违反租金支付义务,出租人根据《民法典》第 752 条第 2 句第 1 分句行使加速到期权后,承租人仍然不履行租金支付义务的,

---

〔1〕 出租人实现作为担保权的租赁物所有权的条件与出租人加速到期权的条件相同。

〔2〕 在承租人违反租金支付义务的情形,《融资租赁合同司法解释》第 5 条第 1 项的规定否定了当事人关于解除权约定的效力。由此引发的思考是,在融资租赁合同中,是否允许当事人约定解除?从融资租赁合同原则上禁止中途解约的角度看,当事人不应当在合同中约定解除权,如果当事人在其他义务违反的场合约定了解除权,能否类推适用《融资租赁合同司法解释》第 5 条第 1 项的规定,否定约定的效力?本书对此持否定态度。因为约定解除作为当事人约定的一种救济方式,法律没有干涉的必要。那么,《融资租赁合同司法解释》第 5 条第 1 项否定当事人关于解除权约定的正当性何在?从当事人意思自治的角度看,应得出否定观点,不过,虽然该项规定否定了当事人约定的效力,但只是在当事人约定的基础上提高了出租人解除的门槛,并未完全否定出租人的解除权,另外,提高出租人的解除门槛,有利于维持融资租赁关系的稳定。从这两个角度看,《融资租赁合同司法解释》第 5 条第 1 项的规定是可以理解的。

根据《融资租赁合同司法解释》第 10 条第 2 款的规定，出租人有权解除合同。[1]

虽然《融资租赁合同司法解释》第 5 条第 1 项、第 2 项以及第 10 条第 2 款更改《民法典》第 752 条第 2 句的规定不符合形式法治的精神，但更改后的规定在实质上更符合融资租赁合同禁止中途解约的原则。解除与融资租赁合同当事人的经济目的存在冲突。对出租人而言，其目的在于取得租金，收回投资并赚取利润，因租赁物是根据承租人的需求购买的，出租人收回租赁物后，将面临难以转让或再次出租以弥补损失的困境，并且出租人也无使用收益租赁物的需要。对承租人而言，其目的在于取得租赁物的长期使用收益权，若融资租赁合同被解除，承租人须返还租赁物，从而无法开展生产经营活动。因此，在比较法上，各国法律对融资租赁合同的解除都有比较严格的限制。

（2）类推适用担保物权的实现规则。担保物权的实现方式有私的实现和公的实现。出租人实现融资租赁担保功能的方式亦可类推担保物权的私的实现和公的实现的规则。根据《民法典有关担保制度的解释》第 65 条第 1 款第 1 分句的规定，私的实现方式有拍卖和变卖。与一般担保物权私的实现方式相比，缺少了作价方式，这是因为出租人解除合同的本质是以作价方式实现担保功能。对于公的实现而言，根据《民法典有关担保制度的解释》第 65 条第 1 款第 2 分句的规定，人民法院可以参照民事诉讼法"实现担保物权案件"的有关规定，以拍卖、变卖方式实现融资租赁的担保功能。

第三节　让与担保

一、概念和特征

让与担保，是指债务人或第三人为担保债务人的债务，将担保财产移转于债权人，债权人在不超过担保目的的范围内取得担保财产，于债务清偿

---

[1]　虽然《融资租赁合同司法解释》第 10 条第 2 款为出租人加速到期权和解除权行使的程序性规定，但因《融资租赁合同司法解释》第 5 条第 1 项和第 2 项更改了《民法典》第 752 条第 2 句规定的解除构成，使得第 10 条第 2 款具有了实体法的意义，成为一种出租人解除权的构成。

后，担保财产返还于债务人或第三人，债务未获清偿或者发生当事人约定的情形时，债权人有权就担保财产优先受偿的一种担保方式。让与担保源于罗马法中的信托担保，信托担保是罗马法中最古老的物的担保方式。信托担保是指债务人通过要式买卖或拟诉弃权的方式将信托物的所有权移转于债权人，同时双方当事人以简约的方式约定若债务人在规定的期限内清偿债务或者被担保的债权以其他方式获得满足，债权人应将信托物返还于债务人，虽然债权人获得了信托物的完整所有权，但该所有权用于担保的目的，并在实践中债权人以租赁或容假占有的方式允许债务人继续使用收益信托物。[1]虽然信托担保制度逐渐被质押（pignus）制度取代，也未被近代各国颁布的民法典所规定，但在当今的社会经济生活中，让与担保具有旺盛的生命力。让与担保具有如下特征：

第一，让与担保是一种权利移转型担保。在法律形式上，让与担保的设立须将担保财产移转于债权人，担保财产因此而归属于债权人，这与典型的物的担保系在担保财产上设立定限物权不同，《民法典》规定的抵押权、质权和留置权均为定限物权，担保财产的归属不因定限物权的设立而发生变动。

第二，让与担保的目的在于担保债权人债权的实现。债权人受让财产权利的目的在于担保其债权的实现，而不在于终局地取得财产权利，这是让与担保成立的经济目的。因此，债权人虽然取得担保财产，但债权人仅能在担保债权实现的目的范围内行使其取得的财产权利。在让与担保中，债权人一般并不使用收益担保财产，而是以租赁等方式由债务人或第三人继续使用收益。另外，被担保的债权与让与担保属于不同的法律关系，这一点不同于所有权保留买卖和融资租赁，亦不同于买卖式担保，所谓买卖式担保，是指以买卖的方式移转标的物的所有权，而以价金名义融通资金，并约定出卖人有权日后将该标的物买回的制度。

第三，让与担保的客体具有广泛性。只要是具有可移转性的财产权利均可作为让与担保的客体。这不同于抵押权和质权。对于抵押权的客体，根据《民法典》的规定，只要未禁止抵押的财产，均可抵押，但不动产抵押的设

---

[1]　参见史志磊：《罗马法中的信托制度研究》，法律出版社2019年版，第187页。

立受制于登记制度，若无配套的登记制度，即便法律未禁止抵押，也无法实现抵押融资的目的。对于质权的客体，《民法典》可质押的动产未作正面限制，只要不属于法律禁止转让的动产，均可出质，对于权利质权，《民法典》第 440 条从正面作了限制性列举，只有法律允许出质的财产权利才可出质。这意味着对于不能设立抵押权或质权的财产权利，让与担保具有明显的优势，能够有效发挥这些财产权利的担保价值，便利融资。即便对于可以设立抵押权或者质权的财产，当事人亦可选择让与担保，尤其是相对于动产质押来说，让与担保不以占有担保物为要件，能够充分发挥担保物的价值。让与担保的客体既可为特定财产，亦可为集合财产。

二、法律构造

关于让与担保的法律构造，存在所有权构造说和担保权构造说的对立，每种学说又有不同的分支。所有权构造说注重让与担保的法律形式，认为债权人基于让与担保取得担保财产的真正所有权。在所有权构造说内部存在外部移转说和内外部同时移转说。外部移转说，也称相对的所有权移转说，该说认为，担保财产仅于对第三人的外部关系上移转于债权人，在债务人或第三人与债权人之内部关系上，担保财产不移转。[1]内外部同时移转说认为，无论外部关系还是内部关系，担保财产均移转于债权人。在内外部同时移转说内部，根据返还担保财产的构造不同，又存在罗马法模式和日耳曼法模式。在罗马法模式中，担保财产的移转是绝对的，债权人的债权获得满足后，债权人负担债法意义上的返还义务，罗马法中的信托担保为此种构造。在日耳曼法模式中，担保财产的移转为附解除条件的移转，如果债权人的债权获得满足，则解除条件成就，担保财产复归债务人或第三人。

担保权构造说注重让与担保的经济目的，认为债权人基于让与担保并未取得担保财产的真正所有权，而是一种担保权。在担保权构造说内部存在三种不同的学说。[2]一是授权说，该学说认为让与担保设定后，担保财产的所有权并未移转，债务人或第三人只是授予债权人在担保目的范围内管理处分

---

[1] 参见王闯：《让与担保法律制度研究》，法律出版社 2000 年版，第 152 页。
[2] 参见谢在全：《民法物权论》（下册），中国政法大学出版社 2011 年版，第 1108 页。

担保财产的权利，且该项授权不得撤销。二是所有权分属说，该说认为让与担保设定后，虽然债权人获得担保财产的所有权，但该所有权仅限于以担保债权数额为限的支配担保财产交换价值的权利，担保财产所有权的其他内容仍然归属于债务人或第三人。三是抵押权说，该说认为债权人基于让与担保仅获得以担保财产为客体的抵押权。

本书赞同担保权构造说。理由有二：其一，《民法典》就动产和权利担保采纳了功能主义的立法模式，所有权保留买卖中出卖人保留的所有权和具有担保功能的融资租赁中出租人保留的所有权均被规定为担保权，将债权人基于让与担保取得的担保财产所有权理解为担保权，可以实现体系上一贯。其二，担保权构造说能够有效回应对让与担保的指摘。有观点认为让与担保构成通谋虚伪表示，因为债务人或第三人将担保财产移转于债权人仅属形式，当事人实质上并无移转担保财产的意思，故属双方通谋而为虚假移转担保财产的意思表示。如果认为债权人仅就担保财产享有担保权，让与担保并不产生担保财产移转的效果，债权人就担保财产只取得担保权，对让与担保构成通谋虚伪表示的指摘不能成立。有观点认为让与担保构成脱法行为，债权人基于让与担保受让担保财产，如果债权人的债权未获满足，则债权人无须返还担保财产，系以迂回的方式规避流质契约禁止的规定。如果认为债权人仅就担保财产享有担保权，在债权人的债权未获满足时，须依照担保权的实现程序就担保财产的价值额优先受偿，而非取得担保财产。

在担保权构造说的前提下，因债权人并不占有担保财产，让与担保类似于抵押。不动产抵押权的效力规则可类推适用于不动产让与担保，动产抵押权的效力规则可类推适用于动产让与担保。

三、让与担保的设立

让与担保的设立以合同设立为典型。在此场合，基于要因的物权形式主义物权变动模式，让与担保的设立包含两个步骤：一是当事人之间缔结让与担保合同；二是实施设立担保权的行为。

让与担保合同在性质上为负担行为，据此债权人并不取得担保权。让与担保合同的当事人为债务人或第三人与债权人。让与担保合同除应约定以移转担保财产的方式设立担保权外，还应就被担保的主债权以及担保财产进行约定。设立担保权的行为在性质上为处分行为，包括当事人设立担保权的合意和担保权公示两个部分。值得讨论的问题是，担保权如何公示？如果担保财产为普通动产或动产权利，应根据《动产和权利担保统一登记办法》在动产融资统一登记公示系统进行登记。如果担保财产为特殊动产或不动产，由于我国的登记系统中无让与担保登记，只能以特殊动产或不动产移转登记的方式实现担保权公示的效果，不过在登记系统中应备注让与担保。

第四节 有追索权保理

一、有追索权保理的概念

保理（factoring），又称托收保付或者保付代理。保理交易起源于19世纪的美国。我国自20世纪80年代引入保理交易，从单一国家看，据国际保理商联合会2018年的数据统计，我国保理业务总量跃居世界首位。[1]伴随着保理市场的发展，保理合同纠纷不断增加，为加强对保理交易的规范，《民法典》将保理合同规定为有名合同。[2]根据《民法典》第761条的规定，保理合同是应收账款债权人将现有的或者将有的应收账款转让给保理人，保理人提供资金融通、应收账款管理或者催收、应收账款债务人付款担保等服务的合同。保理合同的当事人分别称为保理人和应收账款债权人，应收账款债务人不属于保理合同的当事人。

根据保理人有无追索权，保理可分为有追索权保理和无追索权保理。追索权是英美保理实务用语，根据《民法典》第766条的规定，追索权有两种法律构造。一种是保理人向应收账款债权人主张返还保理融资款本息，据此保理人享有返还请求权。另一种是保理人向应收账款债权人主张回购应收账款债权，这种构造被称为反转让。这种构造又具有两种子类型：一是保理人向应收账款债权人享有回购请求权；二是保理人享有形成权性质的回购权。

---

〔1〕 参见李宇：《保理合同立法论》，载《法学》2019年第12期，第31~50页。

〔2〕 值得注意的是，大陆法系国家的民事立法将保理合同有名化属于例外现象，而非普遍现象。目前将保理合同有名化的立法例有《俄罗斯联邦民法典》（第824条至第833条）、《乌克兰民法典》（第1077条至第1086条）、《匈牙利民法典》（第6：405条至第6：408条）。

在英美保理实务中，追索权还有一种法律构造，应收账款债权人向保理人提供特别担保，担保所让与应收账款债权的实现。该特别担保为一种损害担保，据此让与人应赔偿受让人因债务人无清偿能力所受损害。[1]虽然我国法律未规定这种追索权法律构造，但若当事人作此约定，仍然构成有追索权保理。在有追索权保理中，因保理人享有追索权，不承担应收账款债务人的信用风险，但在无追索权保理中，保理人需承担应收账款债务人的信用风险。所谓应收账款债务人的信用风险，是指应收账款债务人丧失清偿能力的风险。

《民法典》第388条第1款第2句规定："担保合同包括抵押合同、质押合同和其他具有担保功能的合同。"保理合同为"其他具有担保功能的合同"中的一种类型。[2]《民法典有关担保制度的解释》第1条规定，保理合同中涉及担保功能发生的纠纷，适用本解释的有关规定。须注意，并非任何保理合同均具有担保功能，就《民法典》规定的保理类型而言，只有有追索权保理具有担保功能，无追索权保理无担保功能。[3]我国法律一概认为所有的融资租赁合同都具有担保功能。不过在法律适用中并不会因此而出现问题，根据《民法典有关担保制度的解释》第1条的规定，保理合同中涉及担保功能的部分才适用典型担保制度中的相应规则，不具有担保功能的保理合同自然也就不适用典型担保制度中的相应规则。需注意，若保理人提供应收账款债务人付款担保服务，则保理合同也具有担保功能，但这与此处所讨论的保理合同的担保功能不同，这里所讨论的是保理人受让应收账款的目的在于担保其向应收账款债权人提供的融资款的清偿。

二、有追索权保理的性质

关于有追索权保理的性质，存在九种学说：一是债权质押说。该说认为债权人将其对债务人的应收账款债权质押给保理人以获得保理人发放的融资

---

[1] 参见李宇：《保理法的再体系化》，载《法学研究》2022年第6期，第93~112页。

[2] 参见王晨：《关于〈中华人民共和国民法典（草案）〉的说明——2020年5月22日在第十三届全国人民代表大会第三次会议上》，载《中华人民共和国全国人民代表大会常务委员会公报》2020年第S1期，第178~197页。

[3] 参见刘保玉：《民法典担保物权制度新规释评》，载《法商研究》2020年第5期，第3~18页；高圣平：《论民法典上保理交易的担保功能》，载《法商研究》2023年第2期，第3~19页。

款，当债权人无法向保理人归还融资款本息债务时，保理人享有就该应收账款债权优先受偿的权利。[1]二是代为清偿说。该说认为保理人代替债务人向债权人清偿应收账款债务，然后再以自己的名义向债务人追偿这笔应收账款。[2]三是间接给付说。该说认为在有追索权保理交易中应收账款转让的法律性质并非纯正的债权让与，而应认定为具有担保债务履行功能的间接给付契约。[3]四是让与担保说。该说认为有追索权保理交易的实质为应收账款的让与担保，应收账款债权人将其应收账款转让给保理人，保理人受让应收账款的目的仅在于担保保理融资款本息等债权的清偿，而非为了取得应收账款的溢价收益。[4]五是应收账款转让说。该说认为有追索权保理交易是在应收账款转让的基础上增加了追索权的内容，其本质仍为应收账款的转让。[5]六是附条件的债权让与说。该说认为在有追索权的保理中，追索权是保理合同双方对于应收账款债权人承担债务人履行能力保证义务的特别约定，而在一般的债权让与中，债权人对于债务人的履行能力不承担保证责任，因此，有追索权的保理合同是附加条件的债权转让合同。[6]七是附担保条件说。该说认为在有追索权保理中，保理人受让应收账款债权后首先应当向应收账款债务人主张实现债权，若无法清偿，则继而可以向应收账款债权人主张追索回购，因此应收账款债权人的地位类似于普通保证关系中的一般保证人，只有当基础关系中的债务无法清偿时才承担还款责任，因此应收账款债权人也享

〔1〕 参见〔英〕费瑞迪·萨林格：《保理法律实务》，刘园、叶志壮译，对外经济贸易大学出版社1995年版，第11、124页。

〔2〕 参见朱宏文：《国际保理法律实务》，中国方正出版社2001年版，第52页。

〔3〕 参见顾权、赵瑾：《商业保理合同纠纷的裁判路径》，载《人民司法》2016年第32期，第21~24页；最高人民法院〔2017〕最高法民再164号民事判决书；最高人民法院〔2019〕最高法民申1518号民事裁定书；上海市闵行区人民法院〔2018〕沪0112民初27377号民事判决书。

〔4〕 参见李宇：《民法典中债权让与和债权质押规范的统合》，载《法学研究》2019年第1期，第56~77页；陈本寒：《新类型担保的法律定位》，载《清华法学》2014年第2期，第87~100页；何颖来：《〈民法典〉中有追索权保理的法律构造》，载《中州学刊》2020年第6期，第62~69页；李宇：《保理法的再体系化》，载《法学研究》2022年第6期，第93~112页。

〔5〕 参见黄斌：《国际保理——金融创新及法律实务》，法律出版社2006年版，第22~23页。

〔6〕 参见陈学辉：《国内保理合同性质认定及司法效果考证》，载《西北民族大学学报（哲学社会科学版）》2019年第2期，第98~103页。

有对基础交易关系所产生债务的检索抗辩权。[1]八是附解除条件说。该说认为追索条件的约定为债权让与所附解除条件。[2]九是独立担保交易类型说。该说认为有追索权保理合同为非典型担保合同，既不同于应收账款质押交易，也不同于应收账款让与担保交易。[3]

就第一种学说而言，虽然该学说能够解释有追索权保理的担保功能，但有追索权保理中的应收账款让与和债权质押属于两种明显不同的行为，并且债权质押说无法解释保理人的回购权。《商业银行保理业务管理暂行办法》（中国银行业监督管理委员会令2014年第5号）第6条第2款明确否定了保理的债权质押性质："以应收账款为质押的贷款，不属于保理业务范围。"

就第二种学说而言，代为清偿并不能解释我国法中的有追索权保理，二者存在着本质性区别：一是代为清偿人的首要目的是替债务人向债权人清偿债务，然后在与该笔债务同等数额的范围内向债务人追偿；但有追索权保理的保理人之首要目的并非代替债务人向债权人清偿债务，而是通过向债权人发放保理融资款以获取收益。二是在代为清偿中，当第三人向债务人追偿时，若债务人不能向第三人清偿，第三人应自行承担不能清偿的风险；但在有追索权的保理中，当保理人向债务人追偿时，若债务人不能清偿，保理人有权向债权人主张返还保理融资款本息或者回购应收账款债权。[4]

就第三种学说而言，在间接给付中，债权人须先就他种给付变价实现债权，不能实现的，债权人才可向债务人主张债权，而在有追索权保理中，保理人无先向应收账款债务人主张应收账款债权的义务，因此间接给付说无法解释我国法中的有追索权保理。

就第四种学说而言，该学说能够解释我国法中的有追索权保理，保理人受让应收账款债权的目的在于担保融资款本息债权等债权的实现。融资款本

---

[1]　参见顾权、赵瑾：《商业保理合同纠纷的裁判路径》，载《人民司法》2016年第32期，第21~24页。

[2]　参见江苏省高级人民法院民二庭课题组、夏正芳、李荐：《国内保理纠纷相关审判实务问题研究》，载《法律适用》2015年第10期，第70~74页。

[3]　参见高圣平：《论民法典上保理交易的担保功能》，载《法商研究》2023年第2期，第3~19页。

[4]　参见潘运华：《民法典中有追索权保理的教义学构造》，载《法商研究》2021年第5期，第173~186页。

息债权等被担保债权到期后，保理人有权请求应收账款债权人（被担保债权的债务人）返还融资款本息，所谓保理人有权向应收账款债权人主张回购应收账款债权属于保理人向应收账款债权人（被担保债权的债务人）主张返还融资款本息的一种方式，在这种方式中，融资款本息的返还与应收账款债权的返还"合二为一"。保理人在融资款本息到期后也有权通过实现担保权满足被担保债权，所谓向应收账款债务人主张应收账款债权属于实现担保权的方式，保理人负担的余额返还义务实为担保权人的清算义务。本书赞同让与担保说。需注意，在让与担保说的背景下，若保理合同约定保理人除负担提供融资的义务外，还负担其他义务，则让与担保说不及于这些内容。

就第五种学说而言，该学说虽然认识到了有追索权保理的本质是应收账款让与，但忽视了有追索权保理中应收账款让与的特殊性，即当事人仅为担保目的让与应收账款。因此应收账款转让说无法解释我国法中的有追索权保理。

就第六种学说而言，该说所理解的追索权构成是我国法律没有规定一种构成，因此该说无法解释我国法律中的有追索权保理。

就第七种学说而言，该说主张保理人应首先向应收账款债务人主张实现债权，若债务人无法清偿，才可以向应收账款债权人主张追索回购，而我国法未对保理人行使权利设置顺序规则，保理人可以向应收账款债权人主张返还保理融资款本息或者回购应收账款债权，也可以向应收账款债务人主张应收账款债权。因此该学说无法解释我国法中的有追索权保理。

就第八种学说而言，该说主张若保理人行使追索权，则债权让与行为自动解除，先前让与给保理人的应收账款债权复归于债权人，保理人无法作为应收账款债权人向应收账款债务人主张债权。其一，该学说对保理人极为不利，保理人被迫在追索权和向应收账款债务人主张债权之间"二选一"。其二，这种"二选一"的结构也与我国法中保理人的权利行使规则不同。因此该学说无法解释我国法中的有追索权保理。

就第九种学说而言，其主要的立论基础是有追索权保理与让与担保不同，具体为：在有追索权保理中，保理人所受让的应收账款并非仅为保理人的融资款及其从债权提供担保，而是还为其中保理人提供其他金融服务的相关费用的清偿提供担保；保理人向应收账款债务人主张应收账款债权并不仅以保理融资款为限。[1]该观点对让与担保所担保的主债权存在误解，让与担保作为一种担保方式，其所担保的主债权与其他担保方式并无区别，不以"融资款及其从债权"为限。该观点混淆了让与担保与买卖式担保（又称卖与担保或卖渡担保），在后者被担保的债权仅限于返还"买卖价金"债权。在让与担保可以解释我国法中有追索权保理的情况下，将有追索权保理认定为一种独立担保交易类型，没有多大意义，甚至徒增烦恼。

三、有追索权保理的效力

（一）保理人

第一，提供资金融通的义务。提供资金融通的方式可以为提供贷款，也可以为预付让与应收账款债权额的一定比例或全额。

第二，提供应收账款管理或者催收服务。在有追索权保理中，保理人就应收账款的管理或者催收服务并不完全是为了自己的利益，同时也为应收账款债权人的利益，保理人在管理或者催收应收账款时应尽到善良管理人的注意。根据当事人的约定，保理人也可以不提供应收账款管理或者催收服务，而是由应收账款债权人作为保理人的受托人进行应收账款的管理或者催收。

第三，余额返还义务。保理人向应收账款债务人主张应收账款债权，在扣除保理融资款本息和相关费用后有剩余的，剩余部分应当返还给应收账款债权人。

第四，保理人享有追索权。

第五，保理人有权向应收账款债务人主张应收账款债权。保理人享有的该项权利以应收账款让与通知应收账款债务人为要件。

（二）应收账款债权人

第一，让与应收账款的义务。

第二，若保理人提供应收账款的管理或者催收，应收账款债权人应根据约定向保理人支付服务报酬。

第三，向保理人返还保理融资款本息的义务。保理融资款到期后，如果

---

〔1〕　参见高圣平：《论民法典上保理交易的担保功能》，载《法商研究》2023年第2期，第3~19页。

保理人主张返还保理融资款本息，应收账款债权人负有返还的义务。

第四，回购应收账款的义务。保理融资款到期后，如果保理人主张回购应收账款债权，应收账款债权人负担回购义务。回购义务可以表现为缔结回购协议的义务，也可以表现为保理人行使形成权性质的回购权时的服从。

四、保理人的权利行使

保理融资款到期后，保理人对应收账款债权人的追索权和对应收账款债务人的债权之间行使关系如何？根据《民法典》第 766 条第 1 句的规定，保理人享有选择权，既可以向应收账款债权人主张追索权，也可以向应收账款债务人主张应收账款债权，二者在适用上无先后顺序之分。保理人可同时向应收账款债权人主张返还保理融资款本息和向应收账款债务人主张应收账款债权，但不得重复受偿。《民法典有关担保制度的解释》第 66 条第 2 款准确地从诉讼的角度表达了保理人的权利行使规则："在有追索权的保理中，保理人以应收账款债权人或者应收账款债务人为被告提起诉讼，人民法院应予受理；保理人一并起诉应收账款债权人和应收账款债务人的，人民法院可以受理。"需注意，如果保理人向应收账款债权人主张回购应收账款债权，应收账款债权人已回购的，保理人不得再向应收账款债务人主张债权。回购的事实通知应收账款债务人的，应收账款债务人应向应收账款债权人清偿债务。

保理人的权利行使方式与有追索权保理的让与担保性质是一致的。在担保交易关系中，被担保主债权到期后，担保权人有权选择向债务人主张债权还是实现担保权，也可以同时主张债权和实现担保权。

后　记

　　在 1993 年召开的第八届全国人大一次会议上，"国家实行社会主义市场经济"以及"国家加强经济立法，完善宏观调控"被写入宪法，自此市场经济法制建设进入快车道。1995 年，全国人大常委会颁布了《中华人民共和国担保法》，这是新中国历史上第一部体系完整的担保法，奠定了我国担保制度理论的基本框架，对动产抵押的规定处于世界前列。2000 年，最高人民法院发布的《关于适用〈中华人民共和国担保法〉若干问题的解释》，总结审判实践经验，进一步丰富和完善了担保法律规范。遗憾的是，在以立法为导向的民法学术研究生态中，我国学界对担保制度的研究一直不温不火，与担保法在市场经济法制体系中的地位不相匹配。近年来，随着国家对优化营商环境以及世界银行营商环境评估的重视，作为营商环境一部分的担保制度得到了越来越多的学者关注，并投入了大量的精力开展研究，尤其是在动产和权利担保领域，再加上《民法典》制定的加持，担保制度成为法学研究中的显学。

　　我从事法学研究的第一个主题是罗马法中的信托担保制度，自此以后对担保制度情有独钟。从事教学科研工作以来，服务于教学的写作成了我写作的重点，边教学边写作，教所写之内容，通过教学进一步修改完善所写之内容，成了我的基本工作状态。本书是这一工作状态的产物之一。担保制度博大精深，搞懂其原理并非易事，再加上自己学识浅陋，思虑顾此失彼，本书若有错误之处，在所难免，祈请方家多予批评指正。

　　本书的写作有幸得到江西省社会科学基金和江西地方立法研究中心的支持，是江西省社会科学"十三五"基金项目"优化营商环境视野下的让与担保制度研究"（项目编号：20FX04）的研究成果，同时也是江西省高校人文社会科学重点研究基地 2023 年度研究项目"我国担保制度的立法完善研究"（项目编号：JD23020）的研究成果。最后，感谢南昌大学法学院慷慨解囊资助本书出版！

2024 年 6 月 30 日

于洪城·前湖之畔